A ERGONOMIA EM BUSCA DE SEUS PRINCÍPIOS

DEBATES EPISTEMOLÓGICOS

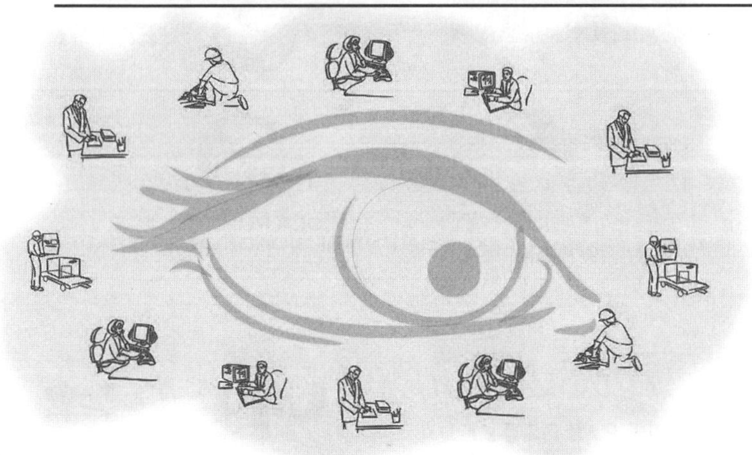

Revisão técnico-científica:

LAERTE IDAL SZNELWAR
Médico e Doutor em Ergonomia
Professor do Departamento de Engenharia de Produção
Escola Politécnica da Universidade de São Paulo

LEILA NADIM ZIDAN
Engenheira
Pesquisadora em Ergonomia

Colaboração e apoio:

FGV GVconsult

FGV EAESP

Fundação Vanzolini

ESCOLA POLITÉCNICA
DA UNIVERSIDADE DE SÃO PAULO

Ergo&Ação
DEP/UFSCar

ufscar

Ilustração da capa:

Nome da obra: Universo pop da ergonomia (2001)
Localização: Grupo Ergo&Ação DEP/UFSCar
Técnica: Aerografia e colagem sobre placa de MDF
Autor: Sérgio Luiz Roda
Pseudônimo: léio
Nascido em: 15/01/74

Coordenador:
François Daniellou

A ERGONOMIA EM BUSCA DE SEUS PRINCÍPIOS

DEBATES EPISTEMOLÓGICOS

Coordenadora da tradução:
Maria Irene Stocco Betiol
Psicóloga, Doutora em Psicologia Social — PUC/SP
Professora de Psicologia da FGV/EAESP

EDITORA EDGARD BLÜCHER

título original:
L'ERGONOMIE EN QUÊTE DE SES PRINCIPES – DÉBATS ÉPISTÉMOLOGIQUES
A edição em língua francesa foi publicada pela Octares Éditions

24, rue Nazareth
31000 Toulouse
ISBN nº 2-906769-32-0

1ª edição - 2004

EDITORA EDGARD BLÜCHER LTDA.
Rua Pedroso Alvarenga, 1245 - cj. 22
04531-012 – São Paulo, SP – Brasil
Fax: (0xx11)3079-2707
e-mail: info@blucher.com.br
site: www.blucher.com.br

Impresso no Brasil ***Printed in Brazil***

ISBN 85-212-0350-0

FICHA CATALOGRÁFICA

A ergonomia em busca de seus princípios: debates epistemológicos / coordenador François Daniellou; coordenadora da tradução Maria Irene Stocco Betiol; [revisão técnico-científica Laerte Idal Sznelwar, Leila Nadim Zidan]. – São Paulo: Edgard Blücher, 2004.

Título original: L'ergonomie en quête de ses principes: débats épistémologiques.
Vários autores.
Bibliografia.
ISBN 85-212-0350-0

1. Ergonomia I. Daniellou, François. II. Betiol, Maria Irene Stocco. III. Sznelwar, Laerte Idal. IV. Zidan, Leila Nadim.

04-4314 CDD-620.82

Índices para catálogo sistemático:
1. Ergonomia: Aspectos epistemológicos: Engenharia humana 620.82

CONTEÚDO

DISCUSSÕES

APRESENTAÇÃO À EDIÇÃO BRASILEIRA

FRANÇOIS DANIELLOU
Tradução: José Marçal Jackson Filho

É um grande prazer ver surgir a edição brasileira de "L'ergonomie en quête de ses principes". O sucesso de "Compreender o trabalho para transformá-lo"[1] mostra a importância dos conceitos e métodos da ergonomia da atividade no Brasil, para um público que ultrapassa largamente o dos próprios ergonomistas, incluindo, possivelmente, pesquisadores de outras disciplinas, além de sindicalistas, membros do corpo gerencial e técnico das empresas, médicos e especialistas em SST.[2]

Esse grande interesse do público brasileiro, não se deve somente às teorias da ergonomia, mas também à ergologia, à psicodinâmica do trabalho, à clínica da atividade e às abordagens organizacionais no trabalho que são representadas pelos autores, que contribuíram para esta obra coletiva aqui apresentada, ou pelas referências nela citadas.

A introdução à edição francesa lembra a história do nascimento deste livro. Foram as dificuldades em se obter o reconhecimento científico para as pesquisas sobre o trabalho nas instituições acadêmicas que me levaram a provocar esses debates, e que suscitaram o interesse e a participação ativa dos diferentes autores.

Sete anos se passaram desde seu lançamento, e esta tradução é a oportunidade de se voltar ao caminho percorrido. Várias constatações podem ser feitas agora.

- A idéia de que a ergonomia não é a simples aplicação "tecnológica" de conhecimentos produzidos por outras disciplinas, mas que é necessário interrogar-se sobre a cientificidade dos conhecimentos que ela mesma produz, parece consenso ao nível internacional. Pode-se, por exemplo, notar a existência do capítulo "epistemology" na "International Encyclopedia of Ergonomics and Human Factors"[3]. É importante ressaltar a retomada desses debates com, por exemplo, J. Wilson[4].

---

[1] F. Guérin et Coll., 2001.

[2] *Nota do tradutor*: Segurança e saúde no trabalho. Expressão utilizada no Brasil e que se preocupa com a prevenção de acidentes e doenças no trabalho.

[3] Karwoski, W., Ed, 2000.

[4] Wilson, 2000.

- A importância de uma "teoria da prática" ergonômica é cada vez mais reconhecida. Torna-se habitual mencionar que a ergonomia produz dois tipos de modelos, modelos sobre a atividade dos operadores e modelos da atividade transformadora do ergonomista[5]. Desde a importante tese de Marçal Jackson[6], vários textos significativos apareceram sobre a modelagem da prática ergonômica, notadamente a partir da iniciativa de F. Lamonde[7].
- Não restam dúvidas quanto à necessidade de se reapresentar, insistentemente, no meio profissional, a questão das fronteiras da ergonomia e de suas interfaces com outras disciplinas. Os terrenos de intervenção dos ergonomistas, durante esses últimos anos, os puseram em confronto com questões que não podem ser tratadas por modelos estreitos do homem no trabalho e da saúde.

É certamente o caso dos distúrbios músculo-esqueléticos, cuja prevenção supõe considerar que a saúde está ligada à possibilidade de cada individuo desempenhar papel pessoal no desenho (na concepção) de seu próprio ambiente e de seus modos operatórios.

É o caso das atividades de serviço, em que é impossível compreender as dificuldades encontradas pelos trabalhadores sem levar em conta, na relação de serviço, os conflitos entre os *valores*[8] pessoais, os dos clientes e os veiculados pela empresa.

É o caso dos trabalhos sobre os agentes da prevenção[9] e os inspetores do trabalho, cujas atividades navegam entre a coerção e o conselho, entre o alerta e a gestão dos riscos.

A abordagem ergonômica é, além disso, fortemente motivada a se renovar quanto à relação entre o tempo de trabalho e o tempo fora do trabalho. A introdução das 35 horas, na França, contribuiu para evidenciar de maneira contundente que os equilíbrios construídos pelos trabalhadores cobrem o conjunto dos domínios da vida: para alguns, as dificuldades encontradas no trabalho não justificam o investimento pessoal na transformação de sua situação de trabalho, se o investimento em outros domínios é fonte de satisfação mais importante.

A abordagem da atividade pela ergonomia de origem francofônica estava inicialmente centrada sobre o que o trabalhador ou a trabalhadora deveria colocar em prática para realizar as *tarefas*[10]. Parece-nos, atualmente, que a atividade de trabalho é uma unidade da vida, que comporta vários outros determinantes, além daqueles observados pelo analista nas situações de trabalho. Até onde e como os identificar e os considerar? Encontra-se aí um desafio maior para a pesquisa atual em ergonomia, e notadamente sobre a teoria da prática.

---

[5] Falzon, 1997.
[6] Jackson, 1998.
[7] Lamonde, 2000.
[8] *Nota do autor*: em itálico pelo autor.
[9] Garrigou et coll., 2001.
[10] *Nota do autor*: em itálico pelo autor.

Sobre o plano conceitual, as obras recentes de Schwartz[11] e Clôt[12] fornecem contribuições essenciais sobre esse necessário alargamento do conceito de atividade. Mas os progressos conceituais poderão ter, se não tomarmos cuidado, um efeito negativo: aquele de se conformar com a idéia de que a ação transformadora é um sub-produto da análise da atividade. Qualquer coisa como: "se nossa analise é pertinente, a transformação resultará necessariamente de sua circulação na empresa. Aperfeiçoando a análise, aumentaremos automaticamente nosso potencial de ação".

Esse ponto de vista é oposto ao que havíamos defendido em nossas próprias contribuições para este livro. Intervir não é somente colocar em circulação as análises da atividade, mesmo que sejam muito sofisticadas, mas engajar-se pessoalmente nos processos de ação que comportam vários atores. Atores que colocam em jogo numerosas lógicas, valores e interesses parcialmente contraditórios. Intervir é participar na construção de compromissos[13], na criação de margens de manobra, na elaboração da mudança. Os modelos da atividade dos operadores e os modelos da atividade do ergonomista não têm valor segundo critérios de veracidade; eles devem ser operantes, como sublinhou Wisner.

Produzir conhecimentos para a ação ergonômica, é, inicialmente, avaliar os efeitos de nossas ações: quando utilizamos nossos modelos do trabalho e da intervenção, o que isso produz? Uma parte dos efeitos esperados se produz: perfeito; uma parte dos efeitos esperados não se produz e nós não podemos nos contentar em atribuir o erro a esse ou àquele executivo que não seguiu as recomendações ergonômicas. Uma parte do que se produz não fora previsto: isso exige de nossa parte fazer evoluir nossos modelos e introduzir tais evoluções nos debates profissionais e disciplinares. A avaliação dos modelos apresenta – nós a lembramos neste livro – a pergunta: quem tem voz para avaliar as teorias científicas? Como os diferentes trabalhadores (operários, sindicalistas, executivos, gerentes...) podem participar do debate sobre a validade dos modelos[14]? Essa posição de retorno às intervenções como fonte de conhecimentos está, por exemplo, muito presente nos debates das "Les Journées de Bordeaux sur la Pratique de l'Ergonomie"[15], que, por ocasião de seu décimo aniversário, foram agrupados em uma publicação recente[16].

---

[11] Schwartz, 2000.
[12] Clôt, 1999.
[13] Compromisso significa, segundo Daniellou, acordo, não necessariamente consensual, porém resultado de processo de deliberação e negociação.
[14] Como não mencionar aqui os trabalhos de Leda Ferreira (e.g. 1993) sobre análise coletiva de trabalho.
[15] *Nota do tradutor*: As jornadas de Bordeaux sobre a prática ("Les Journées de Bordaux sur la Pratiquc") têm-se constituido, de certa forma, em fórum de prática profissional da ergonomia na França. Em vez dos eventos científicos tradicionais, nesse fórum profissional os ergonomistas praticantes se reúnem não somente para apresentar os resultados positivos de sua prática mas, sobretudo, para discutir sobre as condições reais da prática: condicionantes, dificuldades e dúvidas geradas durante as intervenções profissionais. Outra diferença refere-se ao formato do evento, que possui grandes intervalos, especialmente concebidos para permitir a troca de experiência entre os diversos participantes.
[16] Martin e Baradat, 2003.

Por suas diversidades econômicas, tecnológicas, geográficas, culturais, antropológicas e sociais, o Brasil é um desafiador banco de testes para os modelos. Pelo engajamento dos professores, pesquisadores, profissionais e sindicalistas, ele é um imenso celeiro de experiência e de experimentações.

Os debates, que esta tradução provocará, não tardarão, certamente, para retornar à cena internacional da ergonomia, sob forma de novas propostas conceituais e metodológicas e, por que não, epistemológicas.

PREFÁCIO À EDIÇÃO BRASILEIRA

Francisco de Paula Antunes Lima
José Marçal Jackson Filho

Relação entre a ergonomia no Brasil e a ergonomia na França

O desenvolvimento da ergonomia no Brasil foi muito influenciado pela Ergonomia da Atividade, praticada nos países de língua francesa. "Compreender o trabalho para transformá-lo" é a perspectiva sustentada pela Ergonomia da Atividade, que foi desenvolvida nos países de língua francesa desde meados dos anos 60, e difundida entre nós por Alain Wisner a partir dos anos 70, graças à formação de mestres e doutores em ergonomia e por meio de suas freqüentes viagens ao Brasil.

Mais do que a proximidade cultural entre o Brasil e a França, o interesse por essa corrente da Ergonomia foi sua proposta teórico-metodológica e prática de resolver e tratar os problemas das condições de trabalho a partir da compreensão das atividades dos trabalhadores, isto é, do seu "trabalhar". Esse engajamento social contribuiu substancialmente para mostrar a inteligência prática dos trabalhadores, a importância do coletivo e a necessidade de desenhar sistemas de produção a partir de visão ampla do homem, tradicionalmente reduzido a suas componentes físicas. Para isso, foi necessário desenvolver uma metodologia científica que assegura a participação efetiva dos trabalhadores em todos os momentos da intervenção, da formulação da demanda à elaboração de soluções, incluindo a análise propriamente dita, normalmente domínio reservado aos "especialistas".

Em nossos dias, quando a "participação" e a consulta aos trabalhadores está na moda, é interessante indagar sobre as condições efetivas da participação, vale dizer, como a experiência, germinada e acumulada no exercício diário do trabalho, pode instruir e redirecionar a concepção de situações de trabalho, em seus aspectos materiais e organizacionais. A experiência prática, objeto por excelência da ergonomia da atividade, não se deixa apreender facilmente. Sem essas preocupações fundamentais, que se traduzem em abordagens e procedimentos específicos (entrevistas em autoconfrontação, participação de trabalhadores nas equipes de projeto, gestão das interações sociais nas equipes para efetivar um espaço real de manifestação da experiência, validação dos resultados junto aos usuários finais ...), a participação corre o risco de permanecer apenas um exercício formal.

Contornos da ergonomia francesa e a emergência dessa obra

Embora a contribuição prática da ergonomia seja reconhecida socialmente na França, tendo assegurado amplo desenvolvimento da comunidade de ergonomistas, sua contribuição científica, ou seja, sua capacidade de produzir conhecimentos científicos, bem como o *status* da disciplina no meio acadêmico, ainda são objeto de amplo debate.

Essa obra representa o esforço de alguns dos maiores representantes da ergonomia francesa (junto ao meio acadêmico) e de alguns "simpatizantes" importantes de disciplinas próximas (psicologia do trabalho e social, psicodinâmica do trabalho, filosofia) de discutir de modo sistemático a contribuição da ergonomia para produzir conhecimentos, para definir seu objeto de estudo e os critérios de validação das pesquisas e intervenções práticas.

Se os textos ora apresentados são o resultado material desse esforço, outro resultado fundamental a ser considerado (pouco visível) foi o processo de construção coletiva da cientificidade da ergonomia por meio do debate franco em defesa dos argumentos dos diversos autores para sustentar suas concepções. Pode-se dizer que tais textos são "objetos intermediários" desse processo, até agora em curso.

Situação da ergonomia no Brasil

Embora a tradição da Ergonomia da Atividade pareça estar presente no Brasil (na própria legislação — NR-17, a obrigatoriedade da Análise Ergonômica do Trabalho - AET - foi introduzida), constata-se que os trabalhos baseados nessa perspectiva perdem terreno para estudos fundados na perspectiva da Ergonomia dos Fatores Humanos (*Human Factors*). Assiste-se, dessa forma, a uma "tecnicização" da ergonomia, solicitada e praticada por profissionais da área de projeto (*designers*, arquitetos, engenheiros de produto e de produção) e da área de saúde (terapeutas ocupacionais, médicos do trabalho, engenheiros de segurança).

A sobrevivência da perspectiva da Ergonomia da Atividade no meio acadêmico brasileiro depende do esforço individual de professores e pesquisadores, dispersos em vários departamentos e faculdades (saúde pública, engenharia de produção, psicologia, fisioterapia, arquitetura, *design*), confrontados ao pensamento tradicional, fundamentado na racionalidade técnica e científica, que insistem em reconhecer o trabalho humano em todas suas dimensões como objeto de pesquisa e de ação.

Essa obra convoca os pesquisadores brasileiros a realizar esforço semelhante para legitimar essa corrente de pesquisa, esse modo de agir e de descrever o trabalho e seus determinantes, o qual reclama a participação dos trabalhadores como condição necessária a uma efetiva transformação do trabalho.

Questões sobre as questões epistemológicas que a ergonomia apresenta

No campo das ciências do trabalho, a Ergonomia da Atividade tem sido profícua em produzir alternativas conceituais e metodológicas que buscam superar o taylorismo e sua organização científica do trabalho (OCT), e, no campo científico-filosófico geral, o positivismo cientificista entre as disciplinas que têm o trabalho humano como objeto de estudo.

Uma questão que se apresenta de imediato diz respeito à caracterização da ergonomia como "ciência", "arte" ou "método". É certo que a metodologia de análise ergonômica do trabalho, tal como ela vem sendo desenvolvida e sistematizada pela escola francesa, é um dos traços marcantes da Ergonomia da Atividade. No entanto, se é verdade que toda disciplina se define por um objeto, uma teoria e um método, a opção pela especificidade metodológica tem conseqüências inevitáveis: 1) nada diz sobre a existência de um objeto próprio à ergonomia e 2) reduz esta disciplina a ser apenas um campo inter ou multidisciplinar, tornando difícil o desenvolvimento rigoroso de uma teoria própria, que possa contribuir para aperfeiçoar a sua prática.

Esta obra suscita questões fundamentais que decorrem da própria busca de uma fundamentação epistemológica da Ergonomia da Atividade. Com efeito, por que a Ergonomia da Atividade necessita procurar justificativas particulares pela "ousadia" de ter ultrapassado os muros dos laboratórios, quando outras disciplinas (etnologia, sociologia, psicossociologia, para citar apenas aquelas mais próximas) já haviam dado esse passo? Certamente parte das preocupações dos ergonomistas franceses decorre dos critérios institucionais de reconhecimento das atividades científicas, sobretudo quando se pensa em uma disciplina que divide o espaço com a psicologia do trabalho, ainda medida segundo critérios convencionais de cientificidade[17]. Mas é preciso separar o circunstancial do que é perene neste debate, e, nesse sentido, isso é válido também para os ergonomistas brasileiros, embora, entre nós, as restrições institucionais e os debates de escolas sejam mais amenos. Parece-nos que a questão fundamental é precisamente sobre o estatuto epistemológico e ontológico dos conceitos e modelos que dizem respeito à "atividade" enquanto objeto da ergonomia.

Chegamos a um paradoxo no momento em que se pretende descrever a atividade: colocada em palavras, uma atividade não teria, desde já, transformado-se em uma descrição formal, logo, em uma tarefa? Se se é capaz de falar ou de se descre-

[17] O texto de Jacques Curie, lido ao contrário, é um bom exemplo de como a ergonomia é avaliada (e questionada) pelo critérios de cientificidade que predominam no campo da psicologia do trabalho.

ver (ou escrever) uma atividade, não haveria aí uma "traição" do princípio de que o trabalho formal, prescrito, não esgota o trabalho real? Como diz Yves Schwartz, o conceito pode esgotar a experiência, sem secar a fonte de onde jorra a historicidade das situações?

Esperemos que este livro possa estimular os ergonomistas brasileiros, em geral avessos às reflexões teóricas fundamentais, a aprofundar o debate sobre essas e outras questões que se mostram essenciais tanto para a prática de transformação como para o desenvolvimento da ergonomia enquanto ciência.

PERFIL DOS AUTORES

François Daniellou — Ergonomista, Professor na Universidade Bordeaux 2 Victor Segalen.

Jacques Curie — Psicólogo, Professor na Universidade de Toulouse Le Mirail.

Alain Wisner — Ergonomista, Professor Emérito do Conservatório Nacional de Artes e Ofícios - CNAM. (O professor Wisner faleceu no início de 2004).

Jacques Leplat — Psicólogo do Trabalho, Diretor honorário da École Pratique des Hautes Études.

Gilbert de Tersac — Sociólogo, Diretor de pesquisas no LAAS-CNRS e no CERTOP, Universidade de Toulouse Le Mirail.

Bruno Maggi — Especialista em Teoria de Organização, Professor na Universidade de Bolonha, Itália.

François Hubault — Ergonomista, Pesquisador e Professor na Universidade de Paris 1.

Yves Schwartz — Filósofo, Professor na Universidade de Provence e Membro do Instituto Universitário da França.

Cristophe Dejours — Especialista em Psicodinâmica do Trabalho, Professor no Conservatório de Artes e Ofícios - CNAM.

Jacques Christol — Ergonomista, Presidente de um Escritório de Consultores.

Pierre Falzon — Ergonomista, Professor no Conservatório Nacional de Artes e Ofícios - CNAM.

INTRODUÇÃO
QUESTÕES EPISTEMOLÓGICAS ACERCA DA ERGONOMIA

FRANÇOIS DANIELLOU
Ergonomista
Professor na Universidade Bordeaux 2 Victor Segalen

Tradução de
IZIDORO BLIKSTEIN
Doutor e Livre Docente em Semiótica
Professor de Semiótica e Teoria da Comunicação na FGV/EAESP

Em suas atividades, os homens ou as mulheres, no trabalho, tecem. A *trama* seriam os fios que os ligam a um processo técnico, a propriedades da matéria, a ferramentas ou a clientes, a políticas econômicas — eventualmente elaboradas em outro continente — a regras formais, ao controle de outras pessoas... No caso da *urdidura*, ei-la ligada à sua própria história, a seu corpo que aprende e envelhece; a uma multidão de experiências de trabalho e de vida; a diversos grupos sociais que lhes ofereceram saberes, valores, regras com os quais compõem dia após dia; aos próximos também, fontes de energia e de preocupações; a projetos, desejos, angústias, sonhos...

O resultado do trabalho também é duplo. De um lado, são elaboradas produções que, apesar de levarem a marca discreta do operador ou da operadora, certamente serão comercializadas sob outro nome, contribuindo assim para a sobrevida de uma empresa ou de um serviço público. Por outro lado, eis que, ao mesmo tempo, se produzem novos laços, novas experiências, transformações do corpo e dos saberes, disponíveis para ser, por sua vez, tecidos na obra de uma vida.

Os *laços* que a atividade do trabalho assim constitui são o objeto da atenção cotidiana do ergonomista, alertado por causa de dificuldades ligadas ao trabalho ou solicitado a intervir sobre a concepção deste.

Esses laços constituem também uma boa imagem das dificuldades encontradas por qualquer reflexão relativa à produção de conhecimentos científicos sobre o trabalho, visando à sua transformação, ou, em outras palavras, qualquer reflexão epistemológica sobre a ergonomia. Desta forma, as disciplinas científicas aprenderam, em alguns séculos, a seguir apenas um só fio, estruturando seus métodos e suas respectivas comunidades, a fim de precaver-se quanto ao risco de um afastamento. Se cada um dos fios da trama e da urdidura já possui seus cientistas especialistas, sobraria um lugar para aquele que quisesse produzir conhecimentos que permitissem compreender melhor o trabalho, a fim de transformá-lo?

POR QUE ESTE LIVRO?

Afinal de contas, a questão dos laços entre a ergonomia e a produção de conhecimentos científicos seria atual? Precisemos, antes de tudo, que só se tratará aqui de "ergonomia da atividade", a ergonomia que se refere à atividade de trabalho e à sua análise[18]. A aplicação direta de conhecimentos sobre o homem na concepção de meios de trabalho, que representa a prática majoritária da ergonomia no mundo,

---

[18] Apesar de uma crença bem enraizada, notadamente na Sociedade de Ergonomia de Língua Francesa, não há, de fato, equivalência entre "ergonomia da atividade" e "ergonomia francófona". Equipes escandinavas, por exemplo, foram influenciadas diretamente pela psicologia soviética (de onde saiu o conceito de atividade) e trabalham com as mesmas distinções "tarefa/atividade" utilizadas pelos ergonomistas francófonos. Por outro lado, os ergonomistas formados nos países francófonos desenvolvem, em seus próprios países, formas de intervenção e de pesquisa que não podem ser indefinidamente qualificadas de "francófonas".

não será discutida aqui. Entretanto, parecia necessário esclarecer os paradigmas da "ergonomia da atividade", antes de encetar os indispensáveis debates, no nível internacional, com outras formas de exercício dessa profissão.

A comunidade que trabalha com a ergonomia da atividade está viva, seus membros intervêm em setores cada vez mais numerosos, em projetos de crescente amplitude. Contribuem para o desenvolvimento da ergonomia no mundo, muito além das fronteira dos países majoritariamente francófonos. Quanto a essa expansão, os debates epistemológicos podem parecer como prazeres secretamente perversos, reservados a universitários bem pouco comprometidos com a realidade das intervenções.

Foi a convicção oposta que me levou a propor aos autores deste livro uma aventura comum. Quanto mais amplitude adquirem as intervenções ergonômicas, tanto mais, parece-me, têm os ergonomistas de se interrogar sobre o estatuto, a origem, a legitimidade e os limites dos conhecimentos e dos conceitos que põem em ação em sua prática.

A consciência das bifurcações

O ergonomista de hoje é solicitado por um conjunto de teorias e de modelos científicos que ilumina localmente os fenômenos com os quais, a cada dia, ele se defronta. A seriedade dos trabalhos que resultaram nessas teorias é garantida pelas instituições científicas. Esses modelos, entretanto, não se encaixam de modo cômodo para constituir um corpo de conhecimentos para a ação. Em certas zonas da realidade, os modelos se contradizem e se acotovelam como continentes à deriva. Em outras zonas da realidade, com as quais quem pratica ergonomia se defronta cotidianamente, as teorias científicas brilham pela ausência. Rapidamente o ergonomista que quisesse proceder por adição de modelos iria encontrar-se em dificuldade: a realidade que ele tem de gerir não é a soma daquilo que os modelos descrevem.

Ao justapor, inadvertidamente, todos os trabalhos científicos, quem pratica ergonomia corre o risco de não mais poder dar sentido aos acontecimentos de que ele é testemunha, nem à sua própria ação sobre as situações.

Desta forma, como explica Schwartz[19], a emergência dos conceitos que alimentam nossa reflexão cotidiana é resultado de um conjunto de manobras, de "bifurcações". Por exemplo, ao ouvir falar de "resistência a mudanças", de "trabalho manual", de "ambiente hostil" ou de "índices de satisfação", o ergonomista de hoje está provido de uma herança intelectual, que lhe permite não reconhecer nessas formulações, como freqüentemente o fazem seus interlocutores, um estatuto de conceitos explicativos. Tal herança provém de pesquisadores que não aceitaram como incontestáveis as evidências que governavam o mundo científico de sua época e que consagraram seu trabalho para fazer emergir outras maneiras de ver, de dizer, de descrever e de criar modelos.

[19] Os autores e os textos citados, sem referência ao ano de publicação, são os da presente obra.

A posição epistemológica é a de uma reflexão sobre as linhas retas e as manobras que produziram os conhecimentos de hoje e anunciam aqueles de amanhã. Alguns dias dessa viagem por terras exploradas pela ergonomia, eis o que propõe a presente obra.

Os desafios da formação

Como quem a pratica, os estudantes de ergonomia também se defrontam com a justaposição dos conceitos. Suas dificuldades constituíam outra razão para que este livro viesse a público. Seus professores, que eles respeitam e que se respeitam mutuamente, certamente não estão de acordo entre si. Como pode a verdade acomodar-se com tantas faces?

Essa interrogação fundamental adquire, às vezes, formas mais prosaicas. Os professores acham-se juntos numa banca. O candidato sente–se confuso diante da possibilidade de escutar: "o que você fez é interessante, mas não é ciência"; e também, de ouvir: "o que você fez é interessante, mas não é ergonomia"... Segue-se, eventualmente, uma discussão entre os membros da banca, durante a qual o candidato gostaria de sumir, enquanto estes tentam entrar num acordo a respeito do que significa "produzir conhecimentos científicos em ergonomia".

O sentimento de injustiça que, muitas vezes, percebi em tais ocasiões (de um e de outro lado da mesa), é um dos motores do trabalho que resultou nesta obra. Isso não quer dizer que, doravante, os membros das bancas tenham mais possibilidade de entrar num acordo. Mas a explicitação de posições, o reconhecimento de sua diversidade, a revelação dos nós do debate deveriam contribuir para a construção de uma paisagem menos desconfortável do que as convicções tácitas e indiscutíveis. Caberá, é claro, a cada estudante não só construir seu próprio caminho em meio a essas pistas discretamente balizadas, mas também promover o progresso desse balizamento. "A liberdade se constrói sobre contradições assumidas", anotou Curie na primeira versão deste texto.

Um trabalho coletivo

Os autores desta obra[20] aceitaram trabalhar em conjunto nessa explicitação. Ergonomistas para alguns, especialistas em outras disciplinas mas companheiros de viagem da ergonomia para outros, eles reuniram-se muitas vezes em Toulouse[21], durante um período de dezoito meses. Uma primeira discussão aberta possibilitou um recenseamento de temas a respeito dos quais, pelo menos, não havia acordo. A partir desse recenseamento, cada um escolheu desenvolver seu próprio ponto de vista, sob a forma de uma primeira versão de texto. A maioria dos textos foi, a

---

[20] Jacques CURIE, François DANIELLOU, Christophe DEJOURS, François HUBALT, Jacques LEPLAT, Bruno MAGGI, Yves SCHWARTZ, Gilbert de TERSSAC, Alain WISNER.
[21] Com Yvon QUEINNEC.

seguir, discutida no grupo, cabendo a cada autor, evidentemente, a decisão de levar em conta observações que lhe foram feitas. O conjunto dos textos foi então entregue a dois debatedores[22], que se dispuseram a fazer uma leitura crítica.

A experiência dessa colaboração foi particularmente interessante. Não é habitual ver autores conhecidos deixarem-se criticar por seus colegas, com o vigor e o rigor geralmente reservados aos trabalhos dos jovens pesquisadores. Ao mesmo tempo, sempre reinou no grupo uma grande cordialidade, na medida em que cada um parecia ter prazer nessa discussão, como o testemunha uma surpreendente assiduidade.

Para introduzir esta obra, proponho-lhes acompanhar agora o fio dessa discussão coletiva, começando por retomar o primeiro recenseamento das questões em debate.

QUESTÕES PARA UM DEBATE

As relações entre ergonomia e os conhecimentos científicos constituem, de há muito, o objeto de um debate:

- todos parecem de acordo quanto ao fato de que a ergonomia utiliza conhecimentos oriundos da fisiologia, da psicologia, etc;
- parece existir uma concordância bem ampla quanto ao fato que tal utilização não é uma simples aplicação: na verdade, a ergonomia, por seu *caráter integrador*, é levada a transformar esses conhecimentos;
- existe, enfim, certo reconhecimento da ergonomia como "aguilhão" das outras disciplinas, na medida em que esta as convida a produzir conhecimentos em zonas em que *a prática as revela lacunares*. A contribuição da ergonomia desloca relações estabelecidas e propõe estudar novas.

Diversos elementos atuais talvez possam levar a formular, de outro modo, as questões epistemológicas referentes à ergonomia.

A questão dos critérios

Ao longo de nossa discussão, Curie lembrava que a ergonomia se caracteriza como um projeto: diferentemente da maioria das abordagens em psicologia, ela não vê o homem como uma variável de ajuste, mas procura agir nas situações de trabalho para que elas contribuam para "permitir ao homem crescer". Essa caracterização da ergonomia não é, talvez, muito diferente daquela feita por Theureau (1992), ao defini-la como uma "tecnologia política".

---

[22] Jacques CHRISTOL e Pierre FALZON.

A questão dos critérios da ergonomia é relacionada assim a uma discussão dos paradigmas à luz dos quais se estuda o trabalho:

- o trabalho, desgraça gerada socialmente, forçosamente prejudicial, cujos efeitos nocivos seria preciso limitar;
- ou o trabalho como instrumento de personalização (Curie, por exemplo, Curie e Hajjar, 1987), de construção de identidade (Dejours, 1993 [1981]) e de construção de experiência (Schwartz, 1988).

Para os próprios ergonomistas, o fato do trabalho não poder ser somente considerado como "nocivo" não tem sido, até agora, um argumento suficiente para levá-los a reconhecer que se engajavam em prol de um trabalho "positivo" para os outros. É preciso dizer que numerosas situações industriais exigem, em primeiro lugar, ações urgentes contra os efeitos nocivos do trabalho.

- A ergonomia leva em conta, classicamente, um duplo critério: o de saúde dos trabalhadores e o de eficácia econômica. A construção dos compromissos entre esses dois critérios já foi objeto de muitos debates. A complexidade destes aumenta com uma situação econômica em que o emprego se torna uma preocupação prioritária. A contribuição da ergonomia concerne apenas aos trabalhadores que têm um emprego? Ou, então, seus conhecimentos e seus métodos, que têm o *trabalho* por objeto, terão eles um papel a desempenhar na reflexão sobre o emprego daqueles que não o têm (De Bandt, Dubar e Dejours, 1995; Hubault, 1995)?

O enigma do trabalho: quais as relações entre tarefa e atividade?

O fato de que o trabalho nunca é uma simples execução das instruções é uma convicção partilhada por todos que freqüentaram a "ergonomia da atividade". Para tanto, a percepção da distância, e mesmo da comensurabilidade entre a tarefa prescrita e a atividade posta em prática difere segundo os pontos de vista.

Em certas abordagens, a referência à tarefa prescrita é essencial. Os desvios significativos entre prescrição e realidade são fontes de dificuldades para o operador e é conveniente reduzi-los, para uma melhor prescrição, embora se saiba que é impossível anulá-los. Leplat desenvolve, por exemplo, características da complexidade da relação do operador com a sua tarefa.

Para outros autores, a referência à tarefa se enfraquece pouco a pouco, na medida em que na atividade do próprio trabalhador, acentua-se a possibilidade de definição de seus objetivos, ou ainda nas situações em que o operador é levado a gerir (dentro de um conjunto de determinantes que não podem ser reduzidos à tarefa e que constituem o alvo da ação do ergonomista).

Para outros autores ainda, a ênfase recai, prioritariamente, sobre a capacidade criadora, evidenciada pela análise da atividade em todas as situações de trabalho. O que se ressalta é a possibilidade do ser humano gerir as situações imprevistas, uma vez que as situações previstas e codificadas mostram-se secundárias.

Esses diferentes pontos de vista vão conduzir a uma diversidade de campos, nos quais o ergonomista procurará agir, e a uma diversidade de práticas.

Uma nova abordagem das relações entre tarefa e atividade foi proposta por Clot (1995), que vê na tarefa "um modelo arrefecido" da atividade dos projetistas e dos organizadores do trabalho. Como a tarefa de uns é o resultado da atividade dos outros, o problema da gestão da discrepância entre o prescrito e a realidade é, então, designado como um problema de comunicação, e até de negociação, entre os encarregados de produzir prescrições e aqueles a quem elas se destinam. Um alvo da ação do ergonomista é justamente a instauração de novas formas e de novos espaços de confrontação entre uns e outros.

Os limites da adaptação humana

O paradigma da "adaptação do trabalho ao homem" contra o da "adaptação do homem ao trabalho" (ver o texto de Wisner) tem uma dupla origem histórica:

- de um lado, correntes oriundas de trabalhos de engenheiros e de fisiologistas evidenciaram que o homem tem propriedades incontornáveis, as quais podem ser estudadas e levadas em conta, mas não modificadas. Há certo parentesco entre essas abordagens e a resistência de materiais, no sentido de que é preciso conhecer os limites e as zonas ótimas de utilização do "material humano";
- por outro lado, preocupações éticas contribuíram para o desenvolvimento de discussões sobre o que era "humanamente" aceitável, sublinhando que mesmo se a integridade física não estivesse ameaçada em certas situações, estas poderiam comprometer a "humanidade" dos trabalhadores.

As raízes de um "projeto" ergonômico têm uma dupla história, a tecnológica e a filosófica. Essas duas origens acham-se geralmente fundidas em numerosos trabalhos atuais, enquanto que motivações éticas individuais dos pesquisadores podem desembocar em trabalhos que esclareçam os limites fisiológicos ou psicológicos da espécie humana.

Ora, as questões relativas aos valores são, muitas vezes, cuidadosamente dissociadas daquelas que concernem à produção de conhecimentos científicos. Mas Schwartz, por sua vez, salienta que o trabalho dos cientistas, como tudo o que concerne à vida humana, inscreve-se num triângulo "valores-saberes-atividade", que deve, segundo ele, ser levado em conta na reflexão epistemológica.

A amplitude dos determinantes da atividade

Quanto mais a ergonomia avança, mais ela é levada a constatar a amplitude que é preciso conferir aos determinantes da atividade.

A antropotecnologia, por exemplo, mostrou a necessidade de levar em consideração determinantes geográficos e culturais, a fim de compreender as estratégias desenvolvidas por operadores (Wisner, 1985). Os componentes éticos apresentam-se cada vez mais determinantes em um certo número de escolhas feitas pelos operadores em seu trabalho (Antunes Lima, 1995). As defesas psíquicas, mas também a mobilização subjetiva, condicionam muitas estratégias (Dejours, 1993 [1981]). A construção de regras no trabalho aparece como um componente essencial da atividade (de Terssac, 1992), etc.

Terá a ergonomia vocação para explicar a complexa construção da atividade diante de todos esses determinantes ou deverá ela limitar-se (a quê?). Qual será o atributo de uma abordagem "ergonômica" do trabalho, se não quisermos chegar ao ponto de dizer que qualquer estudo concernente ao trabalho é da competência da ergonomia?

Essa questão não é independente daquela referente aos modelos do homem que estão em ação nas diferentes abordagens.

Os modelos do homem

Como demonstraram as discussões no colóquio do PIRTTEM (1992, e Freyssenet, 1994), estamos longe de um consenso a respeito dos modelos do homem que estão no pano-de-fundo das pesquisas sobre o trabalho.

Cada pesquisa e cada texto em ergonomia refere-se, implícita ou explicitamente, a um modelo do homem, o qual leva em conta uma ou várias das seguintes dimensões:

- uma dimensão biológica;
- uma dimensão cognitiva;
- uma dimensão psíquica;
- uma dimensão social.

Podemos analisar a atividade humana, interessando-nos por uma só dessas dimensões. Ou podemos considerar a atividade como uma construção constante de compromissos multidimensionais que integram o conjunto de tais dimensões. No primeiro caso, os "cortes" efetuados terão deixado subsistir algo do trabalho ou, ao dissecá-lo, terão perdido a própria estrutura do trabalho?

O fato da ergonomia levar em consideração as dimensões psíquica e social constituiria um passo da mesma natureza que a apreensão das dimensões cognitivas numa época em que dominava a descrição fisiológica? Ou se trataria de, após um parêntese do "todo cognitivo", devolver à *psicologia* dimensões que outrora lhe pertenceram (Meyerson, 1987 [1920-1983]; Malrieu, 1979)?

Além de se levar em consideração uma pluralidade de "dimensões", trata-se também de considerar o posicionamento dos autores quanto aos diferentes determinismos que pesam sobre o homem: o homem visto como produto de estruturas biológicas, familiares e sociais que definem a sua forma e o seu lugar; ou o ser humano, co-autor, com outrem, do próprio futuro, graças a um conjunto de deliberações no espaço multidimensional desenhado por essas estruturas?

Os modelos da sociedade e da mudança social

As intervenções em ergonomia levam assim em consideração, implicitamente, modelos da sociedade: modelos em termos de "fatos sociais", em que as estruturas sociais se impõem a todos, ou modelos em termos de "atividade social", em que as relações sociais são reconstruídas, dia após dia, pela atividade dos atores. Certas intervenções em ergonomia não teriam como base uma hipótese implícita de "otimização" que permitisse maximizar a satisfação de todos os atores, enquanto outras se refeririam de preferência a uma hipótese em termos de "negociação de constrangimentos" (de Terssac, Lompré, Erschler et Coll., 1993), ou de "gestão dos compromissos" (Hubault)?

Dos comportamentos à ação

Conforme o caso, os ergonomistas referem-se aos "comportamentos" ou às "condutas" do homem no trabalho. A noção de conduta introduz a de "motivos" ou de "intenção". Mas até onde a ergonomia pode caminhar na compreensão dos motivos das condutas de trabalho e até mesmo na compreensão do "sentido" dessas condutas?

Se nos referimos, por exemplo, ao modelo de Curie (Curie et Hajjar, 1987), o "subsistema de atividades" do trabalho é informado e motivado por outros subsistemas de atividades: o "sentido do trabalho" não deve ser procurado somente no trabalho, mas também nos outros domínios da vida.

Se tomarmos outros modelos, podemos considerar que a ação está enredada com quatro racionalidades (Weber, 1978 [1922]; Habermas, 1987 [1981]; Dejours, 1995a):

- a racionalidade instrumental, ligada à eficácia da ação sobre o mundo físico;
- a racionalidade axiológica, ligada à justeza da ação concernente aos valores num mundo social;
- a racionalidade prática, ligada à autenticidade e à construção da identidade;
- a racionalidade comunicacional, ligada à procura da verdade nas interações com os outros.

Por exemplo, a consideração das dimensões éticas, tanto no trabalho dos operadores quanto naquele do ergonomista, não pode ser descrita se nos referirmos apenas à racionalidade instrumental.

Qualquer que seja o modelo a que nos referimos, as condutas de trabalho não podem ser interpretadas como um tratamento de informação com objetivo puramente instrumental. Até onde deve ir o ergonomista na elucidação dos motivos dessas condutas? A concepção material de um posto de trabalho pode, às vezes, deixar de lado algumas das dimensões que acabam de ser citadas. Mas a intervenção nas questões relativas à organização do trabalho coloca rapidamente o ergonomista em confronto com a multiplicidade das racionalidades em ação.

O ergonomista, ator

A respeito dos operadores, o ergonomista refere-se a uma visão do ser humano, ator de sua situação, que se mobiliza para construir modos operatórios pertinentes, e para construir, nos coletivos a que pertence, outras normas de interação diferentes daquelas que resultam da organização prescrita.

Ele é então levado a descrever, a si mesmo, como um *ator* da transformação das situações de trabalho que intervém em processos de interações sociais. Qual vínculo poderá ele estabelecer entre sua posição nessas interações, a natureza dos métodos que ele põe em jogo e a natureza dos conhecimentos sobre o trabalho que ele faz circular? Por quais mecanismos esses conhecimentos contribuirão para uma transformação das situações de trabalho?

A descrição dos processos de concepção

Se o ergonomista procura influenciar na concepção dos sistemas de produção, a descrição de sua atividade não é independente dos modelos aos quais ele se refere quanto à concepção (Schön, 1983):

- a concepção será resolução de problemas já colocados ou existiria um acordo sobre os fins, na medida em que o objeto da concepção é o de achar os meios? Ou a concepção será a construção de problemas?
- se a concepção é a construção de problemas, será que se reconhece a dimensão social de tal processo (Bucciarelli, 1988)? Os fins, os quais devem ser definidos, serão eles técnicos? Ou seriam eles técnicos, sociais e políticos, no melhor sentido do termo? Além dos profissionais que concebem, o ergonomista não deveria se posicionar em relação ao conjunto dos "atores da concepção", isto é, em relação a todos aqueles que vão interagir para definir esses fins (Daniellou, 1994)?
- o processo de concepção pode, então, ser descrito como um processo de negociação. Qual é, em tal negociação, o papel dos conhecimentos fornecidos pelo ergonomista?

As modalidades da ação do ergonomista

Uma das questões essenciais é, assim, a dos mecanismos pelos quais o ergonomista age na transformação das situações de trabalho. Seus conhecimentos e os resultados de suas análises é que passam nos fatos? Ou, para transformar as situações de trabalho, contribuiria o ergonomista para transformar pessoas, divulgando, na interação social, descrições diferentes daquelas que prevaleciam até então?

O leitor encontrará nesta obra duas descrições bem diferentes dos mecanismos de ação do ergonomista: Christol descreve uma equipe de ergonomistas elaborando, a partir de seus conhecimentos e de suas análises do trabalho, soluções que ela transmite, sob forma de especificações precisas, aos que decidem e aos que concebem na empresa. Daniellou reconhece a importância de recomendações técnicas nos domínios em que os conhecimentos as permitem. Mas ele atribui aos ergonomistas, com o mesmo objetivo de ação sobre a realidade concreta das situações de trabalho, uma outra missão: a de esclarecer os termos de debates e de negociações, submetendo aos diversos parceiros "proposições discutíveis" (de Terssac e Maggi), oriundas da análise do trabalho atual ou da abordagem do trabalho futuro.

Para fazê-lo, não seria preciso construir, na empresa, "espaços de discussão" que possuam propriedades particulares (Dejours, 1995b)? Mas, se ele contribui para transformar as relações de trabalho na empresa, que previsão e que domínio terá ele em relação aos efeitos de tais transformações?

Esse recenseamento inicial poderia parecer bem distante de preocupações propriamente epistemológicas. Entretanto, todos os participantes dessa discussão estavam convencidos de que a questão dos conhecimentos em ergonomia não poderia ser tratada independentemente do engajamento dessa disciplina na ação de transformação das situações de trabalho. Impossível, portanto, evocar o estatuto dos conhecimentos em ergonomia, sem evocar seu papel na ação e, talvez, seu nascimento pela ação.

AS REGRAS DO CONHECIMENTO CIENTÍFICO

Que o leitor se tranqüilize: cada um dos autores não desenvolveu sua resposta a todas as questões que acabam de ser evocadas. Todos nem sequer formularam uma posição nítida sobre as relações entre ergonomia e conhecimento científico...

Mas, acima desses pontos de vista sobre a ergonomia, as discussões evidenciaram uma grande diversidade de posições epistemológicas gerais. As referências ao conhecimento científico são, pelo menos, variadas entre os autores aqui representados. Tomemos, como denominador comum, o fato de que a reflexão epistemológica tem por objeto as *provas* às quais devem se submeter as pesquisas, as teorias e os modelos que queiram merecer o adjetivo "científico" (Stengers, 1993). Todos os autores têm em comum esse cuidado de submeter seu pensamento à prova da confrontação, o que torna os conhecimentos científicos algo diferente da opinião única de seus autores. Mas a elaboração das regras dessas provas não goza de unanimidade, nem entre os colaboradores deste livro nem, é claro, no conjunto da comunidade científica.

1) Alguns dos autores aqui representados defendem a unicidade da ciência e afirmam o caráter acabado e estável das regras que governam a pesquisa científica. A ciência é a ciência, poder-se-ia fazê-los declarar. A discussão sobre a produção de conhecimentos científicos em ergonomia é, então, a verificação da possibilidade, para os pesquisadores dessa disciplina, de satisfazer aos critérios de cientificidade, assim definidos do exterior.

   Outros, ao contrário, insistem na diversidade dos objetos das disciplinas científicas. Certas disciplinas, por exemplo, estudam objetos "depurados", criando as condições de laboratório que o permitam (a hidráulica prefere os escoamentos laminares), ou limitando suas observações de campo aos fenômenos que possuem as propriedades do modelo. Outros ainda são confrontados a formas de complexidade cuja redução não está em seu objetivo (a hidrologia se interessa pelos rios mesmo quando seus escoamentos são turbulentos). As provas, a que os modelos de umas e de outras devem submeter-se para ganhar o adjetivo "científico", serão elas da mesma natureza?

Para outros autores, é a diferença entre as "ciências da matéria" e as "ciências do homem" que seria essencial e justificaria diferentes abordagens epistemológicas. Nesses casos, as regras que governam o acesso à dignidade científica devem ser retrabalhadas à luz das especificidades dos objetos das disciplinas, e a reflexão epistemológica deve ser percebida não como uma referência a um código estabelecido de uma vez por todas, mas como um componente da atividade de elaboração da comunidade disciplinar.

2) Segunda grande diferença: alguns percebem o crescimento do conhecimento científico como um processo globalmente cumulativo, na medida em que os novos modelos têm um alcance que engloba os campos cobertos pelos precedentes. Cada nova pesquisa fornece sua pedra para uma construção secular.

   Outros, como Kuhn (1983 [1962-1970]), são particularmente sensíveis aos períodos de crise dos paradigmas dominantes, às contradições que existem no seio dos conhecimentos científicos e aos processos de emergência de novos paradigmas. Estes últimos afrontam-se com os que dominavam o pensamento de uma época, sem forçosamente, pelo menos num primeiro momento, ter um alcance tão amplo quanto estes. A história das ciências é, assim, percebida como aquela das pequenas equipes que consagram sua energia para encontrar os meios de colocar em frágil posição os modelos até então dominantes.

3) A terceira família de debates é própria das disciplinas que se confrontam no "campo" e tem por objeto a relação entre a elaboração das problemáticas científicas e a prática do pesquisador no campo. Para alguns, não há diferenças maiores entre a estrutura metodológica que o laboratório requer e permite e a que deve ser posta em prática num campo: o pesquisador constrói primeiramente um modelo e vai, em seguida, verificar se os dados de campo desmentem esse modelo.

   Para outros, há espaço para uma outra forma de produção de conhecimento: o pesquisador pode intervir na prática e, a partir de seus modelos, tratar na ação prática das questões que lhe são apresentadas, em sua área de competência e de interesse, por atores do "campo". Dessa forma, ele contribui para a produção de conhecimentos científicos, fazendo seus modelos evoluírem a partir de uma posição reflexiva sobre os efeitos destes nas diversas categorias de situações (Schön, *op. cit.*).

4) O quarto ponto de divergência refere-se à questão de saber quem tem o direito de participar da discussão sobre a cientificidade dos conhecimentos produzidos por uma pesquisa.

Uma primeira posição, não representada aqui, e raramente reivindicada, é, entretanto, bem difundida. Esta consiste em fazer como se fossem científicos os resultados que conduzirão instituições (por exemplo, as comissões do CNRS ou as seções do CNU)[23] a promover os pesquisadores que produziram tais resultados. Não é necessário comentar até que ponto essa posição favorece mais o fortalecimento da "ciência normal" do que as mudanças de paradigmas ou a emergência de novas problemáticas.

Uma segunda posição faz do conjunto de cientistas o guardião único das regras do conhecimento. A discussão da solidez das hipóteses, da validade dos métodos e da interpretação dos resultados obtidos é a base da confrontação científica e basta para garantir a qualidade dos trabalhos de pesquisa.

Essa posição, uma originalidade desta obra no que concerne à reflexão sobre a ergonomia, é discutida aqui em vários textos. Para alguns autores, a epistemologia é um assunto muito sério para ficar somente por conta dos cientistas ou dos epistemólogos profissionais. Necessariamente, os modelos produzidos pela pesquisa científica são reduções da complexidade do mundo. Ora, tais reduções têm efeitos concretos não somente na vida dos cientistas, mas também na dos cidadãos que vivem no mundo assim modelizado. Schwartz, Dejours e Daniellou desenvolvem a idéia da necessidade de várias formas simultâneas de validação dos conhecimentos e de diversas provas, na medida em que os protagonistas envolvidos têm um papel a desempenhar em algumas destas.

O leitor facilmente reencontrará essas diferentes posições, ao ler os textos que se seguem e que vamos introduzir, agora, em algumas palavras.

APRESENTAÇÃO DAS CONTRIBUIÇÕES

Jacques Curie distingue a idéia de "pesquisa" daquela de "pesquisa científica". Ele não duvida da existência de uma pesquisa em ergonomia, mas sublinha que as condições de intervenção deixam poucas oportunidades para a ergonomia poder satisfazer aos critérios da pesquisa científica. Curie trabalha com a idéia de uma alternância, numa mesma vida de um homem ou de uma mulher, entre a posição de ergonomista e a de pesquisador.

Alain Wisner situa sua reflexão epistemológica como uma contribuição para a atividade de quem pratica a ergonomia. Retraçando a história do desenvolvimento da ergonomia, ele mostra o crescimento progressivo das disciplinas das quais os ergonomistas deveriam saber emprestar conhecimentos. Essa revisão o leva a expressar sua perplexidade a respeito dos limites da ergonomia. Wisner propõe conservar,

[23] N.T. CNRS: **Conseil National de la Recherche Scientifique** (Conselho Nacional da Pesquisa Científica); CNU: **Conseil National des Universités** (Conselho Nacional das Universidades), que gerencia o recrutamento e a carreira dos professores — pesquisadores do ensino superior.

como núcleo dessa disciplina, a melhoria do próprio dispositivo técnico, mas abre para a Análise Ergonômica do Trabalho um campo mais amplo do que aquele que reservou para a ergonomia propriamente dita.

Jacques Leplat escolheu concentrar sua contribuição na noção de "complexidade". Ele ressalta que não se pode tratar de complexidade da tarefa independemente de levar-se em conta o agente que a efetua. O ergonomista intervém, portanto, nas relações tarefa-operador-atividade, para facilitar a *gestão* dessa complexidade. O autor sublinha os riscos de uma abordagem que, ao decompor a situação em elementos, causaria a perda das especificidades de tal gestão.

Gilbert de Terssac e Bruno Maggi salientam que o sentido da noção de "trabalho" é variável segundo as sociedades e os períodos. Para eles, a ergonomia se constrói em torno de três proposições fundamentais, que constituem tantas reviravoltas de perspectiva: a noção de variabilidade, a distinção entre tarefa e atividade, e a noção de regulação, ligada à de competência. Revendo diferentes modelos de organização, os dois autores mostram que a organização não deve ser considerada como uma estrutura que se imporia do exterior para os trabalhadores, mas como uma forma de agir, presente em toda situação de trabalho. A ergonomia pode ou não desligar-se do modelo clássico (taylorista), conforme ela introduza, na transformação das situações de trabalho, seja o enunciado da "melhor solução", seja a possibilidade de uma discussão que mobilize diferentes atores em torno dos resultados da análise do trabalho e da exposição dos conhecimentos a respeito do homem. Segundo eles, qualquer posicionamento científico em ergonomia impõe fazer explicitamente a escolha de um dos postulados relativos à organização.

François Hubault mostra que as abordagens do trabalho podem ser distinguidas segundo a continuidade ou a descontinuidade que elas introduzem entre a tarefa a ser efetuada e a atividade posta em ação. A utilização de um ou outro paradigma terá efeitos muito precisos no modo de ação do ergonomista, notadamente na concepção. O autor classifica a ergonomia nas "abordagens clínicas", instaurando uma relação particular entre o singular e o generalizável. É à luz desse posicionamento que ele mostra o papel que a ergonomia pode desempenhar para influenciar as decisões de gestão.

Ives Schwartz, em vez de desenvolver uma reflexão epistemológica sobre a ergonomia, decidiu mostrar que certas formas de prática da ergonomia constituíam uma boa imagem do que poderia ser uma atividade epistemológica. Inscrevendo tudo o que toca à vida humana num triângulo "valores-saberes-atividade", ele ressalta que a produção e a experimentação de conhecimentos científicos sobre o ser humano não poderiam ser confiadas apenas aos cientistas. O autor propõe um "dispositivo de três pólos", incluindo, além das disciplinas científicas, as forças de chamamento e convocação sociais e a filosofia. Esse dispositivo, que ele considera válido para toda pesquisa sobre o ser humano, parece-lhe parcialmente já em ação em certos processos de produção de conhecimento em ergonomia.

François Daniellou defende a idéia de que a ergonomia produz dois tipos de modelos: modelos da atividade dos operadores e modelos da atividade do ergonomista. Ele discute o valor preditivo deles e as condições que deveriam ser preenchidas para que esses modelos pudessem ter valor cientifico. Daniellou sublinha a importância da estruturação e da organização da comunidade de pesquisa em ergonomia na possibilidade, ou não, de produzir conhecimentos científicos próprios dessa disciplina.

Christophe Dejours descreve a tensão que existe necessariamente entre os critérios de validade do conhecimento e os critérios de validade da ação. O vínculo que a ergonomia estabelece entre uns e outros leva a classificá-la seja nas "ciências aplicadas", seja, o que é sua própria escolha, nas "ciências de campo". Ele descreve, então, as diferentes provas a que deveriam submeter-se os resultados ergonômicos para alcançar a dignidade cientifica: validação pelos atores, pelos pares e, depois, nova experimentação dos conceitos no campo. Para permitir o desenvolvimento de conhecimentos científicos em ergonomia, ele pleiteia a constituição de escolas às quais os que a praticam poderiam referir-se, contribuindo para um processo de produção de conhecimentos a partir da prática.

Os textos que acabam de ser apresentados foram submetidos a dois debatedores que escolheram desenvolver temas particularmente relacionados com a sua posição profissional.

Jacques Christol coloca-se "do ponto de vista de quem pratica a ergonomia". Inquieto com a diversidade de respostas que os ergonomistas propõem aos que lhes demandam, ele pleiteia a definição de "boas práticas" na profissão, à imagem das que são elaboradas na indústria. Ele descreve um ergonomista que intervém diretamente na concepção dos dispositivos técnicos, ao fornecer aos que decidem ou aos que concebem especificações bem precisas. Christol atribui à equipe de ergonomistas a tarefa de fazer a síntese dos conhecimentos científicos provenientes de numerosas disciplinas e dos resultados de suas análises do trabalho (cujos princípios ele lembra) na elaboração das soluções que essa equipe recomendará ao cliente.

Pierre Falzon discute os objetivos da ergonomia: os critérios habituais de saúde e de eficácia devem ser, em sua percepção, ampliados pela introdução de uma dimensão desenvolvimentista (construção da saúde, das competências) e por levar mais em conta os efeitos das situações de trabalho "deportadas" no tempo. Ele mostra a contribuição das atividades meta-funcionais para a eficácia das empresas e a necessidade de reconhecê-las e encorajá-las. Lembrando as similitudes entre a atividade do ergonomista e a daquele que concebe, ele assinala que o mesmo problema se coloca tanto para um quanto para outro, isto é, o da capitalização e da formalização da experiência. Ele reivindica uma atividade reflexiva baseada em novas formas de diálogo entre quem pratica e os pesquisadores.

UM DEBATE ABERTO

Ao final da elaboração e da leitura deste livro o debate permanece aberto.

- Para alguns, a ergonomia continuará um "projeto", uma "arte", uma "tecnologia" que utiliza conhecimentos produzidos por outras disciplinas, mais precisamente a conjunção particular desses conhecimentos para um ergonomista atuando na transformação das situações de trabalho, na busca de mais conforto e eficácia. Se a ergonomia provoca questões de pesquisa, e mesmo contribui para a produção de conhecimentos, estes cairão *ipso facto* no acervo da disciplina cientifica mais bem situada para abrigá-los.
- Outros continuarão persuadidos de que a ergonomia pode produzir conhecimento sobre a atividade de trabalho ou sobre a atividade do ergonomista, a qual lhe pertence exclusivamente, e que nada impede esse conhecimento de ganhar um dia a dignidade de "científico".

Nem por isso os debates aqui apresentados deixam a situação estacionária.

- Evidencia-se claramente que algumas das dificuldades epistemológicas com que se debate a ergonomia são comuns a todas as disciplinas que tratam do ser humano. Disciplina recente, frágil pelo efetivo de seus pesquisadores, a ergonomia defronta-se, nas situações de trabalho, com uma tal concentração de dimensões da atividade humana sem que estas fossem conhecidas anteriormente. Numerosas interrogações foram elaboradas antes ou simultaneamente com relação a outras ciências.
- Feita inicialmente de modo estático ("a ergonomia será ou não uma disciplina cientifica?"), a pergunta tornou-se dinâmica: "que condições deveriam progressivamente preencher as pesquisas em ergonomia para que possam ser qualificadas de cientificas?"
- Apresentada inicialmente como responsabilidade única dos pesquisadores, a questão da cientificidade das pesquisas em ergonomia mobiliza outros atores: quem a pratica e os protagonistas da vida social. É evidentemente indispensável manter a especificidade insubstituível da liberdade de elaboração de modelos e de hipóteses, dos controles internos de coerência e de validade de demonstração e da discussão do uso dos conceitos, que estruturam a comunidade cientifica. Não se poderia tratar de assimilar a produção de conhecimentos científicos à ex-

pressão das opiniões deste ou daquele grupo social. Mas, por outro lado, a construção e a validação dos conhecimentos produzidos acerca do trabalho, visando à sua transformação, não podem depender unicamente desses procedimentos internos. Certamente a legitimidade das pesquisas em ergonomia se apresenta mais nitidamente como matéria dos cientistas, mas também de uma comunidade profissional e das forças sociais que a ela recorrem, segundo formas de interação que ficam por ser amplamente elaboradas.

Bibliografia

ANTUNES LIMA F. *Les contraintes au travail et la dimension éthique de l'activité.* Thèse de Doctorat d'Ergonomie. Paris, CNAM, 1995.

BUCCIARELLI L.L. An ethnographic perspective on engineering design, *Design studies*, 9,3,159-168, 1988.

CLOT Y. *Le travail sans l'homme.* Paris, La Découverte, 1995.

CURIE J., HAJJAT V. Vie de travail, vie hors travail, va vie en temps partagé. In C. LEVY-LABOYER et J. C. SPERANDIO (s/d), *Traité de psychologie du travail.* Paris, PUF, p. 37-56, 1987.

DANIELLOU F. L'ergonome et les acteurs de la conception. *In Ergonomie et ingénierie*, Actes de XXIXème Congrès de la SELF, nº 88. Paris, Eyrolles, Coll. DER-EDF, p. 27-32, 1994.

DE BRANDT J., DUBAR C., DEJOURS C. *La France malade du travail.* Paris, Bayard, 1995.

DEJOURS C. *Travail, usure mentale.* Paris, Bayard, 1993[1981].

DEJOURS C. Analyse psychodynamique des situations de travail et sociologie du langage. In J. BOUTET (s/d), *Paroles au Travail.* Paris, L'Harmattan, p.181-224, 1995a.

DEJOURS C. *Le facteur humain.* Paris, PUF, Que sais-je? 1995b.

FREYSSENET M. "Sur le concept de travail", *Sociologie du Travail*, XXXVI H.S. (s/d), nº spécial, 1994.

HABERMAS J. *Théorie de l'agir communicationnel.* Paris, Fayard, Coll. L'espace du Politique, 1987[1981].

HUBAULT F. Entre travail et emploi, l'ergonomie défiée. In V. CHAPAT (s/d), *L'ergonomie et les compromis*, Actes des Journées de Bordeaux sur la Pratique de l'Ergonomie. Bordeaux, Université Bordeaux 2, p. 127-132, 1995.

KUHN T.S. *La structure des révolutions scientifiques*. Paris, Flammarion, Coll. Champs, 1983[1962-1970].

MALRIEU P. La crise de personnalisation. Ses sources et ses conséquences sociales. *Psychologie et Éducation*, III, 1-18, 1979.

MEYERSON I. *Écrits* 1920-1983, *pour une psychologie historique.* Paris, PUF, 1987[1920-1983].

PIRTTEM Travail : recherche et prospective, Actes du Colloque interdisciplinaire (Lyon, Décembre), Paris, CNRS-PIRTTEM, 1992.

SCHÖN D.A. *The reflexive practitioner : how professionals think in action.* USA, Basic Books, 1983.

SCHWARTZ Y. *Expérience et connaissance du travail.* Paris, Messidor, 1988.

STENGERS I. *L'invention des sciences modernes.* Paris, La Découverte, 1993.

TERSSAC G. de, *L'autonomie dans le travail.* Paris, PUF, Coll. Sociologie d'aujourd'hui, 1992.

TERSSAC G. de, LOMPRE N., ERSCHLER J., JUGUET M.J. La renégociation des contraintes, Communication au Colloque *Ergonomie CNRS*, Toulouse, novembre 1993.

THEUREAU J. Postface in L.PINSKY, *Concevoir pour l'action et la communication, essais d'ergonomie cognitive.* Berne, Peter Lang, 1992.

WEBER M. *Economy and Society*, vol. 1. Berkeley, University of California Press, 1978[1922].

WISNER A. *Quand voyagent les usines.* Paris, Syros, 1985.

CONDIÇÕES DA PESQUISA CIENTÍFICA EM ERGONOMIA

JACQUES CURIE
Psicólogo
Professor na Universidade de Toulouse Le Mirail

Tradução de
FRANCISCO DE PAULA ANTUNES LIMA
Engenheiro Mecânico/Produção
Doutor em Ergonomia pelo CNAM
Professor da UFMG, Departamento de Engenharia de Produção

ERGONOMIA OU REPRESENTAÇÕES DA ERGONOMIA

Há alguns anos, em Toulouse, dentro de um programa europeu de formação continuada, foi organizado um estágio de uma semana dirigido aos executivos da indústria aeronáutica. A finalidade do estágio era sensibilizar os executivos em relação à ergonomia. O programa era constituído de intervenções apresentando diversas faces da ergonomia, discussões e uma mesa redonda da qual participaram vários autores deste livro. As exigências do programa europeu estipulava a necessidade de uma avaliação do estágio, que ficou a cargo de uma das nossas alunas, Carola Gawehn. Dentre os diferentes instrumentos utilizados na avaliação figurava uma análise da representação que os participantes possuíam da ergonomia, antes e após o estágio. A partir da adaptação do método de Le Bouedec (1984), esta representação foi apreendida por meio da tripla dimensão clássica: conteúdo, estrutura e orientação. A hipótese era simples: o seminário teria tido algum efeito na medida em que houvesse evoluções estatisticamente significativas nas dimensões da representação que os estagiários tivessem da ergonomia. Sem entrar em detalhes, o resultado final foi o seguinte:

- de maneira global, a representação dos estagiários havia evoluído;
- a natureza das evoluções era diferente de acordo com a função dos executivos (engenheiros projetistas; engenheiros de produção; executivos ligados à gestão de recursos humanos ou médicos).

Cada um havia modificado sua representação conforme seu saber inicial e a lógica da ação conduzida pela sua inserção profissional. Cada um havia aprendido na formação aquilo que ele poderia utilizar como apoio para suas estratégias organizacionais {conforme a observação um pouco áspera Merton [(1965 (1957)]: "O administrador utiliza as ciências sociais da mesma forma que um bêbado utiliza uma luminária, muito mais como apoio do que para se iluminar"}.

Uma constatação banal que permitiria discorrer sobre os dois sentidos de construção da representação (reprodução das propriedades do objeto e adequação coerente às experiências anteriores, Moscovici, 1961), sobre os "back home problems" dos programas de formação existentes etc., mas o mais importante não é isso.

Para o nosso propósito, o essencial é que esses resultados ilustram o fato de que, quando cada um de nós fala da ergonomia, revela sobretudo a representação que faz dela e, sobretudo, da perspectiva de sua posição profissional. Quando o pesquisador fala da ergonomia ninguém duvida de que ele também está pensando nas questões de reconhecimento acadêmico. Uma preocupação tão legítima quanto a de quem pratica a ergonomia, que se inquieta com as dificuldades dos seus contratos de "ação ergonômica". E quando o psicólogo, o sociólogo, o fisiologista ou o lingüista se interrogam sobre a pesquisa em ergonomia, eles certamente se interessam em saber qual o apoio que ela pode fornecer para aumentar sua visibilidade no interior de sua própria disciplina e qual o perigo que ela representa devido à concorrência que a ergonomia instaura no meio científico.

Como psicólogo, acadêmico e amigo dos ergonomistas, não escapo a estas incitações.

Há algumas décadas eu tento me familiarizar com a psicologia. É uma tarefa difícil e que avança cada vez mais lentamente. Durante este período nunca pensei em me considerar um ergonomista. No entanto, sempre me interessei pelo desenvolvimento desta prática. Por que estas duas orientações?

Minha distância relativa à ergonomia provém simplesmente do meu interesse pelos fenômenos de circulação que um ator institui entre suas diversas atividades e sobre os processos de interestruturação de suas condutas que mobiliza o indivíduo quando ele se comporta como sujeito. Em um primeiro nível, esse interesse orientou minhas investigações e as da equipe de pesquisa à qual pertenço, no sentido de analisar a influência sobre o trabalho (sua forma e seu significado) das atividades que o precedem e o sucedem; num segundo nível, nos perguntávamos de que figura estávamos tratando, onde o trabalho deveria, para alguns, constituir o centro (e como, então, definir um lugar por sua eqüidistância a pontos que não estão especificados?). De forma ainda mais radical, eu me questionava e ainda questiono sobre o caráter problemático da categorização das atividades em termos de trabalho e de não-trabalho. A partir do momento em que o trabalho não pode mais ser assimilado ao emprego e nem definido pela tarefa prescrita, o conceito de trabalho se torna vago e impõe-se a obrigação evocada com muita ênfase por Schwartz (1995, p.127) de "descategorizar", de "desperiodizar", de solapar as circunscrições que uma segurança intelectual demasiadamente presunçosa teria a pretensão de definir como cenários para pensar.

Mas, ao mesmo tempo, o desenvolvimento da ergonomia me pareceu essencial.

Isso sem dúvida por razões ideológicas. A ergonomia apresenta, a meu ver, o interesse em considerar que o homem não é a principal variável de ajuste do sistema sociotécnico em constante transformação. Na busca de uma adequação inelutável entre o homem e seus instrumentos técnicos e organizacionais, é o instrumento que deve ser adaptado ao homem e definido por seus potenciais de desenvolvimento; não o homem adaptado ao instrumento. Aqueles que detêm este instrumento é que devem pagar o preço deste ajuste dinâmico, em vez de fazerem os trabalhadores pagarem o custo expresso em termos de esforço ou de insegurança suplementar de toda ordem. Isto, em todo caso, me parece uma base saudável para a negociação.

O interesse pela ergonomia ocorre também por razões profissionais. Sendo professor de psicologia do trabalho — e funcionário da universidade — vi vários de meus antigos alunos, dando passos mais largos que os permitidos por fragmentos de saber que lhes eram transmitidos, contribuir ao lado de vários outros para o nascimento da profissão de ergonomista na França. Eles começaram a viver, aliás de forma mais ou menos bem-sucedida, de uma prática social que consiste em trabalhar para a transformação concreta das condições técnicas e/ou organizacionais da atividade de trabalho. Eu fiquei feliz com esta extensão, por procuração, do meu campo de atividade. Mas eu jamais pratiquei a ergonomia na primeira pessoa.

Esses novos profissionais fizeram pesquisa? E esta pesquisa é uma pesquisa científica? Talvez estas duas questões não tenham muito sentido para aqueles dentre eles que não têm uma perspectiva acadêmica. Mas, indiretamente, elas fazem sentido na medida em que é preciso formar bem os futuros profissionais de ergonomia e quando se sabe que as vias de reconhecimento estatutário dependem, pelo menos em parte, das respostas dadas a estas duas questões.

E, afinal de contas, a participação neste livro tem como objetivo dizer alguma coisa sobre estas duas questões que, como veremos, são duas questões distintas.

O QUE É A PESQUISA ?

Em um belo texto, Jacquard (1988) respondia à esta questão dizendo:

"A pesquisa é um processo pelo qual a ciência se constitui, é um esforço de lucidez. Às vezes a lucidez tem a eficiência como sub-produto. A finalidade da ciência é a lucidez: olhar o mundo de uma outra maneira.

O homem viu as luzes no céu tal como os animais que têm olhos e um dia ele disse 'o sol é uma estrela'; frase completamente absurda, contrária à todo bom senso, mas que é verdadeira. O homem olhou o céu muito mais com o cérebro do que com os olhos.

É isso o esforço científico: substituir o caos dado por nossos sentidos por um 'modelo' explicativo."

A única reserva que talvez possamos ter em relação ao texto é de que ele considera somente a pesquisa científica. Também dever-se-ia dizer que a pesquisa é um processo pelo qual a filosofia, a arte, a metafísica, etc. se constituem. Desde a sua origem, os homens se depararam com um "caos de fenômenos", às vezes dramáticos: escassez de meios essenciais à vida, fome, acidentes... Eles sentiram a necessidade de colocar ordem nesses fenômenos, lhes dando um sentido. A elaboração do mito, como indicou Wallon (1959), é uma atividade intelectual que já antecipa outras formas de pesquisa, no sentido em que essa pesquisa consiste em procurar algo subjacente aos fenômenos, ela faz o homem olhar o mundo antes com seu cérebro do que com seus olhos.

Esta observação, mesmo que secundária, não é inútil porque evita pensar que exista apenas um tipo de pesquisa e que esta pesquisa seria a científica ou então não seria pesquisa. Existem vários tipos de pesquisa cuja hierarquização seria bastante problemática. Da mesma forma como existem vários tipos de conhecimento. Por exemplo, os conhecimentos *descritivos* do botânico para o qual o valor se expressa em termos de "verdade" são muito diferentes dos conhecimentos de *avaliação* da florista que se manifestam em termos de "utilidade"; estes conhecimentos não visam os mesmo objetivos e nem obedecem aos mesmos critérios, como Beauvois (1994) insiste em dizer. Para obter um cargo de pesquisador no CNRS*, os conhecimentos

* N.T. Ver nota 23.

do primeiro tipo são pré-requisitos mais indispensáveis que os do segundo. Mas para seduzir uma jovem, os conhecimentos do segundo tipo serão certamente mais úteis. Em nome de qual princípio dir-se-á que o primeiro objetivo é mais importante que o segundo? E ainda, qual o enfermo, em vez de saber do ponto de vista científico do que ele vai morrer, não gostaria de ser curado, mesmo parcialmente, por um medicamento cuja eficácia é ainda pouco compreendida mas real? Se no tempo de Molière os médicos, então apelidados de "empíricos", foram motivo de chacota, não era por causa de sua parca ciência, mas sim porque sua intervenção conduzia seus pacientes muito mais ao repouso eterno do que às alegrias serenas que traz consigo o avançar da idade.

A questão não é saber se existe a pesquisa em ergonomia. Ela existe. Ela se mede em termos de eficácia e deve ser reconhecida em relação a este critério. A ergonomia procura soluções para os problemas que os homens — tanto os projetistas *quanto* os executores — encontram no trabalho, problemas que os conhecimentos ou o saber-fazer utilizados até então não mais permitem resolver. Ela implica olhar diferentemente o trabalho, servindo-se, para tanto, de uma certa quantidade de conhecimentos disponíveis mas ainda não utilizados e/ou relacionando-os de maneira diferente.

Mas isto é pesquisa científica?

PESQUISA ERGONÔMICA E PESQUISA CIENTÍFICA

Discutir a compatibilidade entre esses dois termos supõe que exista uma definição de um e de outro. Foi o que fez Comte a propósito do famoso dilema no qual ele pensava ser necessário enquadrar a psicologia. Gréco (1973) resumiu esse dilema da seguinte forma: "*O psicólogo jamais tem certeza de fazer ciência e, quando ele a faz, não tem mais certeza de tratar-se da psicologia.*" *Mutatis mutandis*, não podemos dizer também: "O ergonomista jamais tem certeza de estar fazendo ciência e, quando ele a faz, não tem mais certeza de tratar-se da ergonomia"?

O que é então a pesquisa científica e de qual representação da ergonomia ela se serve?

A ciência visa, pela modelização, tornar conhecido o que é inobservável. A ciência é um processo de modelização do real. O modelo define as transições reais e necessárias entre os planos da realidade que a explicação procura fundir; por exemplo, os comportamentos — motores ou verbais — e as características (externas) da tarefa e/ou (internas) do operador. A realidade dessas transições é assegurada pela elaboração de um suporte, concreto ou abstrato, para a dedução (ou modelo) e sua necessidade resulta de uma construção lógico-dedutiva de uma lei mais geral. E como mostrou Piaget (1963), é a natureza dos suportes para a dedução que diferencia os tipos de explicação propostos. O modelo é considerado provisoriamente aceitável quando as previsões deduzidas a partir dele dispõem de contrapartidas empíricas, isto é, quando são compatíveis com o conjunto de fatos conhecidos. O modelo nunca é "verdadeiro" porque nunca teremos certeza de que não se possa dar uma outra explicação aos mesmos fatos. Simplesmente ele não é "invalidado" (Popper, 1973). A mudança do modelo virá não porque ou não somente porque seus defensores acabam perdendo seu poder normativo em uma comunidade científica sempre repleta de postulantes à emissão de novas normas. A mudança será produzida assim que um novo modelo englobar o primeiro; este aparecerá, então, como um caso particular daquele; o novo modelo demonstrará sua aptidão em reconhecer as novas relações empíricas bem como aquelas que explicadas pelo modelo precedente (Thuillier, 1971).

Provavelmente esta definição ainda parece ter muitas semelhanças com a ciência dita "normal" (na definição de Kuhn). Mas ela tem pelo menos o mérito de fornecer um quadro único para a discussão pluridisciplinar, quer dizer para a invenção interdisciplinar, tão valorizada em ergonomia.

Com efeito, não vejo como poder-se-ia entoar o canto da cooperação pluridisciplinar a partir do postulado de uma heterogeneidade radical das abordagens pelas quais cada disciplina constrói seus fatos e demonstra o valor de suas proposições. Esta definição, em todo caso, não é de forma alguma incompatível com as perspectivas do interacionismo simbólico, segundo as quais o que determina os comportamentos — verbais ou motores — observáveis é a significação que os sujeitos atribuem ao seu ambiente. A "fabricação de sentido" (Bruner, 1991) é um processo histórico e estrutural entre outros aspectos que o modelo deve considerar. Esta definição da abordagem científica lembra simplesmente que a inteligibilidade dos fatos é relativa ao modelo utilizado e que este modelo existe não na realidade constatada mas na cabeça do pesquisador. A ciência não é a realidade empírica e o que dizem os sujeitos; ela é um discurso sobre esta realidade. Como nós havíamos escrito (Curie et Cellier, 1987), é preciso enunciar a esperança de que os "besouros conheçam a entomologia".[24]

Uma tal definição da abordagem científica é compatível com a abordagem da ergonomia? Isto depende da representação que temos da ergonomia e de como a definimos.

Segundo a definição da Associação Internacional de Ergonomia (IEA, 1969): "*A ergonomia é o estudo científico da relação entre o homem e seus meios, métodos e ambiente de trabalho*". Esta definição, entretanto, coloca algumas dificuldades. Primeiramente porque ela não define o ponto de vista assumido sobre a realidade empírica e contigente que é "o trabalho". Todos sabem, desde Saussure, que é o ponto de vista que cria o objeto. Mas somente um ponto de vista particular sobre o trabalho, a educação, a política, permitiria superar o caráter plural das ciências que se interessam por estas realidades. Mas, sobretudo, não há certeza de que essa definição dada pela IEA possa satisfazer os ergonomistas preocupados em

[24] Reminiscência de uma observação lida, esquecida e redescoberta de Chamfort (1740-1794), segundo a qual "os besouros não conhecem a história natural" (Máxima 44). Dai a César...

adquirir autonomia. Qualquer psicólogo ou sociólogo poderia, sem muito esforço, aplicar esta mesma definição às suas próprias pesquisas sem que a abordagem ergonômica se fizesse presente. A especificidade da ergonomia não reside na prática das modificações das condições técnicas e da organização da atividade de trabalho? Em resumo, se esta definição da IEA permite dizer que se "faz ciência", ainda se trata de ergonomia?

A definição de ergonomia que a Sociedade de Ergonomia de Língua Francesa (SELF) assumia em 1988 acentua fortemente, por sua vez, o caráter pragmático de seu objetivo e de sua abordagem. A ergonomia é "*a utilização de conhecimentos científicos relativos ao homem e necessários para conceber instrumentos, máquinas e dispositivos que possam ser utilizados pelo maior número de pessoas, com o máximo de conforto, de segurança e de eficiência*". Se a representação que temos da ergonomia reduz-se a esta definição, ela é uma tecnologia, uma arte, como escrevem Christol e Mazeau (1991) e como nos mostra de novo Wisner, neste livro. Perceber a ergonomia dessa forma não a diminui, mas me parece que é preciso ser um excelente acrobata para fazê-la passar por uma ciência, mesmo considerando-a uma ciência dentre outras ciências do trabalho, como Montmollin (1995) a concebe.

E isso, simplesmente porque a ciência não procura soluções e sim explicações. Certamente, como diz Jacquard no texto anteriormente citado, a eficiência pode, *às vezes*, ser um sub-produto da lucidez. Mas não é seu objetivo primeiro e, o "verdadeiro"(?) homem de ciência talvez seja aquele que é capaz de tolerar a insuportável idéia de que as suas pesquisas servirão tão somente para aumentar o conhecimento. A ciência não consiste em utilizar conhecimentos para resolver problemas. A pesquisa científica visa construir novos conhecimentos, isto é, "edificar observáveis em uma estrutura inteligível" (Perron, 1979).

Entretanto, esta objeção não é decisiva. Nada obriga a considerar que a ergonomia se limite a utilizar os conhecimentos científicos elaborados fora dela. Com efeito, esta utilização pode exigir a elaboração de novos conceitos permitindo efetivar a integração de conhecimentos isolados. Esta elaboração constitui um aspecto essencial da abordagem científica. Mas, repetindo, para que os resultados possam, sem corromper o livreiro, ser colocados nas estantes dos trabalhos científicos, é necessário e suficiente que os resultados proponham uma modelização aceitável, nova, dos processos (inobserváveis) que geram o aparecimento de certos fenômenos (observáveis) em condições definidas. Esse modelo pode ser o resultado da integração de diversos conhecimentos. É o que fazem quase todos os modelos, um conhecimento pode ser novo pela forma como ele reorganiza os conhecimentos antigos.

Por outro lado, o fato de que é *pela ação* que os conhecimentos ergonômicos são construídos não constitui uma objeção *de direito* na medida em que toda metodologia de pesquisa científica, isto é, a formalização das condições de refutação de um enunciado implica uma transformação real, simbólica ou "natural" do objeto.

O que faz o experimentador senão agir sobre as condições externas (mas às vezes também internas) que, segundo sua hipótese (previsão deduzida de um modelo), ativam ou inibem um processo? O especialista em estudos comparativos não faz a mesmo coisa, com a diferença de que ele substitui a manipulação real das variáveis pela manipulação simbólica? E o que faz o psicólogo clínico senão agir sobre o sujeito devolvendo-lhe uma interpretação de suas falas ou de seus gestos, interpretação essa deduzida do modelo que ele utiliza e cuja validade ele testa ao confrontar as reações observadas com as reações previstas *no interior das formas do modelo* (Perron, 1979)?

Portanto, se estas duas objeções se afastam, *a priori* nada impede de considerar que a pesquisa possa ser a um só tempo ergonômica *e* científica. Para se pronunciar sobre o caráter científico de um discurso, o que deve ser considerado não é a natureza de seu objeto, mas a maneira pela qual o discurso é construído.

Mas se estas objeções não estão estritamente fundadas *de direito*, elas não estariam *de fato*?

POSIÇÃO DO PESQUISADOR OU POSIÇÃO DE QUEM PRATICA A ERGONOMIA

Uma objeção de fato não poderia ser formulada ou respondida a não ser com argumentos da mesma espécie. Somente uma análise de caso a caso permitirá dizer se uma dada pesquisa ergonômica pôde ser realizada em circunstâncias tais que tenham sido satisfeitas as condições mínimas da pesquisa científica.

Indicaremos a seguir algumas destas condições:

- sem dúvida a pesquisa não exige que o próprio cientista escolha seu tema de estudo. Seria ingênuo acreditar que num centro de pesquisa, mesmo estatal, o pesquisador possa escolher o seu tema com toda a liberdade. Mas o cientista deve controlar a escolha de seus observáveis e das técnicas, assegurando sua representação simbólica. E isto não por uma preocupação deontológica, mas precisamente porque os fatos não são *dados*, mas sim *construídos* em função do modelo (é o que justifica em parte, mas somente em parte, a idéia do relativismo, segundo a qual cada teoria tem seus próprios fatos). Dentre esses observáveis devem figurar aqueles que especificam a classe de situações estudadas e, portanto, as condições de generalização dos resultados obtidos;
- o cientista precisa dispor de tempo para construir um modelo da realidade que está estudando, e situar esse modelo em relação a outros para poder deduzir uma previsão;
- o cientista deve estar apto a confrontar esta previsão a novos observáveis, de tal forma que ele possa constatar se tais fatos têm a generosidade de fornecer uma contrapartida empírica aos fatos previstos e construídos segundo a lógica do modelo;

- o meio social, no qual ele realiza sua pesquisa, deve estar capacitado para tolerar a dúvida sobre as conclusões formuladas. O discurso da ciência só pode ser um discurso duvidoso. Somente a ideologia (e a astrologia) constituem o discurso da certeza porque são irrefutáveis;
- o cientista deve dispor de tempo para comunicar aos outros cientistas, na forma normatizada, os resultados de suas pesquisas de maneira a assegurar as condições de acumulação da ciência.

Seria, então, razoável acreditar que estas diferentes condições possam estar reunidas quando o ergonomista assume a posição de interveniente, isto é, quando ele está submetido às exigências da urgência e da divergência de interesses das partes concernentes? Alguns acreditam que sim. A exemplo de certos pesquisadores em ciências da educação, que tem muitos problemas e talvez muitas ilusões em comum com os ergonomistas, eles praticam a chamada pesquisa-ação. Mas minha experiência, certamente bastante limitada, me mostrou que, nestes casos, torna-se bastante difícil descobrir onde, atrás da ação, se esconde a pesquisa. Num texto recente, Sperandio (1995) mostra as dificuldades de tal empreendimento.

"*A não ser que se queira ver o mundo pelo buraco de uma agulha, o pesquisador em ergonomia cognitiva, ainda que ele escolha seus temas preferidos, não tem o bel prazer de circunscrevê-los ao sabor das teorias em moda. Ele pode e deve teorizar, senão deixa de ser pesquisa, mas é o campo que decide em grande parte os critérios pertinentes e as variáveis que devem ser levadas em consideração*".

Como teorizar sobre fatos construídos fora de qualquer teoria e, mais ainda, definidos a partir de teorias que o pesquisador reconhece como falsas?

Arriscando ser arcaico ou, pior ainda, de decepcionar alguns dos meus amigos, minha conclusão é a de que parece muito difícil, para não dizer mais, manter *simultaneamente* uma posição de pesquisador científico e de interveniente em ergonomia *em uma mesma operação*. Parece-me que Norman (1995), no pequeno texto que Wisner traduziu para o boletim da SELF, diz coisas não muito diferentes.

Mas por que o ergonomista seria obrigado a sempre se manter em uma única posição? Ele não poderia alternar estas duas posições sem procurar confundi-las em um golpe de força? Não seria pelo reconhecimento das especificidades de uma e de outra, em vez de negá-las, que os dois tipos de práticas sociais poderão se enriquecer mutualmente? Mas para isso deverão ser inventadas formas de parceria duráveis, implicando solidariedades diversas, inclusive financeiras, entre pesquisadores e os que praticam ergonomia, para as pesquisas que, se desenvolvidas em paralelo, sejam, ao mesmo tempo, ergonômicas e científicas.

Bibliografia

BEAUVOIS J.L. *Traité de la servitude libérale. Analyse de la soumission.* Paris, Dunod, Coll. Société, 1994.

BRUNER J. ...*Car la culture donne forme à l'esprit.* Paris, Eshel, 1990, trad. 1991.

CHRISTOL J., MAZEAU M. Ergonomie cognitive: pléonasme ou paradoxe. *Le Travail Humain*, 54, 4, p. 381-390, 1991.

CURIE J., CELLIER J.M. Stratégie de la recherche en psychologie du travail. In C. LEVY-LEBOYER et J.C. SPERANDIO (s/d), *Traité de Psychologie du travail.* Paris PUF, p. 117-144, 1987.

GRECO P. L'épistémologie de la psychologie. In J. PIAGET (s/d), *Logique et connaissance scientifique.* Paris, Gallimard, Coll. La Pléiade, p. 927-991, 1973.

JACQUARD A. La recherche est l'avenir de l'homme. *Bulletin de l'ADEMAST* Midi-Pyrénées, octobre, p. 17-23, 1988.

LE BOUEDEC G. Contribution à la méthodologie d'étude des representations sociales. *Cahiers de psychologie cognitive*, 4, 3, p. 245-272, 1984.

MERTON R.V. *Éléments de théorie et de méthode sociologique.* Paris, Plon, 1965 (1957).

MONTMOLLIN M. de, Préface. In M. de MONTMOLLIN (s/d), *Vocabulaire de l'ergonomie.* Toulouse, Octarès Éditions, 1995.

MOSCOVICI S. *La psychanalyse, son image et son public.* Paris, PUF, 1961.

NORMAN D.A. Sur les différences entre la recherche et la pratique. Extrait de *Ergonomics in Design* (avril 1995, p. 35-36); traduzido por A. WISNER, *Bulletin de la SELF*, septembre-décembre 1995, 91, p. 27-30, 1995.

PERRON R. Les problèmes de la preuve dans les démarches de la psychologie clinique: plaidoyer pour l'unité de la psychologie. *Psychologie Française*, 24, 1, p. 37-50, 1979.

PIAGET J. L'explication en psychologie. In P. FRAISSE et J. PIAGET (s/d), *Traité de Psychologie expérimentale*, t. 1, Paris, PUF, p. 121-152, 1963.

POPPER K. *La logique de la découverte scientifique.* Genève, Payot, 1973.

SCHWARTZ Y. De l'inconfort intellectuel, ou: comment penser les activités humaines? In P. COURS-SALIES (Coord.), *La liberté du travail.* Paris, Éditions Syllepse, Coll. Le présent Avenir, p. 99-149, 1995.

SPERANDIO J.C. L'ergonomie cognitive: améliorer les aspects cognitifs du travail humain. *Psychologie Française*, 40-1, p. 3-11, 1995.

THUILLIER P. Comment se constituent les théories. *La Recherche*, 2, 13, p.537-554, 1971.

WALLON H. Le réel et le mental. *Enfance*, 3-4, p. 367-397, 1959.

QUESTÕES EPISTEMOLÓGICAS EM ERGONOMIA E EM ANÁLISE DO TRABALHO

ALAIN WISNER
Ergonomista
Professor Emérito do Conservatório Nacional
de Artes e Ofícios - CNAM

Tradução de
LAERTE IDAL SZNELWAR
Médico
Doutor em Ergonomia pelo CNAM
Professor do Departamento de Engenharia e de Produção
da Escola Politécnica - USP

INTRODUÇÃO

Tratar dos problemas epistemológicos em ergonomia é particularmente difícil, na medida em que consideramos a ergonomia em primeiro, como uma arte, uma prática profissional e, em menor grau, uma área da ciência. Desta forma, uma reflexão epistemológica sobre a ergonomia deveria servir, prioritariamente, como uma contribuição para a atividade dos que a praticam, sejam eles assalariados em empresas, consultores ou pesquisadores universitários trabalhando em campo.

Estes profissionais têm em comum o fato de estarem sob contrato para transformar ou conceber uma situação de trabalho, escolhida por outros, com prazo definido, recursos financeiros limitados e segundo modalidades precisas. As escolhas destes profissionais, que são guiadas pela tentativa de utilizar da melhor maneira possível o tempo e os recursos disponíveis, são sempre muito difíceis. Isto se deve ao fato de que todos os conhecimentos sobre o homem e seu trabalho não podem ser utilizados nas condições do contrato, mesmo se este for particularmente generoso e esteja prevista a participação de várias pessoas durante vários anos. Diversas questões sociais restringem a extensão e a profundidade da intervenção, mesmo se os profissionais estiverem "muito livres". Mecanismos complexos limitam a possibilidade de validação dos resultados e a aplicação das soluções previstas pelo ergonomista. A prática da ergonomia é fortemente situada devido a contingências inelutáveis. A eficácia da ação do ergonomista é determinada pela aceitação e bom uso destas limitações. Desta forma, quem pratica a ergonomia não tem as condições ideais para responder aos critérios clássicos da pesquisa científica, qualquer que seja o domínio da ciência em que estes trabalhos se situam.

Por outro lado, quem pratica ergonomia não pode trabalhar sem utilizar os resultados de pesquisas científicas. Estes resultados provêm de diversas disciplinas que contribuem com os saberes necessários, os quais são, por natureza, pluridisciplinares. Outros avanços se situam em dois domínios próprios à ergonomia francófona, o da ***Análise Ergonômica do Trabalho*** e o da ***dinâmica da transformação dos constrangimentos***. Esta última não será discutida neste texto, pois Daniellou (1996), que muito contribuiu para o seu desenvolvimento, relata suas reflexões neste mesmo livro.

INÍCIO DA ERGONOMIA

O temo "ergonomia" foi usado oficialmente na Grã-Bretanha em 1947 pelo engenheiro Murrel, com a colaboração do fisiologista Floyd e do psicólogo Welford. O objetivo era denominar as atividades que estes três pesquisadores e seus colaboradores desenvolveram em conjunto durante a Segunda Guerra Mundial a serviço da Defesa Nacional Britânica. Também visava lançar um movimento que, inspirado nesta experiência, permitia utilizar esta cooperação pluridisciplinar na indústria e em qualquer outra atividade civil.

Desta forma, parafraseando Lacoste com relação à geografia: "A ergonomia serviu em primeiro lugar para fazer a guerra". Esta lembrança não é o resultado de uma reflexão moral, mas visa chamar a atenção para o fato de que foi necessária a intensa pressão ocasionada pela batalha da Inglaterra para fazer trabalharem juntos cientistas oriundos de disciplinas tão diferentes e dotados de modos de pensar distintos e, a priori, incompatíveis. Um fenômeno similar ocorreu na Primeira Guerra Mundial, sem que houvesse uma continuidade após o seu final.

Somente em meados dos anos 50 do século passado a ergonomia apareceu na França. A sua institucionalização aconteceu no início dos anos 60; tanto é que ao ser criado, em 1954, o primeiro laboratório na indústria francesa, o termo ergonomia era desconhecido. Este laboratório foi então denominado "estudos fisiológicos" (Wisner, 1962).

O objetivo da ergonomia na Grã–Bretanha era adaptar a máquina ao Homem, na França o de adaptar o trabalho ao Homem, se opondo desta forma, completamente, à adaptação do Homem à sua profissão (Bonnardel, 1943), conceito dominante à época. As disciplinas que contribuíram para a ergonomia nascente foram a fisiologia do trabalho, então dominante; a antropometria e a psicologia científica, às quais deve ser adicionada a biomecânica. É necessário recordar brevemente o que eram estas quatro disciplinas naquela época, além das suas evoluções, para evitar que sejam consideradas como se já fossem o que vieram a ser 40 anos mais tarde.

A fisiologia do trabalho estava baseada essencialmente nas questões energéticas do trabalho muscular, tanto na Alemanha, no poderoso Max - Planck Institüt für Arbeitphysiologie de Dortmund, dirigido sucessivamente por Atzler, Lehman e Muller; como na França, no Laboratório de Fisiologia do Trabalho do CNAM, em Paris, cujos responsáveis foram sucessivamente Amar, Laugier, Soula e Scherrer. Durante todo este período, as medidas do consumo de oxigênio, da freqüência cardíaca e da temperatura central do corpo permitiam estudar a fisiologia do trabalho muscular e os efeitos do calor. Mais tarde apareceu a eletromiografia (EMG). Não havia, nesses laboratórios, pesquisas em neurofisiologia do trabalho, exceto no que concerne à visão e à fadiga auditiva. Na época, os estudos de neurofisiologia restringiam-se essencialmente a animais e às atividades sensório-motoras humanas.

A antropometria voltada para a ergonomia se encontrava em conflito com a antropologia física, a qual tinha como problemática teorias e metodologias voltadas a caracterizar os esqueletos das etnias vivas ou daquelas cujos restos eram encontrados em escavações. O ergonomista estava interessado no conhecimento das características de trabalhadores vivos, ou mesmo vestidos com vestimentas mais ou menos espessas, sem distinção de origem étnica. O ergonomista, certamente, visava distinguir as idades e os sexos, mas com o objetivo de melhor avaliar as populações heterogêneas na maneira como elas se apresentavam, tanto como trabalhadores ou como consumidores. Naquela época era muito difícil estabelecer um diálogo científico entre os especialistas em antropologia física e os da antropometria para responder às necessidades da ergonomia. A antropometria não trazia questões insolúveis ao ergonomista, uma vez que a problemática parecia simples. As dificuldades pareciam limitadas ao problema, muito significativo, das contradições entre a diversidade das dimensões humanas e a uniformidade do material produzido em série.

A biomecânica progressivamente mostrou-se indispensável para o trabalho dos ergonomistas, nos campos mais diversos: compreensão e modelização do gesto voluntário, acústica, efeitos das vibrações, modelos do homem como sistema de massas suspensas, biomecânica dos impactos etc. Uma das dificuldades existentes estava ligada ao fato que os diversos especialistas em mecânica estavam distanciados uns dos outros e os seus saberes estavam freqüentemente pouco adaptados às necessidades dos ergonomistas. Os atritos exigiam uma transformação da abordagem habitual da mecânica racional. A mecânica dos impactos praticamente não existia na França até meados dos anos 60; entretanto, era necessário conceber automóveis mais seguros, em casos de acidente.

A psicologia utilizada na ergonomia nos anos 50 era a considerada "científica", isto é, a experimental. O modelo teórico geralmente utilizado era o do behaviorismo. Do ponto de vista da comunicação entre especialistas que contribuíam para a ergonomia, a vantagem existente à época estava no acordo existente sobre a necessidade absoluta da prova experimental. Todavia, os psicólogos estavam surpresos com relação ao pequeno número de pessoas necessárias para que os fisiologistas se convencessem sobre a realidade dos fenômenos que observavam. É verdade que, para os fisiologistas do trabalho físico, todo resultado poderia ser correlacionado ao consumo de oxigênio por quilograma de músculo e por minuto. Os fisiologistas, por seu lado, estavam surpresos com as variações dos resultados das experiências em psicologia de um sujeito a outro e, desta forma, da quantidade de pessoas necessárias para assegurar um resultado aceitável. O desenvolvimento de ferramentas estatísticas sofisticadas por parte dos psicólogos surpreendia os fisiologistas, assim como surpreendia a prudência dos psicólogos com relação a fenômenos aparentemente evidentes, como a fadiga. Na realidade, se por um lado a vontade de colaborar era real por ocasião da criação da ergonomia, importantes divergências eram expressas privadamente devido às profundas diferenças epistemológicas com relação ao paradigma compartilhado da experimentação, e no que concerne a uma concepção da ergonomia que consistia em fornecer ao engenheiro "dados científicos" sobre o Homem, destinados a possibilitar uma melhor concepção dos artefatos.

Assim, seria um erro crer que foi fácil e, mesmo possível, para os ergonomistas constituírem uma abordagem comum dos problemas colocados pela prática. Havia queixas relativas ao fato que o mesmo fenômeno industrial seria tratado como antropométrico, biomecânico, fisiológico ou psicológico, dependendo do especialista que era consultado. Isto não deveria surpreender a ninguém atualmente. Bastaria tomar conhecimento da programação de um Congresso temático atual sobre os efeitos ósteo-musculares por esforços repetitivos para que se descortine hoje em dia a mesma diversidade de abordagens separadas. Este é o maior inconveniente da abordagem ergonômica em termos de ciências aplicadas, onde o especialista projeta seus próprios modelos com relação ao real. Por outro lado, tem a vantagem de não colocar questões epistemológicas de modo operacional, mas somente em termos relacionais entre especialistas. Para facilitar a discussão, seria suficiente organizar em Congressos sessões especializadas para que cada um se sinta à vontade em um grupo que compartilhe aproximadamente as mesmas representações teóricas e os mesmos métodos de comprovação.

Nestas condições, os profissionais que atuam com ergonomia sentem-se à vontade, uma vez que eles também são especialistas. Nós vimos aparecer na lista de membros das sociedades de ergonomia, em todo o mundo uma rubrica relativa ao campo das competências declaradas. Às vezes, estes campos são muito restritos. Este tipo de arranjo parece ter sido considerado satisfatório em países onde o tipo de ergonomia desenvolvida baseado na cultura anglo-americana é dominante. É importante lembrar que existem ergonomias muito prósperas em países onde os conceitos positivistas e experimentais continuam a ser a regra. Nessas nações, as dúvidas relativas à pertinência desta concepção são, em geral, mal recebidas, quando mostram que o trabalho não é o que se acreditava. Os dados experimentais relativos ao trabalho prescrito não permitem a elaboração de soluções convenientes para o trabalho real. Fato é que, nos países de cultura anglo – americana, estas contradições não são eliminadas, mas sim tratadas por inventários e, também graças à combinação de dados provenientes de diversas disciplinas sob a forma de sistemas.

Os questionários, listas de verificação (*check-lists*), estudos de incidentes, combinados discretamente com os talentos de observação de bons ergonomistas, permitem, em muitos casos, evidenciar as dificuldades existentes no trabalho e relacioná–las aos saberes necessários. É importante salientar que nos EUA, a convocação do ergonomista se faz, na maioria das vezes para a concepção de objetos. Nesses casos, os saberes sobre o Homem se colocam comodamente para o engenheiro ao lado dos saberes sobre os materiais e artefatos.

Experimentações do tipo *quick and dirty*, com relação ao objeto que está sendo concebido permitem, entre outras coisas, verificar a relação do conhecimento ergonômico com o projeto. Para projetos mais amplos, o reagrupamento de diferentes saberes se faz graças à abordagem sistêmica, constituída antes do desenvolvimento da ergonomia devido à grandiosidade de certos projetos militares nascidos na segunda Guerra Mundial: desenvolvimento brutal de uma ampla indústria aeronáutica, produção da bomba atômica, constituição da astronáutica. Projetos civis de grande envergadura exigiram posteriormente a mesma abordagem sistêmica, como é o caso da concepção das centrais nucleares ou de sistemas de telecomunicação. Nestes casos, a abordagem sistêmica permite ainda a aceitação e a incorporação dos mais diversos conhecimentos ergonômicos, quaisquer que sejam as suas diferenças do ponto de vista epistemológico.

No campo científico a situação, mostrava-se ainda mais satisfatória, na medida em que os problemas biológicos estavam reservados aos higienistas industriais, grupo constituído e inserido na indústria há muito tempo. Para eles, os problemas de tolerância a situações de trabalho estavam ligados a uma sociologia industrial muito orientada para os problemas concretos. Dessa forma, a ergonomia se limitava aos Fatores Humanos (***Human Factors***), tratados essencialmente por psicólogos e engenheiros que compartilhavam a mesma cultura positivista.

Nos países de língua francesa e, de modo mais geral, na Europa continental, a situação inicial era profundamente diferente. Uma psicologia do trabalho com fraca inserção social precisava conquistar o seu lugar nas ciências do trabalho, dominadas pela medicina do trabalho, a qual possuía uma grande força institucional — e pelos laboratórios de fisiologia do trabalho, antigos e reconhecidos. Além disso, a ausência da França na grande aventura tecnológica produzida pelas exigências militares da Segunda Guerra Mundial, conduzia os ergonomistas francófonos a estabelecerem uma problemática com menor influência da abordagem sistêmica. Para os ergonomistas francófonos, as discordâncias epistemológicas apareceram com peso significativo, reforçadas ainda pela ligação de certos ergonomistas com a indústria e com o movimento operário que os deixava atentos aos efeitos da ação ergonômica sobre o trabalho.

Primeiras reflexões epistemológicas em ergonomia

A evolução da ergonomia nos últimos 50 anos exigiu que em 1995, questões epistemológicas da ergonomia, fossem abordadas. Entretanto, estas questões não eram novas. Na conferência de abertura do II Congresso da SELF (Sociedade de Ergonomia de Língua Francesa), Metz (1965) já propunha a seguinte definição de nossa disciplina: "ela (a ergonomia) situa-se no cruzamento da fisiologia do trabalho, da medicina do trabalho, da psicologia industrial, da psicologia experimental, da ciência do engenheiro, da ciência de concepção, da organização e da pesquisa operacional".

Justamente, ele ainda acrescentava: "Pode ser que esta lista já seja, ou se tornará rapidamente incompleta; ela deixa entrever a existência de facetas múltiplas na abordagem de um problema ergonômico; ela explica que muitos ergonomistas são ergonomistas em "tempo parcial" e vão buscar em outros campos de conhecimento os dados que servirão para melhorias do trabalho".

Esta última observação mostra as dificuldades existentes para uma abordagem multidisciplinar, devidas à força da lógica própria a uma disciplina, de seu quadro teórico e de sua metodologia. Metz ainda afirmava "que um diálogo deveria ser engajado entre especialistas de disciplinas diversas que deveriam poder se comunicar com precisão e compreender seus respectivos trabalhos. O caráter multidisciplinar do desenvolvimento mais recente da ciência e da técnica tem conseqüências fundamentais no plano do conhecimento. O progresso do espírito reside na "desfragmentação". A ergonomia se situa exatamente nesta corrente atual. Ela é, principalmente, multidisciplinar. Ela cobre um largo espectro de conhecimentos; agrupa o engenheiro, o fisiologista, o médico, o psicólogo. É uma disciplina de síntese, convocada para fornecer as bases de ação em um campo onde a parte ocupada pelos fatores não controlados ou não controláveis é importante".

Pacaud (1970) retoma o texto de Metz na sua conferência inaugural do VII Congresso da SELF, em 1969. O título da conferência era: "A ergonomia face à grandiosidade e aos defeitos da interdisciplinaridade". Ela critica o conceito de multidisciplinaridade de modo poético: "Como podemos ver, todas as considerações e definições nos conduzem à concepção multidisciplinar da ergonomia que, tal como uma vista aérea de vários rios correndo em leitos independentes uns dos outros, seria mais uma disciplina de síntese, uma imagem sinóptica de fenômenos paralelos em vez de uma interdisciplina explicativa da perpétua e variável interferência destes fenômenos.... Tudo se passa como se os navegadores, partindo da mesma fonte, navegando por cursos d'água diferentes, se encontram em uma foz comum e se dão conta, tanto uns como outros, com urbanidade e precisão, de todas as características ou manifestações exteriores de cada rio sem se preocuparem se, por acaso, na estrutura do inter–rios, vias subterrâneas ou comunicações intersticiais não asseguram, entre estes rios, trocas e determinações mútuas".

Rejeitando, desta forma, com elegância e polidez a multidisciplinaridade, Pacaud preconiza a interdisciplinaridade: "Esta última não é a associação de técnicas. Ela não é, também, um diálogo entre especialistas! A interdisciplinaridade é um modo particular de pensar. Ninguém dúvida, atualmente, que o progresso científico acontece nas fronteiras. Não é apenas tornar as fronteiras mutáveis pelo diálogo entre especialistas! Este diálogo é indispensável, mas é insuficiente! Cada um de nós deve "desfragmentar" em nosso próprio espírito, em nosso próprio modo de pensar!"... Este apelo à desfragmentação não vem de hoje. Em 1958, o grande psicólogo Köhler, o pai da etologia dos primatas escrevia: "O atravessar das fronteiras entre as disciplinas constitui o método científico mais fértil".

Para ajudar a preparar ergonomistas interdisciplinares, Pacaud "não preconiza que os estudantes aprendam a dominar diversas técnicas ao mesmo tempo. Isto é raramente possível e geralmente exige toda uma vida. Mas podemos, numa primeira fase, adquirir conhecimentos e uma base sólida em várias disciplinas, uma larga e aprofundada cultura científica e, numa segunda fase, aprender a praticar no **espírito interdisciplinar** uma especialidade escolhida com conhecimento de causa". Diríamos, neste momento, que esta especialidade ensinada de maneira disseminada pelo mundo é a ergonomia. Este fato nos leva a pensar que esta especialidade é autônoma, mas não pode viver sem se nutrir das aquisições de várias disciplinas, aquisições dinâmicas e assimiladas em um espírito interdisciplinar.

Estes textos de Metz e Pacaud mostram bem uma renúncia, um pouco nostálgica, da antiga epistemologia que supunha a unicidade da ciência, de acordo com a teoria filosófica do conhecimento, e que afirmava a continuidade e a universalidade da função racional (Duhem, 1906; Brunschvicg, 1922). Metz e Pacaud adotaram, de uma forma ou de outra, a epistemologia científica inaugurada por Bachelard (1934) e desenvolvida, em particular, por Canguilhem (1968) e Koyré (1961). Todavia, nossos autores não parecem ter inteiramente levado em consideração todas as características dessa epistemologia "regional"; em particular, as noções de recorte epistemológico, de recorrência etc. Pacaud mostra o benefício que nós podemos obter a partir do fato que a "nova" epistemologia não concebe o realismo e o racionalismo como doutrinas filosóficas opostas, mas como dimensões complementares de toda investigação científica (Barreau, 1990). O fato de que a nova epistemologia funda uma "fina dialética" entre a teoria e a experiência convém muito bem às disciplinas que contribuem para constituir a ergonomia. Também a idéia que "toda epistemologia científica possui o traço dominante de complexidade essencial" convém aos ergonomistas.

Nos últimos 25 anos, como veremos mais à frente, a ergonomia de língua francesa mudou muito, pelo menos na Europa e do modo como Metz tinha previsto, principalmente devido ao desenvolvimento da psicologia cognitiva e da consideração da palavra no trabalho. Ela se defrontou, sobretudo, com uma questão epistemológica fundamental, que os ergonomistas tratam de maneiras muito diversas, a questão do sentido. Quaisquer que sejam estes desenvolvimentos, considerados desde 1965 por Metz, parece que a ergonomia não pode se distanciar da epistemologia científica e regional, em que cada disciplina guarda todas as suas dimensões teóricas e metodológicas. Esta epistemologia tem também o mérito de ser histórica, "cada ciência produz, a cada momento da sua história, suas próprias normas de verdade". A perspectiva interdisciplinar proposta por Pacaud evita tanto o isolamento como a confusão das disciplinas, mas deixa por inteiro a questão da unidade e a dos limites da ergonomia.

Evolução técnica, econômica e social do trabalho e novos campos da ergonomia

A ergonomia, da maneira como se constituiu após a Segunda Guerra Mundial, mostra sua importância e se desenvolve de maneira significativa nos países e nas atividades que estão em situação análoga àquela que se encontrava na Europa e nos EUA, nos anos 40 e 50. A programação dos Congressos da *Indian Ergonomics Society* ou da *South East Asia Ergonomics Society* contém comunicações sobre antropometria, ainda mal conhecida, de pessoas pertencentes a diversos países e a diferentes meios sociais; sobre as capacidades cárdio-respiratórias de operários ou camponeses, mulheres, jovens trabalhadores, pessoas com deficiência... Nota-se trabalhos relativos à biomecânica e à ergotoxicologia. Tudo isto responde às necessidades maiores apontadas pelas condições atuais de trabalho da grande massa de trabalhadores dessas nações. A parte moderna da atividade econômica destes países está ainda estreitamente ligada à transferência de tecnologia. Isto explica a criação da antropotecnologia, uma vez que os dispositivos técnicos importados foram concebidos para um ambiente profundamente diferente daquele que observamos fora dos grandes países industriais, sejam eles situados na Europa, na América ou na Ásia.

Nesses grandes países industriais, de onde vem a tecnologia, grandes transformações técnicas ocorreram devido à automatização, à informatização, ao progresso das comunicações e à produção de energia barata, em particular a de origem nuclear. Note-se, ainda, a intensa mecanização da agricultura e, no caso dos transportes, o aumento da velocidade, da segurança e a diminuição dos preços. As exigências de confiabilidade, de qualidade, o desenvolvimento da manutenção são também fatos essenciais. Assim, o trabalho mudou muito e a ergonomia se tornou um elemento importante para o êxito técnico e, em particular, para o crescimento rápido da produção em novas instalações. Os desafios financeiros com relação à previsão do funcionamento real são melhor conhecidos. Isto se traduz por fortes investimentos financeiros, uma orientação deliberada da pesquisa e do ensino para este tipo de problema. A ergonomia transformou-se: de uma disciplina assimilada em primeiro lugar para a luta pela saúde no trabalho, contra os acidentes e pela melhoria das condições de trabalho, tornou-se uma parte importante na contribuição para o sucesso técnico, econômico e financeiro das novas tecnologias. Por exemplo, a França é o segundo país produtor de programas para computador e um dos principais construtores de centrais nucleares e de aviões civis ou militares. Por causa disto, é compreensível que a convocação dos ergonomistas tornou-se considerável nesses domínios.

Simultaneamente, grandes progressos ocorreram em disciplinas que existiam no momento da criação da ergonomia, mas que tinham orientações teóricas e metodológicas diferentes. Este é o caso da cognição individual ou compartilhada, que tornou-se uma parte essencial da psicologia. Outros conhecimentos apareceram os quais, segundo as escolhas epistemológicas, podem ser incluídos ou excluídos do campo da ergonomia como a lingüística e o seu desenvolvimento como psico e socio-lingüística, como a psicologia e a antropologia cognitivas (cognição situada), a psicodinâmica ou a psicologia e a sociologia da ética. Os progressos esperados, após um estudo ergonômico, não estão mais ligados somente aos instrumentos e aos sistemas de instrumentos, mas incidem na organização do trabalho e, mesmo nas empresas, na formação e na gestão, ou ainda sobre a análise contábil.

Certos ergonomistas não vêem incovenientes a esta considerável expansão e acabam por dar à ergonomia o seu sentido etimológico, o de ciência do trabalho. Outros ergonomistas temem que, devido à extensão do campo, a ergonomia desapareça por dissolução ou por explosão. Outros, ainda, sejam ou não psicólogos de formação, acreditam que a ergonomia pode se resumir à psicologia ergonômica e falam de uma ergonomia psicológica. Esta última tendência que negligencia o corpo (antropometria, biomecânica, fisiologia), proporciona um distanciamento radical no campo das ciências com relação à delimitação inicial.

Em princípio, não há uma oposição absoluta a ser formulada com relação a esta atitude, uma vez que a ergonomia, pelo menos para quem a pratica, é uma arte que deve responder aos problemas que são colocados. Todavia, o corpo reaparece a todo instante nas questões apontadas pelas novas tecnologias (trabalho com terminais de computadores, colaboração em um grupo gerenciando um sistema de comunicação etc.)

Psicologia ergonômica ou ergonomia psicológica

Apesar das restrições formuladas com relação ao desaparecimento do corpo na ergonomia psicológica, é bem verdade que as pesquisas em ergonomia e as necessidades dos profissionais chamados para prever ou melhorar dispositivos técnicos do ponto de vista do trabalho, situam-se, majoritariamente, no campo da psicologia. Esta observação não reduz absolutamente a gravidade e a dificuldade das questões epistemológicas em ergonomia. Certos psicólogos ergonomistas acreditaram que poderiam passar, sem maiores dificuldades, do comportamentalismo à psicologia cognitiva, na medida em que os seus conhecimentos continuariam a ser obtidos no mesmo esquema positivista, graças a experimentos. Para reforçar a sua posição, estes psicólogos participaram do movimento conhecido como das ciências cognitivas, onde neurofisiologistas, psicólogos experimentalistas e matemáticos propuseram simultaneamente, quase sem colaboração, representações sobre a cognição humana diretamente utilizáveis na indústria da informática. Os desenvolvimentos na área da inteligência artificial são importantes o suficiente para justificar tal esforço, mesmo que os sistemas especialistas e o reconhecimento da palavra e da escrita ainda não tenham cumprido todas as suas promessas.

Os principais questionamentos ao caráter exclusivo de tal abordagem provêm da grande diversidade dos comportamentos reais em situação de trabalho e da necessidade de se considerar a linguagem.

Diversidade dos comportamentos reais — A cognição situada

Mesmo os dispositivos técnicos que mais induzem comportamentos, como as máquinas que produzem em série produtos idênticos, ou como no trabalho em linha de montagem, é possível notar comportamentos diversos entre os operadores e em um mesmo operador, de acordo com o seu grau de aprendizagem, a hora da jornada, o estado de saúde ou o seu estado físico e mental. Estas variações foram, durante muito tempo, consideradas como desvios, mais ou menos toleráveis com relação a uma conduta única, prescrita ou desejada, e como temerárias, pois colocariam em risco a qualidade dos produtos. Os resultados de inúmeras análises do trabalho feitas por ergonomistas francófonos e os trabalhos de psicólogos e antropólogos americanos realizados na perspectiva da cognição situada, tornam obrigatória a adoção de outro ponto de vista. O operador constitui, a cada instante, o problema que ele deve resolver (Wisner, 1995). Constituir o problema é necessário, pois o operador precisa levar em conta as variações, por vezes, consideráveis, das máquinas, das matérias–primas, dos defeitos que ele observa na sua produção, do estado geral do funcionamento do sistema técnico, das dificuldades encontradas por seus colegas, do tipo de ajuda que ele recebe dos técnicos de manutenção, dos especialistas do controle da qualidade, da hierarquia do setor, e do julgamento ético feito pelo operador com relação a seu trabalho e ao de outros. O operador considera também seu próprio estado fisiológico e psíquico, sua fadiga, as dores que ele sente por causa de sua postura e dos esforços que deve exercer, de sua patologia permanente ou passageira, dos riscos que ele considera e de sua moral — dos aspectos psicodinâmicos, segundo a expressão adotada por Dejours — das normas sociais que ele considera.

Graças à análise ergonômica do trabalho é possível mostrar que esta constituição dos problemas por parte do trabalhador pode passar por fases longas de estabilidade nas atividades repetitivas, ou sofrer variações de um instante a outro, em particular em atividades ligadas a outros seres humanos, a mudanças naturais ou dos dispositivos de produção.

Inúmeras são as dificuldades epistemológicas ligadas a uma tal descrição do trabalho uma vez que, no estado atual de caracterização da disciplina, transita-se freqüentemente pela psicologia cognitiva (se o operador observa o estado da máquina ou das peças produzidas), pela psicolingüística (se ele estuda as normas escritas) ou a sociolingüística (se ele discute com outra pessoa sobre as dificuldades que encontra). Se este mesmo operador lê com dificuldade o texto que aparece na tela do computador; será por causa dos reflexos na tela, do tamanho reduzido dos caracteres, do fato de estar escrito em outra língua (inglês) ou da redação do texto que lhe parece incompreensível? De acordo com o problema, passaremos da fisiologia da visão à psicologia experimental; da lingüística geral à psicolingüística da escrita. Se este operador recusa-se a continuar nas condições existentes, seria por que ele não aguenta mais ou por que a coletividade à qual ele pertence considera que está na hora de mudar o trabalho? Seria o problema afeito à psicodinâmica ou à sociologia do trabalho?

Não é o caso de negar a divisão das ciências, a necessidade de modelos teóricos diversos e de metodologias apropriadas; isto seria uma interdisciplinaridade selvagem que Pacaud certamente não aprovaria. O mínimo que poderíamos dizer é que seria necessário fornecer, a quem pratica ergonomia, as ferramentas que permitiriam fazer o seu trabalho, seja dentro dos limites da ergonomia, seja convocando colegas especialistas de abordagens e de conhecimentos que ele deve aprender a reconhecer a necessidade.

O lugar da palavra nas observações das situações e a transformação destas

Durante muito tempo, as análises do trabalho negligenciaram a palavra do trabalhador, isto por causa de uma longa tradição experimental que interditava a sua instigação ou, ainda, a anotação das verbalizações. Dessa forma, estas não podiam aceder ao estatuto de fatos objetivos. Mais tarde, foram incluídas as palavras emitidas durante o curso do trabalho como um dos comportamentos observáveis. Nada separa, do ponto de vista neurofisiológico, uma ação sobre uma máquina, a direção do olhar e a palavra; todos são comportamentos observáveis. A palavra, no curso do trabalho foi, em primeiro lugar, estudada do ponto de vista da lingüística clássica: semântica e gramatical. A pragmática da linguagem está mais diretamente ligada à ergonomia. A nossos olhos, o limite extremo desta orientação é a teoria dos atos de linguagem de Searle (1969), que está ligada apenas ao locutor e exprime a sua intenção. A inevitável ruptura acontece quando a análise do trabalho não está apenas focada no locutor, mas em interlocutores que não podem dar continuidade à sua conversação se não houver uma compreensão do sentido do que o outro diz. Para certos autores, há aí a passagem para o campo da sociolingüística, considerada como uma parte da sociologia. Não há mais interesse apenas no que pensa o locutor, mas no que é trocado entre os interlocutores. É possível ter acesso ao sentido apenas pelo estudo da linguagem (Gumperz, 1992; Schegloff, 1993), ou pelo estudo da linguagem e dos comportamentos de comunicação associados ao ato do discurso (Goffman, 1976) e à situação das pessoas no espaço (proxêmica).

Cognição socialmente compartilhada e psicologia social cognitiva

Um outro modo de considerar o campo de estudo das relações dentro de pequenos grupos seria através de uma renovação da psicologia social, a qual foi, durante muito tempo, experimental e principalmente orientada para as relações entre pessoas, não para uma contribuição com a ergonomia. A "cognição socialmente compartilhada" (Resnick, Levine e Teasley, 1993) pode ser considerada como sendo a primeira versão cognitiva da psicologia social, versão esboçada separadamente por Vygotsky e Piaget, como mostram Perret-Clermont, Perret e Bell (1993). Atualmente existe uma retomada da psicologia social sob a forma de psicologia social cognitiva. Por exemplo, o 3º volume do Tratado de Psicologia Cognitiva de Ghiglione, Bonnet e Richard (1990) é destinado à psicologia social cognitiva, especialmente os capítulos de Ghiglione, Doise e o de Beauvois e Deschamps.

A tradição da psicologia social cognitiva se origina em Beauvois e Deschamps, e também em Ghiglione, Thomas e Zhaniecki (1918). Para estes autores, a realidade social é aquela que o indivíduo confere a seu ambiente. Quando consideram–se as comunicações entre várias pessoas que têm diferentes representações da realidade, podemos compreender os mal-entendidos que surgem e podem impedir toda troca real e deixamos de lado o otimismo que caracteriza atualmente a pesquisa sobre grupos de trabalho. A orientação para uma análise puramente lógica da atividade leva a desconsiderar as diferenças de representação, as estratégias de dissimulação mais ou menos conscientes da realidade e a recusa à cooperação. Às vezes, entretanto, uma dúvida aparece, como no livro de Easterbook (1993) "*CSCW: cooperation or conflit?*" (*CSCW - Computer Suported Cooperative Work*, sigla que corresponde a Trabalho Cooperativo Auxiliado por Computador). Um exemplo quase caricatural, mas real, foi observado por Madi (1995). Em um cemitério argelino, há uma recusa ostensiva de comunicação entre os trabalhadores muçulmanos (que só falam árabe, só confiam em sua experiência operatória e negligenciam os sistemas de sinalização os quais, aliás, estavam em mau estado) e os engenheiros e técnicos (que fizeram seus estudos em francês e não têm facilidade para exprimir os seus conceitos em árabe, confiam nos sistemas de sinalização) e têm a responsabilidade de fazê-los funcionar. Estes são favoráveis a uma modernização do seu país. Este é um caso em que estão aglomerados diferentes pontos de vista: político, lingüístico,cultural e do papel social: lógica de concepção e lógica de utilização. Este tipo de aglomeração bem conhecido em psicologia social torna, atualmente, ilusória qualquer constituição de um grupo operatório no qual a cognição seria socialmente compartilhada, de acordo com a expressão de Resnick e col. (*op. cit.*).

Portanto, é importante, na análise do trabalho, saber se, na situação considerada, a cognição é de fato socialmente compartilhada e mesmo, compartilhável. De qualquer maneira, é muito raro que, mesmo em grupo mais homogêneo, não haja restrição mental entre as pessoas com relação ao valor das trocas que ocorrem. Isto leva a uma visão crítica com relação aos cursos das ações, inclusive onde predomina a palavra e a abordagem sociolingüística. A ligação entre a ergonomia e uma denominada psicologia social cognitiva aparece claramente no livro de Pavard (1994): *Systèmes coopératifs: de la modélisation à la conception* — Sistemas cooperativos: da modelização à concepção.

A psicodinâmica

Em nossa concepção epistemológica a psicodinâmica, tal qual é desenvolvida por Dejours (1995), é constituída de um modelo teórico e metodológico diferente daquele que prevalece na ergonomia psicológica com predominância cognitiva. Neste caso, parece mais prudente considerar a psicodinâmica como sendo de natureza distinta. Todavia o sofrimento psíquico sempre esteve presente nas descrições aprofundadas do trabalho. O segundo livro publicado por ocasião do nascimento da Sociedade de Ergonomia Britânica (*Ergonomics Society*), em 1953, se intitulava *Fadiga*. Le Guillant (1956), descrevia a "neurose das telefonistas" e Kalsbeek mostrava o aparecimento de uma sintomatologia psicopatológica durante e após pesados experimentos com dupla tarefa. Por outro lado, há uma série de importantes sugestões em ergonomia oriundas da análise psicodinâmica.

A psicodinâmica proporcionou sobretudo uma recomendação essencial que confirma a metodologia clássica da análise do trabalho. A demanda deve vir tanto dos trabalhadores como da direção. Os sindicatos devem participar da negociação, mas também os trabalhadores diretamente interessados. A informação obtida na pesquisa deve ser restituída aos operadores e aos executivos, para que as recomendações sejam pertinentes e bem aplicadas, graças à apropriação da pesquisa ergonômica pelos interessados e pelos responsáveis pela concepção.

Para voltar ao conjunto dos problemas apresentados pela psicologia ergonômica encontramos, ainda, um conjunto de abordagens teóricas e metodológicas que são todas necessárias e muito heterogêneas. A maior ruptura epistemológica situa-se, inequivocamente, na recusa ou aceitação da pesquisa do sentido. Esta é uma questão de fundo com relação aos limites da pesquisa e da prática da ergonomia. É uma questão de definição das disciplinas. A psicologia é essencialmente o estudo dos mecanismos do pensamento; o conteúdo do pensamento deve ser estudado pela sociologia ou pela antropologia, como propõe Durkheim ou, no caso da definição mais ampla utilizada nos Estados Unidos, a psicologia envolve o conjunto do pensamento e do psiquismo. A psicologia "científica" é somente ligada à experimentação de laboratório e à sua modelização matemática, ou haveria, ainda, outras abordagens "científicas" da verdade. O desafio é considerável: englobar ou não, na psicologia ergonômica, os campos da psicologia social cognitiva e lingüística e a psicodinâmica.

A ANÁLISE ERGONÔMICA DO TRABALHO

Definição

Nos países de língua francesa, a Análise Ergonômica do Trabalho (AET) tornou-se uma metodologia essencial. Pode–se encontrar uma boa descrição no livro de Guérin, Laville, Daniellou et col. (2001). A característica essencial da AET é de ser um método destinado a examinar a complexidade, sem colocar em prova um modelo escolhido *a priori*. Esta abordagem é oposta à das Ciências Aplicadas, que ensaia em campo os modelos elaborados em laboratório graças ao método experimental (abordagem *top down* ou descendente). A AET faz parte das abordagens ascendentes (ou *bottom up*) e se aproxima, por causa disto, de outros métodos análogos das Ciências Humanas: etnologia e psicodinâmica. Todavia, com relação a estas últimas, a AET apresenta características próprias, ela é utilizada para responder a uma questão precisa e é orientada para a proposição de soluções operatórias. Dessa forma, ela distingue-se da regras do método etnológico. A experiência histórica dos etnólogos lhes ensinou a desconfiar da submissão a um mandatário e a não se engajar no fornecimento de soluções. A etnologia se desenvolveu nos locais e durante as guerras de colonização que ocorreram em todo o mundo. Os etnólogos foram, em seguida, criticados por terem sido instrumentos a serviço das civilizações mais fortes contra as mais fracas. Certamente, como todas as críticas deste tipo, elas tinham um caráter muito ideológico. Porém, podemos reter desta controvérsia que os pesquisadores que praticam em campo estão submetidos a este risco e devem obter uma autorização clara das pessoas e dos grupos estudados.

Esta não é uma condição negligenciável, como mostram as AET destinadas a preparar uma automação que privará do seu trabalho os operadores observados. Em um segundo nível, se a AET for malfeita, será negligenciado aquilo que não é a tarefa principal destinada à automação, e que é fornecido pela inteligência ativa e situada dos operadores. A situação automatizada será, então, com freqüência, empobrecida, ineficaz e perigosa. Este risco existe nos estudos prévios para a construção de elementos de inteligência artificial, sobretudo se são feitos por cognitivistas, quando utilizam modelos caricaturais de uma inteligência puramente computacional e não por psicólogos cognitivistas.

Poderíamos aproximar a AET do diagnóstico médico uma vez que, nos dois casos, o objetivo é indicado com precisão e uma solução, é buscada. Todavia, em medicina, se trata de examinar e curar uma pessoa precisa, enquanto que, na AET, é necessário considerar uma situação de trabalho e cuidar para que ela convenha à grande maioria daqueles que a ocuparão.

Breve História da Análise Ergonômica do Trabalho

A análise ergonômica do trabalho surgiu nos trabalhos de Pacaud nas suas pesquisas sobre os "carteiros de registro da SNCF"* (1946), em que ela mostra que "todas as operações são de uma extrema variedade, não acontecem a partir de uma ordem pré-estabelecida mas se entrelaçam e algumas são abandonadas momentaneamente, em benefício de outras mais urgentes e imperativas". O aparecimento da AET é ainda mais evidente nos estudos sobre o trabalho de operadoras de informações telefônicas (1949), no qual Pacaud releva quatorze tipos de dificuldade que as operadoras deviam resolver. Mesmo formada em filosofia e, portanto, suscetível para uma profunda reflexão epistemológica, Pacaud não teorizou sobre esta prática, inaugurada por ela, e que foi retomada de maneira mais abrangente por Ombredane e Faverge (1955). No texto citado anteriormente, ela bem viu as convergências tardias dos navegadores fictícios que descem os rios imaginários das disciplinas do trabalho, mas não se propôs a subir contra a corrente a partir do seu estuário comum. Ela se manteve fiel àquela imagem da ergonomia como lugar de aplicação da ciência. O mesmo ocorre com Ombredame e Faverge, que expõem muito bem a necessidade e os benefícios da AET, mas não teorizam a respeito.

Foi necessário esperar que Thereau e Pinsky tomassem conhecimento do movimento da psicologia e da etnologia com relação à cognição situada para que a Análise Ergonômica do Trabalho fosse mais claramente identificada e descrita em analogia com a abordagem etnológica (Wisner, 1994). A AET, completada pela construção da árvore de causas, ou melhor, do sistema de causas aparece, então, como o meio de identificar as fontes científicas nas quais será necessário buscar teorias, métodos e conhecimentos que podem permitir a resolução do ou dos problemas que caracterizam a situação. Assim, a AET aparece como a ferramenta essencial de orientação da intervenção ergonômica. Em particular, ela permite abordar o modo como o — ou os — operadores constróem os problemas antes de resolvê-los. De uma maneira mais geral, a AET permite a descrição da alternância das fases de construção e de resolução de problemas. É importante que o ergonomista não leve o problema para um campo disciplinar que ele prefira ou que conheça melhor do que outros. Reencontramos aqui, de uma maneira distinta, a dupla exigência de formação expressa por Pacaud: conhecimentos de base sólidos em várias disciplinas, prática de uma disciplina no espírito interdisciplinar.

Sugerimos anteriormente que esta disciplina seria a ergonomia e poderíamos ir mais longe, sugerindo que a ferramenta principal desta disciplina é a Análise Ergonômica do Trabalho. Esta conclusão não deve ser surpreendente, sabemos há muito que a parte mais difícil da Arte Médica é o diagnóstico e que o diagnóstico

---

* N.T. *Societé National des Chemins de Fer* — (Sociedade Nacional de Ferrovias).

e o tratamento são as únicas partes do conhecimento médico que lhe são próprias. O mesmo ocorre no caso da AET e na elaboração de soluções para a ergonomia que Daniellou (1996) trata em outro texto neste livro.

Note-se que, se a Análise Ergonômica do Trabalho conduz, na maioria das vezes, a transformações dos sistemas técnicos, ela pode também levar a proposições de mudanças na organização do trabalho, ou ainda, na organização e na gestão da empresa; pode levar a novos programas de formação, a outras escolhas com relação à qualificação de base dos operadores e dos executivos, a outras maneiras de fazer a análise contábil. Se os ergonomistas inventaram e desenvolveram a AET, seriam eles capazes de tratar todos os problemas que revelam durante a análise? Parece que a AET seria um método geral de Ciências Humanas, em particular daquelas que tratam o trabalho. Os resultados das AET podem servir para encontrar soluções ligadas aos dispositivos técnicos e, provavelmente, à organização do trabalho, no sentido restrito desta expressão. Estes resultados podem contribuir quando se trata de aspectos os mais gerais da organização do trabalho, da organização da empresa, da escolha dos operadores e dos executivos, da formação, da gestão e da contabilidade.

Os criadores da macroergonomia (Hendrick, 1987) optaram por unir à ergonomia uma parte da organização do trabalho, aquela ligada à sociotécnica. Isto conduz a uma discussão relativa à extensão do número de disciplinas que contribuem para a ergonomia. Teoricamente, não há limites para esta extensão, mas podemos temer que quem pratica ergonomia seja ultrapassado pela quantidade de conhecimentos a serem utilizados, ou ainda que estes profissionais se limitem, em muitos casos, a fornecer a quem o contratou, indicações muito vagas, por falta de conhecimentos precisos. Talvez seria necessário não se limitar a estudar as relações entre as disciplinas que contribuem para a ergonomia, mas também interessar-se nas relações entre a ergonomia e outras disciplinas; em primeiro lugar, a arte do engenheiro, mas também, como foi sugerido, a antropotecnologia (Wisner, 1976), que agrupa as ciências do homem coletivo orientadas para a resolução de problemas trazidos por uma nova tecnologia em um ambiente diferente daquele em que foi criada. Existem, também, inúmeros problemas de fronteira, mas eles são inelutáveis, no interior ou no exterior da ergonomia.

Limites e críticas à Análise Ergonômica do Trabalho

O objeto da ergonomia britânica — e americana — é, em primeiro lugar, o equipamento: o da ergonomia francófona é muito mais enigmático, é o trabalho. A constatação fundadora da ergonomia francófona está ligada ao fato que um equipamento pode ter incorporados os melhores conhecimentos oriundos da *Human Factors Science*, e não permitir um trabalho satisfatório à população de trabalhadores que o utilizam. É fato que o trabalho real é, para eles diferente do trabalho prescrito ou suposto pelos conceptores. O conjunto da situação de trabalho e dos trabalhadores pode obrigar estes últimos a se comportarem de maneira diferente da prevista. Para conceber um bom dispositivo técnico seria então, necessário, analisar o trabalho.

Em um período inicial, a análise ergonômica do trabalho pode ter sido considerada como inútil, mas cientificamente aceitável, uma vez que seria somente a observação dos comportamentos em situação real, em lugar do laboratório, o que poderia parecer tolerável para os mais orgulhosos comportamentalistas. Isto nas condições extremamente rígidas e repetitivas da produção de massa dos anos 50 mas, com a condição que estas observações estivessem afeitas somente aos comportamentos perceptivo–motores e não às comunicações e, em particular, à palavra.

A verdadeira ruptura aparece quando a palavra é considerada como um comportamento, porque é um comportamento carregado de sentido. O aparecimento da auto–confrontação, de "histórias", abre a porta para a interpretação, para a busca do sentido ao mesmo tempo que para uma abordagem muito eficaz dos problemas do trabalho. Mas a "construção de problemas" (Wisner, 1995) pelos operadores aparece, para alguns, como sendo uma abordagem perigosa.

Para Singleton (1994), "foram os psicólogos da Gestalt que, pela primeira vez, se deram conta que uma pessoa não responde diretamente ao que eles chamaram de uma situação geográfica, mas sobretudo, a uma situação comportamental (indutora de comportamento) que é construída segundo uma interpretação individual da realidade. Estou de acordo para dizer que é mais importante compreender esta estruturação pessoal que precede a tomada de decisão, no lugar de utilizar a teoria da decisão ou a teoria da informação, que assumem tanto uma como outra que a situação é dada e compreendida. A dificuldade é que estes processos são predominantemente inconscientes e, que o indivíduo, quando é convocado para explicar o que ele faz e porque, racionaliza sobre o que se passou. O indivíduo em situação de introspecção deve encontrar as etapas que permitem justificar a sua decisão, mesmo em face de si mesmo. Isto parece verdadeiro tanto para as decisões dos executivos como para as dos controladores de processos".

Desta forma, nos dias de hoje, para um ergonomista britânico, eminente e aberto, o sentido das nossas ações não seria alcançado pelas vias científicas, mesmo se as maiores precauções forem tomadas para que as questões da auto – confrontação fiquem situadas o mais próximo possível dos comportamentos observados ou registrados em fitas magnéticas. Com certeza, certas circunstâncias complexas, como as de um jogo de *rugby* ou de um incidente em uma central nuclear, não permitem uma boa interpretação *a posteriori*. Para Singleton (ibid): "o capitão de uma equipe de *rugby* que cometeu uma falta grave durante o jogo, disse ao longo de uma entrevista consecutiva que, no filme do jogo, as coisas pareciam ter-se produzido lenta e logicamente, mas que, quando se está em campo dentro de uma grande confusão, as coisas se passam tão rapidamente e as respostas são feitas instintivamente e, às vezes, de maneira desequilibrada". Para Frederick (1988), o operador da unidade 2 da Central Nuclear de *Three Mille Island*, durante o acidente, "a razão da eventual perda de paciência dos operadores quando explicam para um engenheiro o que se passou durante um "transitório" (incidente) é que ele está decepcionado por não poder descrever as centenas de pensamentos, de decisões e de ações que se produziram durante o "transitório", pois não há um gravador para tanto".

Podemos admitir, sem hesitar, que a Análise Ergonômica do Trabalho não permite reconstituir o que aconteceu no curto espaço de tempo de um incidente durante um jogo de *rugby* ou de um "transitório" em uma central nuclear, mas podemos pensar que, nas atividades mais comuns e repetitivas do trabalho industrial, pode-se obter respostas interessantes pela auto-confrontação, que é um meio potente para fazer exprimir o inconsciente cognitivo (Vermersch, 1990). As relações da Análise Ergonômica do Trabalho com o movimento psicológico e antropológico da cognição situada mostram-se, então, essenciais.

A dúvida expressa por certos ergonomistas ingleses e americanos quanto à legitimidade da Análise Ergonômica do Trabalho não deve ser descartada muito rapidamente em uma reflexão sobre as questões epistemológicas em ergonomia, uma vez que estamos em face de uma "ruptura epistemológica" maior. Esta ruptura pode estar situada em dois lugares. Pode-se ver aí uma recusa em considerar a ergonomia como alternativa à aplicação dos conhecimentos científicos adquiridos em laboratório, uma recusa da abordagem *bottom-up* que caracteriza a Análise Ergonômica do Trabalho. Podemos também situar a ruptura na observação dos comportamentos. A observação cuidadosa dos comportamentos reais no trabalho, com ou sem a ajuda de gravações magnéticas, pode ser considerada como aceitável pelos que mantêm a estrita objetividade científica, e permitir uma abordagem *bottom up* que mostre a complexidade da realidade, freqüentemente muito diferente daquela imaginada pelos responsáveis da concepção. Esta limitada concepção da AET é análoga a uma abordagem etológica. Ela permite, em particular, observar a variabilidade da situação de trabalho, assim como a variabilidade biológica e psicológica dos trabalhadores, como mostrou Quéinnec (1979). Porém, mesmo nesta abordagem limitada aos comportamentos, não parece possível deixar de incluir nos observáveis um comportamento propriamente humano que é a palavra, produzida espontaneamente pelos trabalhadores, fora de qualquer instigação feita pelo ergonomista. Existem abordagens da palavra que são "econômicas" com relação à pesquisa do sentido. Como vimos anteriormente, estas abordagens consideram os aspectos semânticos e gramaticais. No campo da pragmática, podemos, com Searle, considerar a produção de linguagem como "atos de linguagem". No entanto, parece impossível não considerar a palavra como portadora de sentido, em uma sociedade, um dado grupo social, de uma equipe de trabalho em ação.

Sociolingüística e psicologia social cognitiva e lingüística (PSCL)

Outras abordagens que podemos considerar ou não como sendo integrantes da AET levam em consideração os comportamentos de linguagem para ter acesso ao sentido sem a intervenção de outras abordagens comportamentais. Esta é a contribuição da sociolingüística à ergonomia. Na maioria das vezes, são as conversas em situação real de trabalho que são consideradas. Podemos, todavia, fazer um verdadeiro procedimento ao longo de experimentações. É o caso do estudo da aprendizagem de operadores de fotocopiadora por Suchman (1987), em que este autor pede a duas pessoas para descobrirem juntas o funcionamento de um aparelho e encontrarem juntas as soluções, sem deixar de formular em voz alta as suas questões e as suas tentativas de resposta. Pode-se interrogar se, neste caso, trata–se ainda de uma questão sociolingüística que necessita de uma abordagem teórica da etnologia ou da psicologia social experimental que tem uma antiga tradição (ler, por exemplo Lewin, 1948).

Certos autores essenciais em sociolingüística como Goffman (1976) insistem sobre a "teatralidade" das relações interpessoais. Eles gostariam que as posturas, os gestos, a distância entre os interlocutores (proxêmica) fossem considerados, assim como as palavras, para examinar o significado da cena. Certamente, numa situação de trabalho, numa equipe de trabalho que tem hábito de trabalhar com uma composição e em uma situação determinada, as necessidades e as dificuldades para a apresentação de si e dos outros não são tão fortes como no caso dos primeiros encontros, analisados com freqüência pela sociolingüística. Para o ergonomista, esta combinação da palavra e dos comportamentos corporais é do maior interesse, pois ela permite realizar o seu próprio papel, de tentar retirar os "obstáculos pragmáticos" (Pavard) que atrapalham as comunicações, facilitando-as.

Pavard, Benchekroun e Salembier (1990) mostram bem o uso indispensável da interpretação sociolingüística das trocas verbais em uma sala do SAMU*, para a concepção de um suporte informatizado satisfatório. Eles mostram também que os operadores de diversas qualificações devem poder observar a postura dos outros operadores, a fim de poder avaliar a sua disponibilidade para aceitar uma interrupção necessária para resolver uma questão apresentada a um colega. Ainda os autores mostram que a abordagem sociolingüística das trocas verbais em um centro de navegação aérea contribui, com muita utilidade, para a concepção de um programa de computador necessário para aliviar o trabalho, e chamam a atenção para o uso de "*slips*", pequenos pedaços de papel que o controlador põe em cima da mesa usada em comum, na medida em que se deslocam os aviões que ele controla. Estes "*slips*" colocados entre dois operadores permitem a cada um seguir o trabalho do outro, de lhe prestar um serviço ou de lhe pedir ajuda em tempo oportuno.

Nessas condições, a utilização e a análise das trocas verbais não deveriam, eventualmente, guardar a etiqueta sociolingüística. Como vimos anteriormente, pode-se falar também de psicologia social cognitiva e lingüística (PSCL). Entre outras, não seria desejável considerar, de um lado, uma abordagem comportamental na qual a palavra esteja ausente ou limitada a uma pragmática e, de outro lado, uma sociolingüística em que as outras atividades seriam negligenciadas. Uma tal separação é mesmo contrária ao espírito da ergonomia e, mais particularmente, da AET.

Para nós, como para Theureau que costuma descrever "histórias", não há razão para separar os comportamentos que não são de linguagem das trocas verbais se estamos interessados nas atividades de trabalho e ao seu sentido. O método empre-

---

* SAMU - *Service d'Aide Médicale d'Urgence* — Serviço de Atendimento Médico de Urgência.

gado por Daniellou e sua equipe no estudo de uma equipe de manutenção de uma usina nuclear é, neste sentido, exemplar. Cada um dos operadores de um coletivo é observado de modo contínuo por um ergonomista durante certos períodos críticos. Uma confrontação das observações assim realizadas pelos ergonomistas permite reconstruir os comportamentos pessoais e coletivos e resgata o sentido das dificuldades, das pesquisas e das intervenções de cada um.

A análise dos diálogos, feita durante a auto-confrontação, mostra que as fronteiras da ergonomia podem ir ainda mais longe na direção do sentido. Vemos, ainda, aparecerem as dimensões éticas da atividade de trabalho como a "solidariedade operária" com os operadores situados a jusante em uma linha de produção, ou a "consciência profissional", desenvolvidas para facilitar o trabalho da operadora, em detrimento de uma ordem da hierarquia (Antunes Lima, 1995). Dejours tem mostrado há vinte anos que não podemos compreender plenamente o homem no trabalho sem levar em conta a "psicodinâmica". Se a Análise Ergonômica do Trabalho permite evidenciar os obstáculos pragmáticos que atrapalham a atividade, a atividade psicodinâmica, cuja teoria e métodos são claramente diferentes, leva a fazer recomendações relativas à saúde psíquica. Tudo o que permite aos trabalhadores falar entre eles e dominar, mesmo parcialmente, seus modos de trabalho, vai em um sentido favorável (Bellemare, 1995). Um baixo nível de ruído, disposições materiais que permitem, não somente, se falar, mas também se ver; a possibilidade de trocar de posto de trabalho, de modificar as seqüências de ações, de escolher o período para realizar as pausas vão neste sentido. Estas análises mostram também que o coletivo de trabalhadores deve poder exprimir a "ideologia defensiva da profissão", por meio de comportamentos que permitem desafiar o medo e afirmar a existência de pessoas face à organização. Após esta breve revisão, nos damos conta de que é difícil propor uma metodologia universal de abordagem das atividades de trabalho.

Diversidade das abordagens das atividades de trabalho

Até agora a AET foi considerada na sua forma habitual que associa a descrição dos comportamentos, sejam eles verbais, e a auto-confrontação verbal entre o operador e o ergonomista. É fato que podem ser utilizadas frutuosamente variantes da AET e outras abordagens.

Quando a atividade é quase exclusivamente verbal, como no caso do estudo do trabalho de um executivo dirigente (Langa, 1994), fica difícil utilizar como material de análise a palavra gravada; é necessário transcrevê-la sob a forma gráfica. Este procedimento é habitual em todos os ramos de lingüística e permite uma **auto-confrontação escrita**. A pessoa estudada pode propor complementos ao documento (identificação de interlocutores, interpretação das referências verbais, descrição histórica das situações de diálogo etc.), mas a teatralidade desaparece. Sabemos que uma das dificuldades maiores da AET é o seu peso. A transcrição de uma jornada de verbalização corrresponde, por exemplo, a uma centena de páginas datilografadas. Por causa disto, a AET é feita geralmente com relação a um pequeno número de pessoas, das quais não se conhece sempre a sua representatividade e, em períodos curtos, não se conhece exatamente o seu valor como exemplo. Pode-se remediar a falta de confirmação estatística escolhendo algumas características indicadas pela análise aprofundada das atividades e limitar, a um número maior de pessoas a extensão posterior do comportamento sobre aspectos característicos que a primeira análise aprofundada evidenciou. Pode haver, assim, uma confirmação estatística da observação dos comportamentos. No que tange à auto-confrontação, há uma importante variante metodológica que consiste em submeter os resultados das análises dos comportamentos, a gravação em vídeo, a um grupo de colegas com ou sem a pessoa observada. Nessas condições, a confrontação pode dar resultados mais ricos, tornando evidentes diversos modos de trabalhar e descrições diferentes dos comportamentos adaptados, em face das dificuldades que precisam ser vencidas. Uma interpretação coletiva pode ser considerada como mais segura que a auto-confrontação do operador com o seu próprio comportamento, mas o método coletivo não atinge sempre o que é específico à combinação particular de conhecimentos e exigências internas que caracterizam o sujeito (Ferreira, Bussacos, Schlithler *et al.*, 1992; Ferreira e Iguti, 1994). A questão é saber quais os limites para o uso deste procedimento se as atividades não foram objeto de observações sistemáticas ou de gravações antes da discussão coletiva. Neste caso, aproxima-se de uma metodologia de descrição das atividades de trabalho usada há muito tempo em sociologia. Esta metodologia tem a grande vantagem de ser mais leve em termos de sua aplicação, mas ela raramente produz um material utilizável para a transformação da situação de trabalho, que é objetivo do ergonomista. A realidade é melhor abordada se diversos atores são interrogados: pessoal da produção e também da manutenção, do controle de qualidade, chefes de seção, responsáveis por compras, por métodos, das unidades etc. Mas o trabalho, verdadeiro objeto da ergonomia, pode não aparecer em todos os seus detalhes significativos.

Elogio à heterogeneidade metodológica

O que é mais importante na metodologia que constitui a análise ergonômica das atividades, é a sua heterogeneidade. De um lado há uma abordagem comportamental, que resulta apenas em fatos objetivos e, de outro lado, uma abordagem subjetiva feita pela auto-confrontação e eventualmente completada pela interpretação coletiva. Pode-se considerar que esta heterogeneidade seja condenável se a análise das atividades for conectada a uma concepção teórica homogênea. Mas a complexidade é da natureza da atividade de trabalho, e não seria possível compreender esta complexidade a partir de uma abordagem única. É necessário admitir o caráter inevitável da abordagem múltipla das atividades. Considera-se as duas dimensões que foram evidenciadas, comportamento e subjetividade cognitiva, como sendo o mínimo desejável. Isto é o que distingue, a nosso ver de maneira favorável, a metodologia ergonômica das abordagens comportamental, sociológica, ou puramente subjetiva.

Seria desejável ir mais longe na multiplicidade de abordagens. Por exemplo, as dimensões psicodinâmicas do trabalho são, às vezes, essenciais na interpretação da parte subjetiva da análise. Certamente, é importante saber sobre quais elementos da situação o operador se apoia para raciocinar e agir. Mas podemos também tentar saber se o operador não coloca em questão a sua ética para aliviar um colega que está a jusante na linha ou para manter a qualidade da produção. Podemos também distinguir, nas verbalizações dos trabalhadores, o que está ligado às necessidades operatórias e o que está ligado à necessidade de se comunicar, "de falar de outras coisas".

Curso de ação e representação

Mesmo que não seja expresso claramente com freqüência, existem duas correntes majoritárias de especialistas da análise do trabalho francófona. Uns, dentre os quais o principal é Theureau pertencente ao grupo *MAST*, colocam-se ao lado da teoria da ação (Montmollin et coll. 1995). Para eles, somente o Curso da Ação importa ser conhecido no seu aspecto seqüencial. Os desenvolvimentos recentes da teoria do Curso da Ação creditam um lugar de destaque à linguagem. Eles ultrapassam o conceito de Ato de Linguagem enunciado por Searle para utilizar as análises conversacionais da sociolingüística. Não é somente acompanhar o curso da ação de uma pessoa, mas analisar como o curso da ação é negociado com os parceiros, o que coloca em evidência um outro paradigma.

Para outros autores francófonos (Leplat, 1996; de Keyser, 1991), a análise da atividade não se limita ao Estudo do Curso da Ação, mas leva a explorar o que podemos considerar como sendo a camada subjacente à cognição, isto é, a representação. Esta representação pode tanto aparecer como forte e coerente, ou como oriunda de uma "miséria cognitiva", parecendo um "mosaico". Não se poderia negar o fato que "estas representações para a ação" podem ser muito diferentes de um operador para outro. Os trabalhos de Ochanine (Ochanine e Zalzman, 1973) sobre a imagem operatória já mostraram, há 30 anos, esta diversidade. Alguns estudos bem recentes evidenciam representações muito fortes. Minguy (1995) mostra, em sua tese, que os chefes pescadores podem estabelecer um mapa tão preciso dos lugares de pesca que eles descobriram que o seu mapa submarino permite descrever uma verdadeira paisagem, com um penhasco que costeia uma falha piscosa, cercada pelo outro lado por uma área plana onde a rede pode ser deslocada se ele evitar certos rochedos ou destroços de navios perigosos para ele, mas bem conhecidos. A característica desta representação é que ela se constrói progressivamente, à medida que se desenvolvem os cursos da ação que constituem as passagens do barco e da rede para capturar os peixes. Por seu lado, a representação abriga cada vez mais a realidade e melhora a qualidade e a adequação dos cursos da ação. De fato, de acordo com a feliz expressão de Weil-Fassina, Rabardel e Dubois (1993), são "representações para a ação".

Desta forma, o curso da ação descrito pela análise das atividades está em relação dialética com a constituição de representações de qualidade diversas, dependendo dos operadores. As representações constituídas desta forma não se limitam às dimensões materiais da tarefa, mas comportam também representações das pessoas que contêm, igualmente, um aspecto operatório. Adquire-se, então, respostas a questões tais como aquelas colocadas com relação aos interlocutores: eles são competentes, confiáveis, amistosos? Estas representações podem bem ser aproximadas do campo da psicologia social cognitiva, elas constituem o pano de fundo das comunicações que acontecem em situação de trabalho. As trocas verbais não são mais então analisadas somente com relação aos conceitos e métodos da sociolingüística, mas também como ferramentas para se fazer uma representação do seu trabalho e sobre o dos outros. As conversas aparentemente banais ou técnicas são também ferramentas para o operador caracterizar o outro ou os outros e constituir representações com relação às pessoas, utilizadas em outros cursos da ação. O operador pode obter, destas representações adquiridas ao longo das trocas materiais e verbais, indicações que lhe conduzem a atribuir mais ou menos confiança a um colega. Isto pode levar, no plano do curso da ação, a excluir a colaboração com um, a reforçar as trocas com outro.

CONCLUSÃO

Uma reflexão epistemológica sobre a ergonomia orientada para os problemas que se apresentam para quem a pratica deveria permitir delimitar a ação ergonômica. Parece-me que, após esta análise, ainda mantemos uma arbitrariedade no que tange aos limites da ergonomia e mesmo à sua definição. Certamente, trata-se de favorecer a atividade de trabalho para preservar a saúde dos trabalhadores e melhorar a sua produtividade, a qualidade do seu trabalho do ponto de vista individual e coletivo.

Eu penso que o núcleo da ergonomia é a melhoria do dispositivo técnico em si, mas a situação mudou muito nesse campo, por causa da difusão da informática. Quanto mais o ergonomista está engajado na definição dos programas de computador e dos sistemas de comunicação, mais sua atividade se desloca para a psicologia cognitiva e para as ciências da comunicação. O conceito mesmo de "cognição compartilhada" entre várias pessoas e diferentes apoios gráficos, entre outros, indica esta tendência. Mas esta restrição ao dispositivo técnico é imprecisa e instável. A análise das conversações nos guichês da SNCF, na França; da empresa de transportes públicos, em Paris (RATP*); da Seguridade Social, ou de um banco; situa-se no campo da ergonomia somente quando o resultado do estudo deve ser a concepção de um programa de computador de ajuda? É diferente se a conversação ocorre por telefone, sem que os interlocutores se vejam? O que acontece quando esta conversa acontece por escrito, por intermédio da tela de computadores?

Vejo com certas reticências a inclusão dentro da ergonomia de atividades vizinhas como, por exemplo, a organização do trabalho e a formação, como faz a macro-

* *RATP - Régie Autonome des Transports Parisiens* — Companhia de transportes coletivos da região parisiense.

ergonomia. Prefiro manter uma posição diferente quando o papel das ciências do homem coletivo predomina nas análises e, sobretudo, nas soluções propostas. Por causa disso, propus o paradigma da antropotecnologia. Temo que o inchaço da ergonomia até os limites do seu sentido etimológico (Ciências do Trabalho) não resulte na sua dissolução ou na sua desassociação. Neste caso, quem continuará a tratar da melhoria do dispositivo técnico?

A insistência na análise do trabalho e, mais particularmente na sua parte central — a análise das atividades — fornece, segundo meu ponto de vista, uma saída para este dilema. Se aceitamos considerar a AET como um método geral das Ciências Humanas, um método ascendente, podemos facilmente admitir que ela não leva somente a transformações ergonômicas, mas também a contribuições essenciais para a organização do trabalho, à definição dos postos de trabalho, a formação, a transferência de tecnologia etc.

Este ponto de vista coloca em questão a própria definição da AET. Seus métodos não devem se adaptar às questões a serem resolvidas e às situações a serem examinadas, como Kandaroun (1996) mostra na sua tese. Todavia, no meu ponto de vista e novamente para preservar a identidade da ergonomia, a AET deve utilizar diferentes abordagens convergentes do trabalho, em que deve ser necessariamente um estudo apurado da atividade de trabalho, seja ela puramente verbal. Esta atenção voltada para o trabalho real, no seu nível mais apurado, encontra sua origem na busca dos fatos, uma atitude comportamentalista; mas também reúne uma preocupação mais fundamental; conhecer o melhor possível a realidade do trabalho para a qual resultam as arbitragens feitas pelos operadores com relação aos diversos constrangimentos aos quais eles estão submetidos, na perspectiva da realização do objetivo que eles construíram, individualmente.

Bibliografia

ANTUNES LIMA F. *Les contraintes de travail et la dimension éthique de l'activité. Les valeurs dans l'activité de travail et leur signification pour la transformation ergonomique.* Thèse d'Ergonomie. Paris, CNAM, 1995.

BACHELARD F. *Le nouvel esprit scientifique.* Paris, PUF, 1934.

BARREAU H. *L'épistémologie.* Paris, PUF, 1990.

BEAUVOIS J.L., DESCHAMPS J.C. Vers la cognition sociale. In R. GHIGLIONE, C. BONNET et J.F. RICHARD, *Traité de Psychologie Cognitive,* op. cit., p. 3-110, 1990.

BELLEMARE M. *Action ergonomique et projet industriels : de la coopération dans le travail à la coopération pour la transformation du travail : le cas du travail à la chaîne.* Thèse d'Ergonomie. Paris, CNAM, 1995.

BONNARDEL R. *L'adaptation de l'homme à son métier.* Paris, PUF, 1943.

BRUNSCHWICG L. *L'expérience humaine et la causalité physique.* Paris, PUF, 1922.

CANGUILHEM G. *Études d'histoire et de philosophie des sciences.* Paris, Vrin, 1968.

DANIELLOU F. Questions épistémologiques soulevées par l'ergonomie de conception. In F. DANIELLOU (s/d), *L'ergonomie en quête de ses principes. Débats épistémologiques.* Toulouse, Octarès Éditions, 1996.

DEJOURS C. *Le facteur humain.* Paris, PUF. Coll. Que Sais je? 1995.

DE KEYSER V. Work analysis in french language Ergonomics : origin and current research trends, *Ergonomics*, 34, 654-669, 1991.

DOISE W. Les représentations sociales. In R. GHIGLIONE, C. BONNET et J.F. RICHARD, op. cit., p. 113-174, 1990.

DUREM P. *La théorie physique, son objet, sa structure.* Paris, Marcel Rivière, 1906.

EASTERBROOK S.M., BECK E.E., GOODLET J.S., PLOWMAN L., SHARPLES M., WOOD C.C. A survey of empirical studies of conflict. In S. M. EASTERBROOK, CSCW *Cooperation or conflict*? Berlin, Springer, p. 1-68, 1993.

FERREIRA L., BUSSACOS M.A., SCHLITHLER C., MACIEL R.H., MIASHITA R. *Voando com os pilotos, condições de trabalho de uma empresa de aviação comercial.* São Paulo, ADVAR, 1992.

FERREIRA L., IGUTI A.M. *O Trabalho dos petroleiros : perigoso, complexo, contínuo, coletivo.* São Paulo, Fundacentro, 1994.

FLOYD W.F., WELFORD A.T. *Symposium on Fatigue.* London, Lewis H.K, 1953.

FREDERICK E.R. *Design, training, operation : the critical links. An Operator's perspective in Severe Accidents in Nuclear Power Plants.* Wien, International Atomic Energy Agency, 1988.

GHIGLIONE R. Avant-propos. In R. GHIGLIONE, C. BONNET et J.F. RICHARD. op. cit., p. XI-XIV, 38, 1990.

GHIGLIONE R., BONNET C., RICHARD J.F. (s/d), *Traité de Psychologie cognitive III.* Paris, Dunod, 1990.

GOFFMAN E. *Frame analysis.* New York, Harper, 1976.

GUERIN F., LAVILLE A., DANIELLOU F., DURAFFOURG J., KERGUELEN A. *Comprendre le travail pour le transformer : la pratique de l'ergonomie.* Paris, ANACT, 1991.

GUMPERZ J.J. Contextualisation revisited. In P. AUER and A. DILUZIO (Eds), *The contextualisation of language.* Amsterdam, John Benjamins, 1992.

HENDRICK H. Macroergonomics : a concept whose time has come. *H.F.S. Bulletin* 36, 2,1-3, 1987.

KANDAROUN R. *Aspects interactifs des modalités de l'Analyse ergonomique du travail. Application à l'étude d'activités de conduite et de maintenance d'un processus industriel complexe et dangereux.* Thèse d'Ergonomie. Paris XIII, 1996.

KOYRE A. *Études d'histoire de la pensée scientifique.* Paris, Gallimard, 1961.

LANGA P. *Adaptation ou création de l'organisation du travail lors d'un transfert de technologie. Analyse de l'activité de l'encadrement et conception de l'organisation.* Thèse d'Ergonomie. Paris, CNAM, 1994.

LE GUILLANT L. La névrose des téléphonistes. *La Presse Médicale* (février), 1956.

LEPLAT J. Quelques aspects de la complexité en Ergonomie. In F. DANIELLOU (s/d), *L'ergonomie en quête de ses príncipes. Débats épistémologiques.* Toulouse, Octarès Éditions, 1996.

LEWIN K. *Resolving social conflicts*. New York, Harper, 1948.

MADI M. Communication personnelle, 1995.

METZ B. Conférence d'ouverture au IIème Congrès de la SELF rapportée partiellement in S. Pacaud, (1970), 1965.

MINGUY J.L. *Concevoir pour aider à l'action située. Le travail en passerelle de navires de pêche: le rôle de la carte de pêche comme représentation.* Thèse d'Ergonomie. Paris, CNAM, 1995.

MONTMOLLIN M. de (s/d), *Vocabulaire de l'Ergonomie.* Toulouse, Octarès Éditions, 1995.

OCHANINE D., ZALZMAN A. Operativité de l'image d'un contrôle de processus. In D. OCHANINE (s/d) *Régulation de l'activité.* Moscou, Éditions de Moscou, 1973.

OMBREDANE A., FAVERGE J.M. *L'analyse du travail.* Paris, PUF, 1955.

PACAUD S. Recherche sur la sélection psychotechnique des agents des gares dits «facteurs enregistrants». *Le Travail Humain*, IX,1 43-73, 1946.

PACAUD S. Recherches sur le travail des téléphonistes. Étude psychologique d'un métier. *Le Travail Humain,* XII, 46-65, 1949.

PACAUD S. L'ergonomie face aux grandeurs et aux difficultés de l'interdisciplinarité. *Le Travail Humain*, XXXIII, 1.2., 141-158, 1970.

PAVARD B. (s/d), *Systèmes coopératifs : de la modélisation à la conception.* Toulouse, Octarès Éditions, 1994.

PAVARD B., BENCHEKROUN H., SALEMBIER P. La régulation collective des communications : analyse et modélisation. In CR du Colloque (ed.) *Les apports de l'ergonomie et de l'information avancée à la conception des systèmes interactifs.* Biarritz, 19-22, 1990.

PERRET-CLERMONT A.N., PERRET J.F., BELL N. The social construction of meaning and cognitive activity in elementary school children. In L. RESNICK, D.M. LEVINE and S.F. TEASLEY (Eds.), *Socially Shared Cognition.* Washington, American Psychological Association. p. 41-62, 1993.

PIAGET J. *Le jugement moral de l'enfant.* Paris, Alcan, 1932.

PIAGET J. *La naissance de l'intelligence chez l'enfant.* Neufchâtel, Delachaux et Niestlé, 1950.

PINSKY L. *Concevoir pour l'action et la communication (Essais d'ergonomie cognitive).* Neufchâtel, Peter Lang, 1992.

QUEINNEC Y., CHRISTOL J., DOREL M., TERSSAC G. de, Horaires de travail et régulation des conduites. *Le Travail Humain*, 42, 2. 79, 211-229, 1979.

RESNICK L., LEVINE J.M., TEASLEY S.D. *Socially Shared Cognition.* Washington, American Psychological Association, 1993.

SCHEGLOFF E.A. Conversation analysis and socially shared cognition. In L. RESNICK, D.M. LEVINE et S.F. TEASLEY, op. cit., p. 150-171, 1993.

SEARLE J.R. *Speech acts.* Cambridge, Cambridge University Press, 1969.

SINGLETON W.T. Communication personnelle, 1994.

SUCHMAN L.A. *Plans and situated actions. The problem of human-machine communication.* Cambridge, Cambridge University Press, 1987.

THEUREAU J. *Le cours d'action : analyse sémiologigue.* Neufchâtel, Peter Lang, 1992.

THOMAS W.J., ZHANIECKI F. *The polish peasant in Europe and America.* Boston Mass., Badger, 1918.

VERMERSCH P. Questionner l'action : l'entretien d'explicitation. *Psychologie française*, 35, 227-235, 1990.

VYGOTSKY L.S. *Thought and language.* Cambridge, MIT Pressm 1934, 1962,1986.

WEILL-FASSINA A., RABARDEL P., DUBOIS D. (s/d), *Représentations pour l'action.* Toulouse, Octarès Éditions, 1993.

WISNER A. Les études physiologiques à la Régie Renault. *Le Travail Humain*, 25, 309-326. [Texte reproduit in A. WISNER, *Réflexions sur l'ergonomie* (1962-1995), Toulouse, Octarès Éditions, (1995), p. 21-32], 1962.

WISNER A. Ergonomics in the engineering of a factory for exportation. Vlth IEA Congress Maryland. Texte reproduit in *Ergonomics, mental load, anthropotechnology.* Paris, Laboratoire d'Ergonomie CNAM (1991), 1976.

WISNER A. La cognition et l'action situées : conséquences pour l'analyse ergonomique du travail et l'anthropotechnologie. In *Comptes-rendus du XIIe Congrès triennal de l'Association Internationale d'Ergonomie.* Toronto, Association canadienne d'Ergonomie, I 1-13. [Texte reproduit in A. WISNER, *Réflexions sur l'ergonomie* (1962-1995), Toulouse, Octarès Éditions, (1995), p. 141-158], 1994.

WISNER A. Understanding problem building : Ergonomic work analysis. *Ergonomics.* 38, 3, 595-605. [Texte reproduit en français in A. WISNER, *Réflexions sur l'ergonomie* (1962-1995), Toulouse, Octarès Éditions, (1995), p. 129140], 1995.

ASPECTOS DA COMPLEXIDADE EM ERGONOMIA

JACQUES LEPLAT
Psicólogo do Trabalho
Diretor honorário da École Pratique des Hautes Études

Tradução de
FRANCISCO DE PAULA ANTUNES LIMA
Engenheiro Mecânico/Produção
Doutor em Ergonomia pelo CNAM
Professor da UFMG, Departamento de Engenharida de Produção

> "Donc, toutes les choses étant causées et causantes, aidées et aidantes, médiatement et immédiatement, (...), je tiens impossible de connaître les parties sans connaître le tout, non plus que de connaître le tout sans connaître particulièrement les parties".
>
> Pascal, Pensées

A noção de complexidade está presente na linguagem coloquial e também aparece freqüentemente no discurso ergonômico: na ergonomia fala-se de sistema complexo, de tarefa complexa, de situação complexa, de problema complexo etc. Todos parecem compreender este termo; entretanto, no momento em que procuramos detalhar o seu sentido, surgem as dificuldades. Ainda que não sejamos o primeiro a fazê-lo, pareceu-nos interessante nos interrogarmos sobre esta noção para avaliar sua importância para a ergonomia. Nessa discussão também serão abordados problemas epistemológicos importantes para esta disciplina.

Na ergonomia, a noção de complexidade foi discutida em inúmeros textos dos quais nos inspiramos. Foram-lhe consagrados vários capítulos no livro de Goodstein, Andersen e Olsen (1988). Mais recentemente, a revista *Ergonomics* publicou, sob a direção de Bainbridge, Lenior e Van Der Schaaf (1993), um número especial sobre o tema. Outras referências ainda serão fornecidas neste capítulo. A noção de complexidade enquanto tal já foi objeto de outros estudos específicos. Os mais conhecidos na França são os de Edgard Morin (ver Morin, 1994, para uma visão geral dos seus trabalhos sobre a questão). A literatura que aborda os aspectos teóricos da noção de sistema também analisa este tema: na França temos o exemplo do livro de Le Moigne (1990).

Na ergonomia podem-se distinguir dois grandes tipos de objeto da complexidade: **a complexidade da tarefa para o operador** e **a complexidade da tarefa do ergonomista** que estuda o operador. Esses dois tipos de complexidade são distintos, mas intimamente interligados; aqui só poderemos tratar do primeiro tipo.

Este capítulo tentará trazer elementos para responder algumas questões importantes que dizem respeito ao uso da noção de complexidade na ergonomia: primeiramente, esse uso se justifica? E, além disso, o que aprendemos ao acrescentar o qualificativo de complexo a um objeto de estudo, no caso em questão à tarefa? Esta questão conduz a uma outra sobre a natureza da complexidade: o que se quer dizer quando se qualifica uma atividade como sendo **complexa**? É preciso se perguntar também como o agente gere a complexidade e quais são as conseqüências dessa gestão? Finalmente, com quais metodologias devemos responder a estas interrogações?

---

* "Então, todas as coisas sendo causadas e causantes, ajudadas e ajudantes, mediatamente e imediatamente, [...], considero impossível conhecer as partes sem conhecer o todo, bem como conhecer o todo sem conhecer particularmente as partes". Pascal, Pensées.

Estas questões definem a estrutura do presente capítulo. Ele começa com algumas observações introdutórias destinadas a delimitar melhor a noção de complexidade e a definir alguns de seus aspectos mais gerais. Em seguida examinaremos alguns fatores da complexidade mais diretamente ligados à tarefa e, depois, os aspectos da complexidade relacionados à associação do agente com a sua tarefa. Também serão abordados alguns problemas concernentes à gestão da complexidade e finalmente os aspectos metodológicos relacionados à avaliação da complexidade. Na conclusão tentaremos apresentar alguns elementos que respondam às questões iniciais e ao tema da complexidade em ergonomia de forma geral.

A NOÇÃO DE COMPLEXIDADE: TRAÇOS GERAIS

Tornou-se usual caracterizar a complexidade de um sistema por meio de dois aspectos essenciais: **o número de elementos** ou unidades que o compõem e o número e a natureza das **relações entre os elementos**. Vejamos o comentário de Morin (1990): "*a complexidade é um tecido (complexus: aquilo que é tecido conjuntamente) de constituintes heterogêneos inseparavelmente associados. (...) a complexidade é efetivamente o tecido de eventos, ações, interações, retroações, determinações, acasos que constituem nosso mundo fenomênico*" (p.21).

A complexidade de um objeto ou de um fenômeno depende, portanto, do número de variáveis pelas quais o caracterizamos e de suas relações, isto é, a complexidade de um fenômeno é aquela do **modelo** que dele fazemos, considerando a utilização à qual esse modelo está associado. Rasmussen e Lind (1981) dizem apropriadamente que "*a complexidade objetiva só pode ser definida por uma dada representação de um sistema e não pelo próprio sistema*" (p.8). Não existe complexidade de um sistema "em si". A complexidade é aquela do modelo que nós elaboramos. Minha folha de papel é um objeto simples quando ela é considerada como suporte de minha escrita, mas ela se torna um objeto complexo para o químico que pretende analisar sua granulometria, sua composição, suas propriedades de resistência, sua transparência, ou quer determinar sua idade e origem.

O modelo que se faz do sistema depende, ele próprio, em grande medida, do **uso** previsto e das possibilidades disponíveis para regular esse uso. Todo estudo da complexidade começa, portanto, por três questões: **complexidade do que, para quem e para quê**? Consideremos mais precisamente o exemplo da tarefa. Inicialmente o estudo da complexidade deverá detalhar a tarefa em questão, as características do agente que a executa e a finalidade que ela tem para ele. A complexidade não é um invariante do objeto ou do sistema, ela depende do modelo do sistema elaborado pelo usuário.

Estas primeiras observações têm conseqüências diretas. Uma mesma tarefa poderá ser muito complexa para um agente e muito menos para outro, e poderá também ser diferentemente complexa conforme o momento em que um mesmo agente a execute: é por isso que uma mesma tarefa será menos complexa para o agente experiente do que para o iniciante.

Se a complexidade da tarefa depende do agente que a executa, então um problema essencial é o de caracterizar **a relação entre o agente e a tarefa**, a sua associação e suas dimensões: a complexidade está diretamente relacionada a esta associação. A tarefa e o agente são definidos um em relação ao outro, o que mostra o caráter interativo da complexidade. Assim, a ação sobre a complexidade da tarefa sempre pode ser obtida de duas maneiras não excludentes, a saber: por uma modificação da tarefa e/ou por uma modificação do agente.

Se, de um lado, a tarefa é vista como um resultado a ser alcançado por meio de um processamento apropriado, o agente, por sua vez, será considerado em função de suas capacidades para efetuar esse processamento, isto é, essencialmente em função de sua **competência.** Quando a associação entre o agente e a sua tarefa for imperfeita sob este ângulo, poder-se-á dizer que a tarefa é muito complexa ou que a competência do agente é insuficiente. Todo estudo sobre complexidade estará, portanto, estreitamente associado ao estudo da competência. Complexidade e competência estão numa relação de **co-determinação** e se apresentam como as duas faces de uma mesma moeda. Elas são componentes importantes, mas não as únicas, de uma situação de trabalho, em que a atividade é o componente dinâmico (Guérin, Laville, Daniellou et al., 1991, p. 58).

Esse caráter interativo da complexidade, acrescido ao seu significado mal definido, é fonte de **dificuldades** de linguagem e de aparentes contradições. O observador tem sua própria representação da complexidade, o que o leva a dizer que a tarefa A é mais complexa do que a tarefa B, sem considerar os agentes que as executam. Tornou-se usual dizer que, para um determinado operador, pode-se diminuir a complexidade de uma tarefa aumentando a sua competência. Donde se pode concluir que complexidade e competência variam em sentido inverso. Por outro lado, somos tentados também a dizer que aumentando a competência, aumenta-se a complexidade que o operador é capaz de tratar; logo, complexidade e competência variam no mesmo sentido. No primeiro caso, se raciocina considerando uma tarefa invariável, entendendo tarefa como um resultado a ser obtido; já no segundo caso, são tarefas diferentes que servem de referência, mas, aqui, é principalmente a expressão "complexidade que o operador é capaz de tratar" que é ambígua. Esta afirmação supõe que pode ser estabelecida uma escala de complexidade independentemente dos agentes e do seu modo de processamento; o que seria verdadeiro somente se estivesse estabelecido que a tarefa B para ser finalizada com sucesso necessitaria que a tarefa A já o tivesse sido. Isto só é verdadeiro em alguns casos e exige hipóteses viáveis sobre o modo de processamento, hipóteses essas difíceis de estabelecer para as tarefas que podem ser realizadas por diversas vias (eqüifinalidade ou vicariância).

OS FATORES DE COMPLEXIDADE MAIS DIRETAMENTE LIGADOS À TAREFA

Sabendo que não existe complexidade em si, mas apenas **relativamente a uma tarefa** e a **um operador**, sempre se torna difícil falar de complexidade em geral.

Entretanto, existem tarefas que contêm aspectos dificilmente controláveis por uma grande parcela de operadores. Aqui não é o caso de fazer uma apresentação, mesmo parcial, dessas tarefas, já que elas são numerosas e de diferentes categorias, caracterizando, por exemplo, uma complexidade relacionada à eventual multiplicidade de objetivos (de produção, de segurança, de conforto etc.); aos conflitos entre esses objetivos; e aos valores que lhe são atribuídos. Só trataremos de alguns fatores de complexidade que normalmente são invocados nos estudos sobre o controle de sistemas dinâmicos (De Keyser, 1988; Woods, 1988; Hollnagel, 1993; Amalberti, 1996). Esta lista de referências, bastante reduzida, serve apenas como ilustração.

A natureza das relações entre os elementos do sistema

As relações entre elementos do sistema constituem um fator capital da complexidade. Perrow (1984), considerando os problemas de segurança, distinguiu dois tipos de associações, "rígidas/flexíveis", entre os elementos ou sub-sistemas de um sistema. No tipo "*rígido*" encontram-se os seguintes casos: falta de tempo para processamento de informações, seqüências de operações invariantes, um único método para atingir o objetivo, pouca flexibilidade no uso de reservas, de equipamentos, de pessoal etc. No tipo "*flexível*" de relações encontramos: tempo disponível para o processamento de informações, ordem das seqüências operacionais modificável, flexibilidade no uso de reservas, de equipamentos, de pessoal etc.

Uma distinção semelhante foi proposta por Le Moigne (1990) entre sistema complicado e sistema complexo. No primeiro sistema, as relações entre os elementos podem traduzir-se em arborescência. Se representarmos essas relações por meio de uma matriz E × E, onde E significa o conjunto de elementos, as relações estarão todas do mesmo lado da diagonal. No sistema complexo, as relações entre os elementos comportam elos de "retro-alimentação" (*feed back*), o que fornece uma representação matricial E × E com relações dos dois lados da diagonal. Por exemplo, o elemento e1 age sobre e2, que age sobre e3 que, por sua vez, age sobre e1. Le Moigne também denomina o sistema complicado como sistema frio e o sistema complexo como sistema quente (p. 257), distinção que lembra aquela feita por Simondon (1969) entre objeto técnico abstrato e objeto técnico concreto.

Perrow (1984) diz, acuradamente, que os sistemas muito complexos, tais como aqueles encontrados nas instalações modernas, muitas vezes requerem uma competência que supera as possibilidades humanas, donde a fonte de risco que representam estas instalações quando a gestão recai, finalmente, sobre o indivíduo. Esta complexidade impede a definição de um procedimento padronizado e condena a idéia de uma única ação ótima (*the one best way*). O estudo de sistemas não lineares também mostrou limites de previsão de sua evolução e, portanto, das possibilidades de dominar sua complexidade.

Os sistemas sócio-técnicos, no interior dos quais se inscreve a tarefa, compreendem tanto os homens, os membros do grupo de trabalho, quanto a organização. As relações entre eles não são definidas somente em função da tarefa, mas também no plano psicológico, nas relações de poder, etc. A ação do agente, tendo em vista a realização da sua tarefa é, portanto, mediada por estas relações que são, freqüentemente, difíceis de serem tratadas.

Opacidade do sistema sócio-técnico

Esta opacidade traduz a distância entre as exigências do sistema sócio-técnico e o modelo elaborado pelos indivíduos que nele trabalham. Ao contrário, um sistema **transparente**, para uma dada tarefa e um dado operador, é um sistema cujas exigências são imediatamente traduzíveis em modelos de ação e que por isso pode servir de suporte para a atividade. Rogalski e Samurçay (1993) definem a transparência como sendo a "*acessibilidade para um operador aos conhecimentos, procedimentos e modelos subjacentes ao funcionamento do instrumento*" (p. 203) e mostram muito bem como instrumentos transparentes permitem reduzir a complexidade. Rabardel (1995) introduziu a noção de **transparência operativa** para acentuar que a transparência é sempre relativa a um usuário e à sua atividade. Como muitas vezes existem procedimentos vicariantes para executar uma mesma tarefa, a transparência poderá ser efetivada por diferentes tipos de modelos, e, correlativamente, a opacidade pode originar-se de diversas fontes, devendo ser igualmente interpretada em relação às competências do operador.

Numerosas características contribuem para a opacidade do sistema sócio-técnico e, por conseguinte, para a sua complexidade: ausência ou insuficiência de retro-informação (*feed back*) para alimentar a atividade; conhecimento parcial do funcionamento do sistema técnico; comunicações deficientes com o ambiente humano e técnico. A opacidade é uma fonte de incerteza que dificulta a antecipação e a previsão; introduz um **hiato entre a intenção e os resultados**, em que os últimos podem não corresponder ao objetivo visado. Ela também pode introduzir efeitos marginais (*side effects*) não pretendidos, fazendo com que o espaço da atividade não seja adequado às condições reais dessa atividade. Esses efeitos marginais são produzidos, muitas vezes, quando um elemento do sistema é modificado para corrigir um incidente: pode-se então observar que a modificação eliminou o incidente em questão, mas criou um outro porque certas características do sistema foram negligenciadas devido à opacidade de uma parte do sistema ou de seu ambiente.

O caráter dinâmico dos sistemas técnicos

O caráter dinâmico é particularmente evidente no controle dos processos contínuos (De Keyser, 1988): são dinâmicos os sistemas nos quais o funcionamento não depende apenas da ação dos operadores que os controlam, mas dependem também das próprias características desses sistemas. Por exemplo, num processo químico, num dado momento, o estado do processo depende simultaneamente das intervenções do operador e das propriedades do produto processado, cujas transformações não são controladas completamente e que continuam a evoluir segundo suas próprias leis, mesmo na ausência de uma ação do operador. Essas características dinâmicas têm uma incidência direta sobre a complexidade.

- O estado do sistema a um dado momento resulta, ao menos em parte, das ações do operador e as etapas seguintes serão diferentes segundo essas ações. Um mesmo estado inicial pode suscitar ações diferentes e, assim, as seqüências de estados que se seguem tenderão a divergir, o que contribui para dificultar a aquisição de competência pela experiência.
- O dinamismo é correlato a uma restrição de **irreversabilidade.** Uma ação não pode ser corrigida pela ação inversa porque o sistema voltaria ao ponto de partida, mas a recuperação de uma ação inadequada exige a elaboração, às vezes difícil, de novas ações.
- O dinamismo acarreta "**constrangimentos de tempo**", já que o sistema também se modifica independentemente das ações do operador. Ações atrasadas podem produzir derivações do sistema. "*Um dinamismo elevado significa que novos eventos podem acontecer, mudando aspectos significativos do problema a ser resolvido (...) Consequentemente, os sujeitos que resolvem o problema deveriam ser oportunistas e flexíveis para detectar e depois se adaptarem aos eventos que exigem uma revisão da avaliação da situação e das intenções*" (Woods, 1988, p. 132).

A abertura da tarefa

Uma característica essencial da situação de trabalho que a distingue de uma situação experimental de laboratório é a sua abertura. A tarefa experimental é bem delimitada e o experimentador se esforça para que as condições de execução da atividade sejam somente aquelas que ele deseja. Ele obtém mais ou menos êxito porque o sujeito também pode construir seu próprio cenário. Ao contrário, a tarefa em situação de trabalho é menos definida e o ambiente é muito mais rico e menos controlado do que em laboratório; o operador pode, então, considerar partes mais ou menos amplas da situação de trabalho (Leplat, 1991). É assim que o controlador de qualidade pode se dedicar ao produto a ser controlado mas pode, igualmente, se interessar pelo que se passa na linha de produção, pela montante (aos operadores que alimentam seu posto) e pela jusante (o tipo de cliente ao qual será destinado o produto), e explorar as informações coletadas para regular sua atividade (Assenheim, 1969). O **cenário considerado** pode então variar segundo os momentos e os operadores. Em outros casos, o que muda é o **cenário temporal**: o operador pode resolver os problemas do momento ou tentar criar as condições que impedirão o surgimento de problemas num período mais longo. Esse fenômeno tem sido observado e analisado em várias situações, particularmente no controle do tráfico aéreo (Leplat e Bisseret, 1965, in: Leplat, 1993).

A ampliação do cenário de sua atividade pelo operador às vezes gera efeitos paradoxais. De um lado, pode-se intensificar a complexidade da atividade na medida em que um maior número de condições são consideradas, mas, por outro lado, esta ampliação pode constituir um fator de redução da complexidade, uma vez que o operador introduz freqüentemente uma simplificação do trabalho. O operador que considera os acasos da produção a montante do processo pode prever os problemas e impedir que eles se desenvolvam. A uma regulação simplesmente corretiva ele pode substituir uma regulação **pré-corretiva** (Piaget, 1967), o que exige uma competência de ordem superior.

Neste caso, se fala também de "**transbordamento do cenário**" da tarefa pelo cenário da atividade (Leplat, 1991). De Keyser (1972) forneceu vários exemplos mostrando que nos setores automatizados "*pode-se observar uma busca de fontes de informação não prevista na concepção da instalação*" (p. 92). Estas observações sobre a ampliação do cenário da tarefa durante a atividade evidenciam a importância do contexto, cujo papel primordial foi enfatizado pelas pesquisas inspiradas pela corrente denominada ação situada (Suchman, 1987).

OS FATORES DE COMPLEXIDADE RELACIONADOS À RELAÇÃO DE ASSOCIAÇÃO

Na medida em que a complexidade está essencialmente relacionada à associação entre as características do operador e as características da tarefa, as propriedades dessa associação constituem-se igualmente em fatores de complexidade da tarefa. Analisaremos aqui, dentre várias outras possibilidades, os casos típicos de associações relatados pela ergonomia sob o nome de compatibilidade e de disponibilidade "*affordance*", que conduzirão à noção de complexidade distribuída.

Complexidade e associação

Se a complexidade da tarefa expressa a distância existente entre o que deve ser feito e o que o operador dispõe para realizá-lo, isto é, a distância entre as exigências da tarefa e as possibilidades do operador, então a complexidade é uma característica da associação entre o operador e a sua tarefa. Essa noção de associação é familiar à ergonomia (Leplat, 1992), na qual ela foi estudada sob diferentes denominações. Preservaremos aqui, como dito anteriormente, as denominações de compatibilidade e de disponibilidade "*affordance*".

A **compatibilidade** expressa o fato de que os dispositivos são particularmente adaptados à atividade, porque eles demandam, sem instruções específicas, os comportamentos esperados. Consideremos o exemplo simples de um aparelho no qual existe uma paridade entre o dispositivo de sinalização e o dispositivo de comando. Todas as paridades não são equivalentes para um dado operador. Diz-se que uma paridade é compatível para um operador quando ela corresponde ao seu **estereótipo**, isto é, a sua tendência a privilegiar espontaneamente a referida paridade (por exemplo, girar uma torneira no sentido horário para interromper o fluxo).

Esses **estereótipos** têm diferentes origens. Alguns são inatos, pois "*todo organismo biológico traduz na sua estrutura, no seu funcionamento e no modo de relação com o ambiente, uma pré-adaptação dos seus instrumentos senso-rio-motores destinados a assegurar sua sobrevivência. Ele dispõe ao nascer de um reservatório de capacidades pré-conectadas na estrutura de suas conexões nervosas*". (Paillard, 1989). Entretanto, outros estereótipos são adquiridos no meio cultural e técnico. Hoje sabemos aparafusar no "bom" sentido, mas terá sido da mesma forma para aquele que viveu em meio a técnicas primitivas? É por isso que os estereótipos devem ser caracterizados em relação aos indivíduos ou a grupos bem definidos.

A disponibilidade "*affordance*". A noção de compatibilidade na ergonomia e na engenharia cognitiva foi substituída pela de oferecimento *affordance* (Norman, 1988; Vicente e Rasmussen, 1992; Rasmussen, Pejtersen e Goodstein, 1994). Esse termo remete às propriedades do objeto que influenciam seu modo de utilização. Uma cadeira **dispõe** (*affords*) um suporte que sugere a ação de sentar: ela é percebida como um objeto feito para se sentar. "As disponibilidades *affordances* de um objeto fazem referência às suas possíveis funções" (Norman, 1993, p. 105). Este autor fornece vários exemplos a partir de objetos e dispositivos da vida cotidiana (Norman, 1988 e 1993).

As disponbilidades *affordances* têm diferentes origens e encontramos aqui análises semelhantes àquelas da compatibilidade. Para Paillard (1989), "*na verdade pode-se considerar que as predisposições presentes inicialmente na máquina biológica já constituem uma espécie de molde do ambiente ao qual o organismo está preadaptado. A metáfora da fechadura e da chave foi muitas vezes invocada neste caso. As 'chaves' ambientais correspondem a uma fechadura biológica preexistente ao nascimento da máquina biológica ou são conformadas posteriormente pela sua experiência, constituindo o que Gibson (1950) propõe chamar de "campo de disponibilidades affordances*" (p. 25). As disponibilidades *affordances* podem também ser adquiridas pela experiência em um determinado meio técnico, cultural e social. Assim, os objetos possuem não somente propriedades físicas (tamanho, peso, cor etc.), mas também **propriedades técnicas e sociais**: eles convêm a determinados usos, em um dado contexto; sua presença revela uma intenção, sugere uma ação. O que foi dito dos objetos pode ser estendido às condições da tarefa e, tal como mostraram os estudos etnometodológicos, certos tipos de condições reclamam certos tipos de comportamentos, comportamentos que são executados sem atividade representativa e, de alguma maneira, são previamente regulados, não exigem uma atividade reflexiva. A relação com a noção de complexidade é direta. É assim que Vicente e Rasmussen (1992) propõem a redução da complexidade das interfaces com a "**concepção de interfaces ecológicas**", isto é, interfaces que exploram o princípio de disponibilidade *affordance*: eles fornecem exemplos e suas vantagens, principalmente no que diz respeito à diminuição da carga mental. Idéias semelhantes são encontradas no interior de outros quadros teóricos, em especial envolvendo a noção de esquema que será abordada mais adiante.

A noção de complexidade distribuída

As noções de compatibilidade e de disponibilidade *affordance* conduzem à idéia de "**objetos inteligentes**", isto é, de objetos que sugerem ao homem certos comportamentos adaptados e o ajudam a executar suas tarefas. Esta idéia foi desenvolvida por Norman (1988, 1993) e por Zhang e Norman (1994). Para esses autores, a execução de uma tarefa é regida por um certo número de regras. Essas regras podem ser apresentadas ao operador por instruções que ele deverá interiorizar a fim de executar a tarefa, mas pode-se também, às vezes, conceber o dispositivo técnico de tal forma que o operador seja levado a respeitar a regra sem precisar preocupar-se com ela, ou sem nem mesmo conhecê-la. Por exemplo, no uso da máquina de lavar, uma das regras é não ter acesso ao tambor enquanto a máquina estiver funcionando. Pode-se inscrever esta regra no dispositivo bloqueando o funcionamento quando o utilizador procura realizar esta manobra ou impedindo esta manobra. O utilizador não precisa conhecer nem memorizar uma regra: de certa forma a regra é integrada ao dispositivo. Donde a noção de cognição compartilhada, os conhecimentos relativos à tarefa podendo estar, segundo a expressão de Norman (1988), na cabeça do sujeito ou no próprio dispositivo. Nas palavras do autor: "*o comportamento é determinado pela combinação da informação que está na memória (na cabeça) com aquela que está no mundo*" (p. 65). "*Há um intercâmbio entre a quantidade de conhecimentos mentais e a quantidade de conhecimentos externos exigidos na execução da tarefa*" (p. 56).

Assim como se falou de competência distribuída, pode-se, simetricamente, falar de **complexidade distribuída**, no sentido de que a complexidade de um trabalho está repartida entre os dispositivos técnicos (ou técnico-organizacionais) e o operador. Os instrumentos informáticos tornaram popular a noção de convivência: o uso desses instrumentos é colocado ao alcance dos usuários e a complexidade de utilização é reduzida, as exigências desta utilização ficando a cargo do próprio instrumento.

Essas análises permitem dar um conteúdo mais preciso à articulação entre complexidade e competência. Norman (1993) observa, acertadamente, que "*as ciências da cognição tenderam a examinar uma inteligência desencarnada, uma inteligência isolada do mundo. É chegada a hora de colocar em questão esta perspectiva*" (p. 146). "*Com uma inteligência desencarnada, isolada do mundo, um comportamento inteligente exige uma enorme quantidade de conhecimentos, um grande número de planificações e decisões aprofundadas, uma estocagem na memória e uma recuperação eficazes. Quando o intelecto está intimamente acoplado ao mundo, a decisão e a ação podem se dar no interior do contexto estabelecido pelo ambiente físico cujas estruturas podem freqüentemente agir como uma inteligência distribuída* (...)"(p. 146).

Portanto, é essencial que a atividade cognitiva seja concebida como **inserida em um ambiente** e que não sejam buscadas soluções para a complexidade unicamente por meio dos aperfeiçoamentos técnicos. Esses aperfeiçoamentos, quando colocados em prática sem discernimento, podem levar a uma degradação da atividade porque "*uma inteligência desencarnada encontra-se privada de ricas fontes de informação*" (Norman, 1993, p. 153). A ergonomia oferece vários exemplos que confirmam estas observações. Benchekroun (1994), ao estudar a introdução de instrumentos informatizados numa equipe de SAMU*, mostrou que, ao se suprimirem os recursos do ambiente, os meios informáticos poderiam privar os operadores de informações essenciais.

A complexidade pode ser certamente reduzida oferecendo instrumentos técnicos de assistência ao operador, mas ela também pode ser reduzida de forma eficaz por uma reorganização da própria tarefa o que permite ao indivíduo explorar as informações do ambiente técnico e humano. Pode-se, por exemplo, instalar uma rede informatizada complexa para facilitar as comunicações, o que todavia torna mais difícil, ou mesmo suprime, as trocas inter-individuais diretas que traziam não somente informações dificilmente comunicáveis pelo dispositivo informático, mas que também contribuíam para criar um ambiente de cooperação, favorecendo indiretamente a atividade dos operadores.

A GESTÃO DA COMPLEXIDADE

Como foi enfatizado no início, trata-se aqui da gestão pelo próprio agente e não daquela que concerne o próprio ergonomista. A gestão da complexidade da tarefa somente pode ser considerada quando se reposiciona a tarefa prescrita na relação com a atividade do agente. É preciso observar que aqui a atividade não é definida somente a partir das prescrições da tarefa. O sujeito persegue igualmente os fins que lhe são próprios e que ele procura satisfazer por meio da execução da sua tarefa. Como afirma Dejours (1995), "*as condutas humanas no trabalho devem satisfazer simultaneamente a (pelo menos) duas racionalidades distintas: a racionalidade em relação aos objetivos materiais de produção e a racionalidade em relação à saúde e à realização de si, isto é, em relação aos fins subjetivos*" (p. 11). Desta forma, a gestão da complexidade constitui apenas um componente da gestão da atividade, ao mesmo tempo em que é influenciada por esta.

As análises ergonômicas do trabalho têm colocado em evidência que a tarefa prescrita não constitui um modelo adequado da atividade e que o agente define a tarefa que ele realmente quer executar, precisamente, denominada de tarefa redefinida. A tarefa prescrita, ela própria, pode ser considerada como um modelo concebido a partir da representação que o projetista elabora sobre as características do operador. A tarefa redefinida modifica este modelo e traz particularmente um novo conteúdo à noção de complexidade.

A gestão da complexidade, tal como sugere a noção de associação, pode ser considerada segundo dois eixos: pela modificação da tarefa e pela modificação do agente.

---

* SAMU - *Service d'Aide Médicale d'Urgence* — Serviço de Atendimento Médico de Urgência.

As modificações da tarefa

Uma primeira via para gerir a complexidade da tarefa consiste em agir sobre a tarefa: alguns exemplos foram mostrados anteriormente e a análise do trabalho oferece inúmeros outros. Uma forma de ação se volta aos objetivos e seus modos de avaliação. Por exemplo, o operador pode modificar as tolerâncias, eliminar certos controles, hierarquizar diferentemente os objetivos (privilegiar a eficiência em relação à segurança) etc. A complexidade pode ser modificada também por uma ação sobre as condições de execução: sobre as condições técnicas (utilização de um material mais adaptado, melhor uso dos instrumentos de apoio ao trabalho, etc.) e sobre as condições organizacionais (reorganização do ambiente de trabalho, dos horários, da repartição da tarefa etc.). Estas modificações podem ser obtidas por ações individuais e/ou coletivas, no interior da equipe ou entre equipes e grupos mais amplos.

A gestão da complexidade apresenta certos limites invocados anteriormente. Uma fonte de dificuldade fundamental foi estudada pelos trabalhos desenvolvidos no interior da teoria do caos, a partir de noções como instabilidade exponencial e sensibilidade às condições iniciais, que mostram que o comportamento dos sistemas não-lineares tornam-se rapidamente imprevisíveis (dentre uma vasta literatura, ver Ekeland, 1991; Gleick, 1989; Ruelle, 1991). Em geral, para esses sistemas, "*a busca das causas ou a análise das conseqüências de um evento singular nos conduz rapidamente a um dédalo incalculável (...). Se este modo de pensar nos parece muito estranho é porque nós temos a sabedoria de limitar nosso horizonte a um futuro que a experiência nos indica como previsível*" (Ekeland, 1991, p. 140). Sem dúvida, esse é um dos meios de que os operadores se servem quando eles trabalham em sistemas deste tipo (não-lineares). As aproximações lineares felizmente são suficientes em situações rotineiras e no curto prazo.

As transformações do agente

Para reduzir a complexidade da tarefa, o agente pode procurar se adaptar notadamente melhorando a sua competência. Uma adaptação "natural" é aquela que resulta da aprendizagem no trabalho e da experiência. Uma outra consiste em melhorar sua competência por uma ação fora do trabalho: formação, re-qualificação etc. Ao melhorar sua competência, o agente reduz a complexidade da sua tarefa. Uma maneira privilegiada para essa redução é a elaboração de unidades de processamento de informação ("*chunks*") cada vez mais amplas. Com a experiência, se elaboram esquemas, entendidos como "*organizações invariantes da conduta para uma dada classe de situações*" (Vergnaud, 1995, p. 9) ou "*unidades elementares de sentido que podem dar conta da atividade*" (Pastré, 1995, p. 66). Esses esquemas evoluem, se enriquecem, se hierarquizam, se articulam e, desta forma, contribuem para reduzir a complexidade. Pode-se dizer que uma tarefa é tão menos complexa para um agente quando ela se insere numa classe para a qual o agente dispõe de esquemas. Esses esquemas funcionam como quadros de assimilação (Rabardel, 1995).

A gestão da complexidade passa igualmente pela auto-avaliação: o agente que se torna mais capaz de avaliar suas possibilidades em relação a uma dada situação consegue gerir melhor a complexidade da tarefa, encontrando as atividades que melhor correspondem, por um lado, às suas competências e aos seus objetivos próprios e, por outro lado, às exigências da tarefa. Esta atividade de auto-análise pode ser fruto somente da experiência ou obtida por uma formação sistemática (Amalberti, 1996; Rabardel, 1995). A auto-avaliação se assemelha à noção de meta-cognição, utilizada para "*designar o conhecimento e o controle que um sistema cognitivo pode ter de si mesmo e do seu próprio funcionamento*" (Chartier e Lautrey, 1992, p. 29), noção que foi muito utilizada nas pesquisas sobre a "remediação cognitiva".

Em um mundo tecnológico em rápida evolução, os agentes são confrontados a tarefas mutáveis como o é, conseqüentemente, a complexidade que eles devem tratar. Os agentes, portanto, devem dispor de instrumentos adaptáveis graças aos quais eles possam controlar rapidamente e sem muito esforço esta complexidade. Para as tarefas ou missões mais ou menos definidas, não se trata apenas de adquirir procedimentos mas, principalmente, de dispor de instrumentos que permitam planejar rapidamente a atividade face às situações imprevistas. Nessas situações, os conhecimentos do tipo declarativo tendem a substituir aqueles do tipo procedural[25]. O agente deverá colocar em prática mais freqüentemente seus conhecimentos declarativos para tratar a complexidade das tarefas imprevistas com as quais ele se depara. É numa perspectiva semelhante que Hollnagel (1993) distingue modelos de protótipo procedural, caracterizados por seqüências de ações predefinidas que se encadeiam para formar um protótipo, e os modelos de controle contextual, para os quais uma ação é determinada essencialmente pelo contexto. Esses modelos, apresentados como duas formas de abordar as atividades estudadas (p. 152), poderiam também ser concebidos como duas maneiras de gerir a complexidade, eventualmente associáveis entre elas.

A gestão da complexidade pode ser mal conduzida e trazer conseqüências nefastas, na medida em que ela vai de encontro à saúde física e mental e prejudica a cooperação no interior dos grupos. Consideremos alguns casos. Uma primeira resposta dada freqüentemente de forma espontânea à complexidade é a aceitação de uma carga de trabalho mais intensa: para responder às exigências da tarefa prescrita, haverá esforços tanto no plano físico quanto mental que, com o passar do tempo, levarão à fadiga ou a distúrbios psicossomáticos. Uma outra resposta, muitas vezes observável em certos trabalhos, é a aceitação de um risco maior. A fim de satisfazer as exigências de uma tarefa complexa, o operador infringe as regras de segurança para ganhar tempo e reduzir certos fatores de complexidade.

Também buscou-se conhecer as características das atividades dos sujeitos confrontados a tarefas complexas. Dörner (1987 e textos posteriores), que trabalhou

---

[25] Em resumo, esta distinção é feita entre conhecimentos relativos às propriedades de um sistema e os conhecimentos sobre os procedimentos de utilização dessas propriedades para obter um dado objetivo. Sobre esta distinção, bem como um análise crítica, ver George (1988).

muito nesta perspectiva, propõe ao sujeito simulações de tarefas em "ambientes complexos, não transparentes e dinâmicos". Uma tarefa consiste, por exemplo, em resolver, com a ajuda de um computador, problemas de administração de uma comunidade. Dörner identificou certos traços típicos das atividades confrontadas aos problemas complexos: tratamentos voltados principalmente aos estados que às tendências, dificuldades de tratar os desenvolvimentos exponenciais, pensamento em termos de séries causais em vez de redes causais etc. Os sujeitos com maus resultados são normalmente caracterizados pelas seguintes atividades: "vagabundagem" temática (passagem de um tipo de questão a outra antes de ter resolvido a anterior), enquistamento (fixação em um ponto de vista), crescente repugnância para decidir, tendência a delegar (confiar as responsabilidades aos outros) etc.

ELEMENTOS PARA A AVALIAÇÃO DA COMPLEXIDADE

O problema da avaliação não será aqui tratado a fundo, mas indicaremos alguns de seus aspectos que contribuem para o esclarecimento da natureza da complexidade.

A complexidade e os instrumentos para tratá-la

O caráter interativo da complexidade, em particular suas relações com a competência, sugere alguns meios de avaliação. Em princípio poder-se-ia avaliar a complexidade a partir das características do sistema de processamento útil. Esta via pode ser encontrada de forma explícita, por exemplo, num estudo de Weill-Fassina (1987). Em referência à teoria dos registros de funcionamento escolhida para analisar a atividade dos sujeitos na compreensão e utilização dos desenhos técnicos, a autora considera que "*pode-se dizer de forma global que um desenho apresenta uma complexidade cognitiva tanto maior quanto mais elaborado for o registro necessário para a sua compreensão*" (p. 650). Pode-se conceber uma avaliação do mesmo tipo com o auxílio de outros modelos hierárquicos da cognição, como aquele, bem conhecido, de Rasmussen (1981, 1994). Todavia, é preciso assinalar que uma tal medida é difícil de ser concebida para as tarefas complexas, que podem ser executadas por meio de diferentes tipos de processamento cognitivo para um mesmo resultado.

Para além da decomposição em elementos

Há muito tempo, a psicologia nos ensinou que o todo não pode ser considerado unicamente como a soma dos fatores que o constituem. A teoria dos sistemas também tem insistido sobre a emergência de propriedades do sistema que não podem ser deduzidas das propriedades dos seus elementos. Apesar disso, a redução analítica reaparece regularmente. Ela se manifesta, por exemplo, nos métodos que tentam calcular a confiabilidade de um conjunto combinando a confiabilidade de seus elementos e isto até mesmo para a atividade humana (conforme uma crítica em

Leplat, 1985). Como observa Hollnagel (1993) "*as tarefas não devem ser analisadas em componentes elementares que possam ser estudados isoladamente (...). As ações humanas não devem ser abordadas isoladamente das outras ações e do contexto da tarefa.*" Este mesmo autor situa esses princípios no interior de uma metodologia de análise denominada "análise da tarefa pelos objetivos e meios", que insiste na noção de pré-condição ou condição que deveria estar presente para que a tarefa seja realizável, o que implica considerar que a ação somente pode ser compreendida se "*tomada como um todo inserido num contexto significativo*" (p. 48).

Esta perspectiva que insiste no papel do contexto é a mesma da ação situada. Ela se harmoniza com a declaração de Ackoff (1972, citada por Le Moigne, 1990, p. 35): "*Os objetos a serem explicados são considerados como partes de totalidades mais amplas, e não como totalidades que devem ser decompostas em partes*", que Le Moigne comenta da seguinte forma: "*perceber doravante o objeto a desvendar como uma parte inserida, imersa, ativa, em um todo maior (precisamente o ambiente), e fazer da inteligência desse ambiente a condição para o nosso conhecimento do objeto.*" (*ibid*, p. 35). A consideração do contexto no qual se desenvolve uma tarefa constitui, assim, um meio de reduzir sua complexidade.

A organização da complexidade da tarefa

O estudo da tarefa coloca inevitavelmente a questão do seu grau de complexidade e do papel de suas modificações. Como avaliar o efeito de uma mudança e o que se perde com a redução da complexidade da tarefa? Alguns elementos para responder a essas questões são encontrados nos estudos sobre a simulação e a formação; mencionaremos rapidamente alguns. "*A simulação, enquanto experimentação sobre o modelo, apresenta bem esse problema. Ela consiste em realizar uma reprodução artificial (modelo) do fenômeno que se quer estudar, em observar o comportamento deste modelo quando variamos experimentalmente as ações que se pode exercer sobre o mesmo, e induzir o que se passaria na realidade sob influência de ações análogas*" (Encyclopædia Universalis). A simulação pode ser do próprio processo cognitivo ou da tarefa: é desta última de que se trata aqui. Neste caso, para o psicólogo, a relação entre o modelo e aquilo que é modelado (o sistema técnico de referência) é definida em função da atividade do operador (Leplat, 1989).

O simulador pode ser concebido como um modelo do sistema técnico simulado. O que é essencial não é a semelhança aparente e externa entre o sistema de referência e aquele que o simula, mas sim a semelhança das atividades que cada um deles suscita e das quais eles são o suporte.

Nos últimos anos foi desenvolvido um método de simulação sob o nome de micromundo (*microworld*). "*Um micromundo é uma simulação pelo computador de um sistema dinâmico complexo, para estudar a resolução do problema e a decisão*" (Brehmer e Dörner, 1990), cuja ambição é de "*preencher o fosso entre o laboratório e o campo*" (*id.* p. 41). Através de um enriquecimento — uma complexificação — desses micromundos, os autores pretendem extrair progressivamente as características essenciais da atividade dos operadores trabalhando em um sistema dinâmico.

Podemos aproximar as concepções da simulação daquelas subjacentes à aprendizagem fracionada ou por partes. As pesquisas sobre esse tema têm sido objeto de um interesse renovado para o estudo da formação para tarefas dinâmicas. As subtarefas do aprendizado fracionado podem ser consideradas como um tipo de simulação na medida em que elas correspondem a componentes da complexidade da tarefa global. A validação dessa decomposição é testada pela contribuição do treinamento nessas tarefas parciais à formação na tarefa global. Os resultados obtidos mostram, entretanto, que os tipos de decomposição pertinentes não são fáceis de serem definidos e pouco dependem da semelhança aparente das tarefas parciais com a tarefa global (Lintern, 1991). Ao contrário, eles dependem de forma significativa do modo de estruturação da tarefa (Weill-Fassina, 1970).

Estando em questão o trabalho em sistemas complexos, existem vários tipos de simulação: estática/dinâmica; parcial/global; validade facial ou não, etc. Da mesma forma, os modos de concepção e do uso da simulação são eles próprios variados: desde simulações definidas pelo projetista até simulações do tipo participativo, elaboradas graças à cooperação entre os projetistas e os futuros usuários.

Ao associar os futuros usuários à concepção do sistema no qual eles trabalharão, melhores ferramentas lhes serão fornecidas para reduzir a complexidade da tarefa. Portanto, a concepção é percebida como uma continuação das simulações se aproximando progressivamente da situação de trabalho. É pertinente aqui a observação de Morin (1990) para quem "*o pensamento da complexidade tem necessidade da integração do observador e do projetista em sua observação e sua concepção*" (p. 102). Em resumo, a passagem do mais complexo ao menos complexo, a dissociação da complexidade em componentes que não a desnaturalizem, envolvem problemas difíceis em relação aos quais os nossos conhecimentos precisam ser melhorados. Deve-se manter permanentemente a preocupação de elucidar os sistemas integrantes por meio dos sistemas complexos nos quais eles estão incluídos ou que eles representam e vice-versa. Da mesma maneira, as tarefas simuladas serão elucidadas pelas tarefas de referência e vice-versa: a compreensão da complexidade está nesta dialética.

CONCLUSÃO

Desta breve incursão no domínio da complexidade, podem-se retirar alguns elementos para responder às questões apresentadas na introdução deste capítulo e extrair alguns ensinamentos.

- **A qualificação de complexo**. O que aprendemos quando qualificamos uma tarefa como sendo complexa? Aceitar o que diz Morin (1990) que "*a complexidade* *é uma palavra problema e não uma palavra solução*" (p. 10), não implica que o qualificativo de complexo seja sem interesse. Quando se diz que uma tarefa é complexa ainda não aprendemos muita coisa, mas seremos incitados a levantar algumas questões cruciais em relação a esta tarefa, e os desenvolvimentos precedentes constituem um guia para esse questionamento. A qualificação de complexo é, em todo caso, um convite para evitar qualquer reducionismo. Dizer que uma tarefa é complexa (e qual a tarefa que pode não ser considerada como tal?) é o mesmo que dizer que seu estudo não se esgota por meio de um só modelo, mas sim que ela pode ser analisada sob diferentes pontos de vista: o problema essencial do estudo da tarefa é justamente a coordenação desses diferentes pontos de vista. A noção de complexidade é, como muitas outras, pouco precisa, tais como fadiga, carga de trabalho, inteligência etc. Destas, muitas vezes queremos nos livrar, mas sempre acabam retornando. São noções-problema, mas que podem ser úteis quando existem vias para ajudar na solução desses problemas.

- **Complexidade e competência**. Estas duas noções formam uma díade privilegiada: toda teoria de competência encontra seu eco na análise da complexidade, assim como toda concepção de complexidade encontra seu eco na teoria da competência. Em ergonomia, pode-se dizer, da mesma forma, que toda a análise da tarefa é correlata àquela do agente que vai executá-la e toda análise da competência do agente não pode ser dissociada da definição das classes de tarefas que ele poderá tratar. Não existe uma ação eficaz sobre a complexidade de uma tarefa sem a análise da competência dos operadores que a ela serão confrontados, assim como não existe uma ação de formação realmente eficaz sem a análise da complexidade da tarefa ou das classes de tarefas para as quais se está formando. É esta análise conjunta da complexidade e da competência que constitui um momento essencial da análise ergonômica do trabalho.
- **A gestão da complexidade**. Para o ergonomista que se dedica ao estudo da atividade, a complexidade da tarefa deve ser considerada em relação à atividade com a qual a complexidade está em relação de co-determinação, na medida em que a complexidade é um dos fatores que condicionam a atividade e vice-versa. Isso indica a importância da gestão da complexidade pelo agente. Com efeito, a complexidade não é um invariante da tarefa e deve ser concebida de maneira evolutiva. É esta evolução que cabe ao operador gerir, atribuindo-lhe o nível de complexidade que ele deseja e que não é, necessariamente, o nível mais fraco. Como vimos, existem vários estilos de gestão dessa complexidade e esta gestão pode desencadear efeitos não desejados e prejudiciais para o indivíduo. É, portanto, tarefa da ergonomia favorecer esta gestão oferecendo ao operador os meios de adaptação da complexidade.

A gestão da complexidade não pode estar limitada à tarefa, no sentido restrito. A tarefa e o agente estão mergulhados num **contexto técnico e humano** que constitui a fonte dos fatores de complexidade. As possibilidades da abertura de tarefa que serão oferecidas ao indivíduo podem ser, mas não necessariamente são, um meio eficaz para ele reorganizar a complexidade da tarefa.

A idéia de **complexidade compartilhada** e de repartição dos conhecimentos necessários à tarefa entre, de um lado, o dispositivo técnico e o ambiente e, de outro lado, o próprio agente, é amplamente aproveitável. É, na verdade, uma idéia tipicamente da ergonomia, subjacente também à concepção de instrumentos de apoio inteligentes, a saber, que o ambiente pode oferecer informações úteis para a ação e que a sua modificação pode diminuir a complexidade da tarefa.

Dizer que a complexidade da tarefa deve ser considerada em relação à atividade quer dizer também que a gestão da complexidade está integrada à gestão da atividade. O agente não visa somente tratar a complexidade, mas se auto-gerir, isto é, assegurar-se de um certo tipo de condição de trabalho, tornar a sua carga de trabalho aceitável, assegurar-se de relações de trabalho agradáveis etc. Essas finalidades acabam modulando a gestão da complexidade, mas às vezes também modificam a sua natureza. Desta forma, a consideração dos conflitos entre os objetivos pessoais e os objetivos da tarefa introduz uma fonte de complexidade, obrigando o agente a hierarquizar seus critérios e a estabelecer compromissos.

- **Os aspectos coletivos da complexidade**. Este capítulo certamente não dedicou o tempo suficiente aos aspectos coletivos da complexidade – isto mereceria um outro texto. Estes aspectos coletivos podem ser abordados de várias maneiras. Pode-se estudar a complexidade da tarefa do grupo e como ele gerencia essa complexidade ou voltar-se à dimensão coletiva da gestão individual. A **cooperação** pode ser concebida como um meio de reduzir a opacidade da tarefa, portanto, sua complexidade. As relações entre a complexidade da tarefa coletiva e a complexidade da tarefa individual constituem um problema que mereceria alguns estudos sistemáticos. Seria igualmente necessário considerar a **complexidade organizacional,** à qual o agente se encontra diretamente confrontado e que, muitas vezes, é um componente da complexidade da tarefa que não pode ser negligenciado. Os trabalhos de Curie oferecem uma boa base para empreender tais pesquisas (Curie e Dupuy, 1994).

- **Complexidade e epistemologia**. A escolha do tema da complexidade para tratar da epistemologia em ergonomia consistiu em um desvio e, limitar esta apresentação ao estudo da complexidade da tarefa para o operador levou, sem dúvida, a negligenciar os problemas epistemológicos típicos colocados pela ergonomia enquanto intervenção. Mas foi também, pelo menos assim o esperamos, com o objetivo de trazer alguma luz sobre a situação de trabalho e sobre a atividade que estão no centro de todo estudo ergonômico. Dentre os temas epistemológicos encontrados, podemos citar as relações entre a tarefa e a atividade, entre a tarefa e o sujeito (associação, complexidade distribuída), entre a complexidade e a competência, a gestão da complexidade, a elaboração da tarefa. A noção de complexidade direciona a atenção para as questões essenciais ligadas às relações "tarefa-operador-atividade": somente algumas dessas questões puderam ser abordadas aqui, mas poderão servir de base para ampliar a reflexão, bem como para a operacionalização das sugestões propostas. Mas a organização das contribuições deste texto numa perspectiva epistemológica mais geral ainda precisa ser feita!

Bibliografia

ACKOFF R. L. A note on systems science. *Interfaces*, 2,4, p. 40-41, 1972.

AMALBERTI R. *La conduite de systèmes à risque*. Paris, PUF, 1996.

ASSENHEIM A. Étude d'un système au travers d'un centre privilégié: un poste de contrôle en cristallerie. *Le Travail Humain*, 32, p. 1-12, 1969.

BAINBRIDGE L., LENIOR T. M. J., VAN der SCHAAF T. W. Cognitive processes in complex tasks: introduction and discussion. *Ergonomics*, 36, 11, p. 1273- 1279, 1993.

BENCHEKROUN T. H. *Modélisation et simulation des processus intentionnels d'interlocution*. Thèse de doctorat. Paris, CNAM, 1994.

BREHMER B. Some notes on the relation between the taxonomy for micro-worlds and the taxonomy for cognitive work analysis. In *Taxonomy for analysis of work domains*. RISO National Laboratory, MOHAWC Project, Vol 3, p. 23-30, 1990.

BREHMER B., DÖRNER D. Experiments with computer simulated micro-worlds: escaping the narrow straits of the laboratory as well as the deep blue sea of the field study. In *Taxonomy for analysis of work domains*. RISO National Laboratory, MOHAWC Project, Vol 3, p. 31-42, 1990.

CHARTIER D., LAUTREY J. Peut-on apprendre à connaître et à contrôler son propre fonctionnement cognitif? *L'Orientation Scolaire et Professionnelle*, 21,1, p. 27-46, 1992.

CURIE J., DUPUY R. Acteurs en organisations ou l'interconstruction des milieux de vie. In C. LOUCHE (Ed.), *Individu et Organisations*. Genève, Delachaux et Niestlé, p. 53-79, 1994.

DEJOURS C. Comment formuler une problématique de la santé en ergonomie et en médecine du travail? *Le Travail Humain*, 58, 1, p. 1-16, 1995.

DE KEYSER V. Fiabilité et expérience. In *Fiabilité et sécurité*, Études de physiologie et de psychologie du travail, n. 7. Luxembourg, Commission des Communautés Européennes, p. 79-140, 1972.

DE KEYSER V. De la contingence à la complexité: l'évolution des idées dans l'étude des processus continus. *Le Travail Humain*, 51, 1, p. 1-18, 1988.

DÖRNER D. On the difficulties people have in dealing with complexity. In J. RASMUSSEN et al. (Eds.), *New technology and human error*. Chichester, Wiley, p. 97-110, 1987.

EKELAND I. *Au hasard. La chance, la science et le monde*. Paris, Éditions du Seuil, 1991.

GEORGE C. Interactions entre les connaissances déclaratives et procédurales. In P. PERRUCHET (s/d), *Les automatismes cognitifs*. Liège, Mardaga, 1988.

GIBSON J. J. *The perception of the visual world*. Boston, Houghton Mifflin, 1950.

GLEICK J. *La théorie du chaos*. Paris, Flammarion, 1989.

GOODSTEIN L.P., ANDERSEN H.B., OLSEN S.E. *Tasks, Errors and Mental Models*. London, Taylor & Francis, 1988.

GRUMBACH A. *Cognition Artificielle*. Paris, Addison-Wesley, 1994.

GUERIN F., LAVILLE A., DANIELLOU F., DURAFFOURG J., KERGUELEN A. *Comprendre le travail pour le transformer.* Montrouge, Éditions ANACT, 1991.

HOLLNAGEL E. (s/d), *The complexity of man-machine system.* Report CRI, Copenhagen.

HOLLNAGEL E. *Human Reliability Analysis Context and Control.* London, Academic Press, 1983.

LE MOIGNE J.-L. *La théorie du système général. Théorie de la modélisation.* Paris, PUF, 3e ed., 1990.

LEPLAT J. *Erreur humaine, fiabilité humaine dans le travail.* Paris, A. Colin, 1985.

LEPLAT J. Task complexity in work situations. In L.P. GOODSTEIN, H.B. ANDERSEN and S.E. OLSEN (Eds.), *Tasks, Errors and Mental Models.* London, Taylor & Francis, p. 105-115, 1988.

LEPLAT J. Simulation and simulators in training: some comments. In L. BAINBRIDGE and S. A. RUIZ QUINTANILLA (Eds.), *Developing Skills with Information Technology.* Chichester, Wiley, p. 277-292, 1989.

LEPLAT J. Activity field in dynamic process control, or what process is controlled. In *Cognitive Science Approaches to Process Control.* Cardiff, University of Wales, 1991.

LEPLAT J. Simulation and generalization in work context. In B. BREHMER (Ed.), *Separate Papers.* RISO National Laboratory, MOHAWC Project, Vol 1, p. 1-14, 1992.

LEPLAT J. , BISSERET A. L'analyse des processus de traitement de l'information chez les contrôleurs de la navigation aérienne. In J. LEPLAT (Coord.) (1993). *L'analyse du travail en psychologie ergonomique.* Toulouse, Octarès Éditions, p. 215-236, 1965.

LEPLAT J., HOC J.M. Tâche et activité dans l'analyse psychologique des situations. *Cahiers de Psychologie Cognitive*, 3, 1, p. 49-64, 1983.

LINTERN G. Instructional strategies. In J.E. MORRISON (Ed.), *Training for Performance.* Chichester, Wiley, p. 167-192, 1991.

MORIN E. *Introduction à la pensée complexe.* Paris, ESP éditeur, 1990.

MORIN E. *La complexité humaine.* Paris, Flammarion, 1994.

NORMAND D.A. *The Psychology of Everyday Things.* New York, Basic Books, 1988.

NORMAND D.A. *Things that make us smart.* Reading, Massachusetts, Addison-Wesley, 1993.

PAILLARD J. Dialogues sensori-moteurs et représentation mentale: un problème d'interface. In Y. SERON (s/d), *Psychologie et Cerveau.* Paris, PUF, p. 19-51, 1989.

PASTRE P. L'évolution du travail et le développement des compétences. *Performances Humaines et Techniques*, "Dossier Compétences", p. 75-76 e 65-68, 1995.

PATRIK J. *Training. Research and Practice.* London, Academic Press, 1992.

PERROW C. *Normal Accidents.* New York, Basic Books, 1984.

PIAGET J. *Biologie et Connaissance.* Paris, Gallimard, 1967.

RABARDEL P. *Les hommes et les technologies.* Paris, A. Colin, 1995.

RASMUSSEN J., LIND M. *Coping with complexity.* Riso Report, Roskilde, Riso National Laboratory, 1981.

RASMUSSEN, J., PEJTERSEN A.M., GOODSTEIN L.P. *Cognitive Systems Engineering.* New York, J. Wiley, 1994.

ROGALSKI J., SAMURÇAY R. Représentations de référence: outils pour le contrôle d'environnements dynamiques. In A. WEILL-FASSINA, P. RABARDEL et D. DUBOIS (s/d), *Représentations pour l'action.* Toulouse, Octarès Éditions, p. 183-207, 1993.

ROTH E.M., WOODS D.D. Aiding human performance. I: Cognitive analysis. *Le Travail Humain*, 51, 1, p. 39-64, 1988.

RUELLE D. *Hasard et chaos.* Paris, Éditions Odile Jacob, 1991.

SIMONDON G. *Du mode d'existence des objets techniques.* Paris, Aubier- Montaigne, 1969.

SUCHMAN L.A. *Plans and situated actions.* Cambridge University Press, Cambridge, 1987.

VERGNAUD G. La théorie des champs conceptuels. *Recherches en Didactique des Mathématiques*, 10, 23, p. 133-170, 1991.

VERGNAUD G. Introduction. *Performances Humaines et Techniques*, "Dossier Compétences", p. 75-76, 7-12, 1995.

VICENTE K.J., RASMUSSEN J. Ecological interface design: theorical foundations. *IEEE Transactions of Systems, Man and Cybernetics*, 22, 4, p. 589-606, 1992.

WEILL-FASSINA A. La planification des actions d'apprentissage: apprentissage global et apprentissage fractioné. In J. LEPLAT, C. ENARD et A. WEILL-FASSINA, *La Formation par l'Apprentissage.* Paris, PUF, p. 13-43, 1970.

WEILL-FASSINA A. Complexité figurale et complexité opératoire dans la compréhension et l'utilisation de graphismes techniques. *Bulletin de Psychologie*, XLI, 386, p. 645-653, 1987.

WOODS D.D. Coping with complexity. The psychology of human behavior in complex systems. In L.P. GOODSTEIN, H.B. ANDERSEN and S.E. OLSEN, (1988), *Tasks, Errors and Mental Models.* London, Taylor & Francis, p. 128-148, 1988.

ZHANG J., NORMAN D.A. Representations in distributed cognitive tasks. *Cognitive Science*, 18, p. 87-122, 1994.

O TRABALHO E A ABORDAGEM ERGONÔMICA

GILBERT DE TERSAC
Sociólogo
Diretor de Pesquisas no LAAS-CNRS e no CERTOP,
Universidade de Toulouse Le Mirail

BRUNO MAGGI
Especialista em Teoria da Organização
Professor na Universidade de Bolonha, Itália

Tradução de
ISABELLA FRANCISCA FREITAS GOUVEIA DE VASCONCELOS
Doutora em Administração pela HEC/França
Professora do Departamento de Administração da FGV/EAESP
e da Universidade Presbiteriana Mackenzie

LEILA NADIM ZIDAN
Engenheira
Pesquisadora em Ergonomia

MÁRCIA WAKS ROSENFELD SZNELWAR
Administradora de Empresas
Pós-graduada em Economia da Educação (DEA)
Designer gráfica

MARIA JOSÉ TONELLI
Psicóloga
Mestre e Doutora em Psicologia Social pela PUC/EAESP
Professora do Departamento de Administração da FGV/EAESP

INTRODUÇÃO

O trabalho é um conceito complexo não só porque suas práticas variam de uma situação a outra, mas também porque seu sentido varia ao longo do tempo e de uma sociedade para outra. Além disso, ao codificar esta realidade, as Ciências Humanas e Sociais pré-determinaram aquilo que poderia ser pensado e a maneira de se pensar.

A ergonomia (de língua francesa) aparece como uma tentativa de buscar e articular os conhecimentos obtidos de campos científicos distintos. De um lado ela conserva a marca de suas origens científicas e de suas origens sociais e institucionais e, de outro, ela se constrói sobre uma revisão das perspectivas do modelo clássico, como bem indicam suas proposições fundamentais.

Entretanto, para bem compreender a medida desta revisão, é necessário percorrer as diferentes correntes epistemológicas das Ciências Sociais, por meio das quais a ergonomia se insere neste debate. Se, de fato, ela parte do modelo clássico, então se libera do quadro de dependência taylorista? A reflexão sobre a estruturação do trabalho, apresentada a seguir, permitirá esclarecer a posição da ergonomia e extrair as conseqüências positivas desta mudança de perspectiva.

O TRABALHO: UMA NOÇÃO RELATIVA?

Na tradição da Sociologia do Trabalho, tal como ela se apresenta no *"Traité de Sociologie du Travail"*, dirigido por Friedman e Naville (1962), o trabalho é não só uma característica humana, mas o traço fundamental de toda a sociedade, o elemento que "ordena" as sociedades. Mas, seria o trabalho, ainda hoje, o grande organizador das atividades humanas e o princípio de desenvolvimento das sociedades modernas? Como interpretar este paradoxo de uma incontestável evolução de nossa sociedade que se volta contra seus membros? Estas questões não podem ser resolvidas por respostas unívocas: elas exigem que se retorne à noção de trabalho, bem como à análise conjunta das práticas e das abordagens que lhe concernem. Vale observar, de passagem, a profusão dos colóquios, das revistas e das obras que tratam desta noção (de Coster e Pichaut, 1994; Hall, 1994; Reskin e Padavic, 1994; Stroobants, 1993; para citar apenas as obras mais recentes de Sociologia do Trabalho).

O trabalho pode ser analisado de várias maneiras: seja a partir de dados concretos, vistos sob o prisma de categorias ou conceitos definidos *a priori* que presumidamente englobariam todas as realidades concretas; seja a partir da análise de práticas e pela reconstituição do ponto do vista dos interessados, a partir da explicitação de suas representações. Tanto uma abordagem ascendente como uma descendente não são suficientes porque, de um lado, o trabalho reflete uma configuração singular de uma sociedade em um dado momento e, de outro, a própria noção de uma construção social que repousa sobre a codificação das práticas e exclui totalmente certas realidades, por meio das quais estas práticas revelam outras. É necessário (1.1) considerar a diversidade das práticas, (1.2) voltar-se para as diferentes maneiras de olhar o trabalho ao longo dos tempos e (1.3) explicitar o que esta noção torna visível e oculta.

A diversidade de práticas do trabalho segundo as sociedades

Uma primeira observação refere-se à diversidade de práticas no trabalho ao olhar das sociedades nas quais estas práticas se desenvolvem. Pode-se ilustrar esta diversidade, por exemplo, ao se ponderar sobre aquilo que é considerado como trabalho nas sociedades tradicionais e nas sociedades industriais. Dependendo da concepção que se faz do trabalho em cada sociedade, é possível perceber uma diversidade de práticas que se desenvolvem dentro de estruturas sociais que lhe dão significação.

Balandier e Mercier (1962) caracterizam o trabalho nas sociedades tradicionais por meio da noção de "trabalho costumeiro". Trata-se de um trabalho essencialmente agrícola, que comporta uma fraca divisão do trabalho e pouca especialização: "em grande parte, ele é completo". O trabalho, nestas sociedades, se desenvolveu dentro de uma estrutura social particular que lhe dava o seu sentido: o trabalhador não agia como um indivíduo, mas como membro de um grupo de parentesco, dentro de uma rede territorial e com obrigações no interior deste grupo. Esta concepção de trabalho assegura uma continuidade entre as atividades de trabalho, os ritos e todos os modos de ação, baseados no respeito aos anciãos e na consideração aos outros.

O trabalho nas sociedades industriais, ao contrário, se desenvolve num "meio técnico" que se opõe ao "meio natural". Segundo Friedman (1963), no meio técnico o trabalho é de responsabilidade das máquinas e o que resta é fragmentado e parcelado, devido à forte divisão do trabalho. A separação entre o "pensamento" e a "execução" tem por conseqüência a despersonalização, a consciência de "jamais poder terminar uma tarefa", "de estar desprovido de participação" e, sobretudo, de estar "privado da obrigação da aprendizagem": trata-se de um "trabalho em migalhas", segundo a expressão de Friedmann (1956). O trabalho se desenvolve numa estrutura social que tem por base a organização e a institucionalização da dicotomia entre o "meio de execução" e o "meio de poder". Esta dicotomia tem fortes conseqüências sobre a cooperação na indústria e sobre a integração dos indivíduos na sociedade. O trabalho está baseado numa concepção que separa a decisão da execução: o assalariado recebe ordens, cuja elaboração é feita à sua revelia e às quais ele deve obedecer estritamente, qualquer que seja o setor de sua atividade (Friedmann, 1962).

O sentido da noção de trabalho varia ao longo do tempo

Também é possível considerar que o conceito de trabalho varia no interior de uma mesma sociedade, como indica: a) a evolução da concepção de trabalho centrada na produção de bens ou na subsistência, no decorrer do século XX e; b) a noção de trabalho que evolui de pena e sofrimento para uma concepção de atividade produtiva dentro de uma relação social hegemônica, a do assalariado.

Lalive d'Epinay (1994) mostra que o próprio sistema cultural engloba as práticas de trabalho, a ponto de o tornar o "filamento principal da ligação social"; o autor indica que, todavia, no decorrer de um século, as significações e os valores do trabalho evoluíram: passa-se de uma concepção na qual prevalecem o direito e o dever do trabalhador a uma concepção em que o direito refere-se ao desenvolvimento pessoal, para se chegar, enfim, a uma concepção mais fragmentada, na qual o trabalho é desmistificado. O trabalho: (a) está envolvido no início do século XX numa moral de dever e sacrifício; (b) no período de crescimento ("Os Trinta Gloriosos") ele está associado, de um lado, a uma moral de desenvolvimento pessoal e, de outro, à contestação da ordem industrial que conduz à "afirmação do princípio de solidariedade (e à) construção do estado social"; e, enfim, (c) no período de globalização e de reestruturação da economia, o trabalho é desmistificado: na sociedade pós-industrial, a missão social do trabalho é substituída por um crescente ceticismo, face ao número de excluídos e marginalizados, o que nos obriga a rever o significado do trabalho hoje em dia. Para o autor, o trabalho não cessa de ser objeto de controvérsias: "o próprio trabalho, no entanto, não perdeu sentido e valor. Ele é reinterpretado em função do novo "modelo cultural" dominante [...]: o *ethos* do desenvolvimento pessoal". Se de um lado o trabalho continua tendo seu lugar no projeto de vida, por outro lado, "do alto para a base da pirâmide social aumenta a distância entre o que se espera do trabalho e aquilo que se recebe do emprego. O trabalho hoje em dia, não tem um valor em si, a não ser para aqueles que extraem do seu exercício formas de realização" (Lalive d'Epinay, 1994).

Esta variação do sentido reaparece quando se considera períodos mais longos, como atesta o conceito de trabalho na língua francesa. Como indica o "*Le dictionnaire historique de la langue française*"(Rey, 1995), o trabalho está (a) inicialmente (1080), associado ao sofrimento e à fadiga: a noção resulta do latim "*tripaliare*" que significa atormentar e torturar com o "*tripalium*", que é o nome de um instrumento de tortura. No século X, a concepção de trabalho como sofrimento se estende para o condenado que é torturado ou à mulher confrontada com as dores do parto. Em seguida, (b) o trabalho está associado à noção do esforço de realização: é a idéia de uma transformação adquirida por esforço; fazer todos os esforços para se obter um resultado. No século XIII, o trabalho está associado ao exercício de um ofício: esta concepção não se aplica somente às atividades produtivas, mas também ao conjunto de papéis e funções tais como elas são distribuídas em uma sociedade, em um dado momento. Enfim, (c) é somente no século XVII (1600) que a noção torna-se um sinônimo das atividades produtivas e daquelas atividades cotidianas que nos permitem sobreviver. É no século XVIII, na Europa, que esta noção aparece para designar as atividades produtivas que conferem aos objetos um valor de uso e um valor de troca e que tais atividades se desenvolvem dentro de uma estrutura de relações sociais que tendem a se tornar hegemônicas: o assalariado torna-se a própria estrutura de organização de suas atividades. Mais tarde (ao redor de 1800), a noção se estende à atividade de uma máquina ou à ação de uma causa natural que resultará numa transformação (o trabalho do tempo; o trabalho do luto).

O trabalho para quem? Uma codificação que designa e exclui certas realidades

A noção de trabalho é, no mínimo, uma noção ambígua, se a julgarmos por aquilo que ela designa ou por aquilo que ela exclui: ainda que tenha existido em qualquer sociedade a maneira pela qual o trabalho é definido e julgado varia consideravelmente de uma sociedade para outra. Do ponto de vista do antropólogo Chamoux (1994), a noção de trabalho não é universal, uma vez que algumas sociedades não a utilizam ou a reservam para certas atividades penosas e, mesmo, para as atividades que exigem um saber-fazer técnico, o uso de ferramentas. Em outras sociedades, a noção designa não somente as atividades que exigem esforço, mas também a obra. Algumas ainda englobam, além das atividades físicas e intelectuais, o fato de pensar. E, além da variabilidade de realidades que ela engloba, a noção de trabalho também se opõe a diversas formas de atividade.

Nas nossas sociedades, o trabalho designa, ao mesmo tempo, uma relação social particular e uma maneira de designar uma construção social: ao mesmo tempo que esta construção desvela a lógica sobre a qual ela repousa, ela mascara o arbitrário desta lógica, a qual fica, deste modo, naturalizada. Como aponta Freyssenet (1994) o conceito de trabalho é um conceito historicamente datado, enquadrado pela produção econômica, ainda que cada sociedade reserve um significado particular à reprodução material e atribua ao trabalho tanto um valor positivo como um valor negativo. Para uns, ele se reduz à reprodução material e se torna, ao mesmo tempo, o princípio fundador e universal de toda a sociedade e, neste caso, ele sempre existiu; para outros, ele está somente inscrito na esfera econômica e apenas aparece com o desenvolvimento do negócio e da industrialização e, nesta concepção, de atividade organizada e remunerada, ele é mais recente. Nos dois casos, ele tem autonomia em relação às outras esferas, como a política ou a família, como se o trabalho fosse só fabricação, o que excluiria as atividades simbólicas, de comunicação ou de concepção; nesta última acepção, as pesquisas mostram que a concepção é uma atividade ordenada por regras e contratos, ao mesmo tempo que ela visa estruturar espaços de ação determinados (de Terssac e Friedberg, 1996).

Além disso, o trabalho é uma noção que, do ponto de vista jurídico, está reduzido à categoria de uma unidade de medida que perde de fato a sua unidade e seu sentido para a pessoa que trabalha. Com efeito, esta noção contém uma divisão insustentável tendo, de um lado, uma grande variedade de atividades ditas de trabalho (mas cuja utilidade social ainda precisa ser demonstrada) e, de outro, as atividades ditas de não trabalho, visto que elas estão fora da esfera mercantil e que elas se desenvolvem fora do contrato de trabalho, e mesmo simplesmente fora dos locais habituais de trabalho. O trabalho está reduzido ao trabalho remunerado: são consideradas como trabalho somente aquelas atividades que entram no contrato de trabalho e que são exercidas no cenário de condições espaciais e temporais fixadas no contrato de trabalho. De fato, como mostra Soupiot (1995) esta perspectiva conduz "a uma oposição binária entre os tempos de trabalho, assimilada a um tempo de subordinação e o tempo livre, assimilado a um tempo de inatividade". O trabalho está, portanto, reduzido à medida da execução do contrato de trabalho: sua definição, no cenário jurídico, permite delimitar o domínio do empregador sobre o assalariado e de medir a natureza da contribuição do assalariado. Nesta definição, exclui-se o trabalho de reprodução, quer dizer, todo o trabalho doméstico, a educação das crianças, o trabalho de formação, os trajetos etc. Por trás desta oposição, afrontam-se duas maneiras de ver o trabalho: o trabalho do ponto de vista daqueles que o definem ou controlam e o trabalho do ponto de vista daqueles que o vivem. Para o empregador, o trabalho do assalariado termina assim que este não está mais à sua disposição. Mas, do ponto de vista do assalariado, o trabalho prossegue, na medida em que atividades obrigatórias contaminam seu campo de ação.

O trabalho como configurações singulares: outras realidades, outros olhares

É certo que o trabalho permanece como um domínio de análise fecundo: a análise de suas práticas permite inventar novas categorias ou propor novos princípios de interpretação. Mas não devemos também submeter à crítica as categorias que utilizamos? Pois, ao "formatar" a realidade, são introduzidas "formas" que pré-determinam aquilo que pode ser pensado e que ocultam os significados que os interessados lhe atribuem. Uma atenção particular deveria ser dada às vivências do trabalho e aos sistemas de valor que "qualificam oficialmente" (Chamoux, 1994) certas tarefas como penosas e outras como de valor. Compreender as novas formas de trabalho não seria também compreender as modalidades de gestão dos trabalhadores e da estruturação dos empregos, bem como a articulação entre as representações e o modo de vida? Em suma, substituir uma visão normativa por uma análise de práticas plurais, que fazem do trabalho um domínio de significados múltiplos, resultando em formas de organização singulares. Ao mesmo tempo em que as realidades tornam-se mais variadas, os olhares sobre essas realidades mudam: nas análises sobre o trabalho, a diversidade das práticas e a necessidade de considerar as situações de emprego estão colocadas em primeiro plano; além disso, a noção de situação de trabalho é completada pela análise das trajetórias e biografias individuais ou coletivas. Enfim, a noção de trabalho é cada vez menos considerada como um dado, e cada vez mais como uma construção social, um produto da ação individual e coletiva.

A. **Um olhar sobre a diversidade dos mundos do trabalho.** Hoje em dia não é mais possível referir-se a um modelo único e normalizado, estabelecido no período de crescimento, nem mesmo de se satisfazer com relações supostamente estabelecidas entre a formação, o trabalho e o emprego. Trata-se de considerar a diversidade dos "mundos sociais do trabalho" (Francfort, Osty, Sainsaulieu *et al.*, 1995). Diversidade do trabalho que é, primeiramente, para uns, programada, estável, coerente, e para outros é dividida entre diversos "pequenos bicos", entrecortados por períodos de não trabalho e de formação. Além disso, é necessário também abarcar a diversidade das situações de emprego, garantido e baseado em uma progressão contínua para uns e, descontínua e precária para outros; como mostram Maruani e Reynaud (1993), a análise das situações de emprego é fundamental para compreender como as normas e as regras de construção do mercado de trabalho produzem clivagens, hierarquias e exclusões: "As modalidades de acesso ao mercado de trabalho, as condições e *status* do emprego constituem inúmeras linhas de divisão entre as diferentes categorias de pessoas em atividade [...]. O acesso desigual ao mercado de trabalho, a legitimidade desigual para se ter um emprego, são construídos sobre a base de hierarquias sociais – hierarquia de classe, de idade, de sexo, de origem étnica". Diversidade também de contextos segundo o *status* da empresa (pública ou privada), sua história e sua trajetória, segundo a natureza de suas atividades ou de sua posição na visão do mercado; diversidade, enfim,das características de grupos de atores ou de suas estratégias em função da idade, sexo, nível de formação etc.

B. Um olhar sobre as trajetórias e as biografias profissionais. A situação de trabalho não é o único fator de determinação das práticas do trabalho; é necessário considerar também o encaminhamento feito, o itinerário percorrido, a experiência adquirida, a identidade profissional construída pois estes têm um valor explicativo que orienta a análise sobre os destinos individuais, sobre a rede de relações estabelecidas ao longo de uma carreira, sobre as arbitragens profissionais que freqüentemente têm sua origem na família. Seria então necessário abandonar o esquema explicativo organizador da situação de trabalho como se fosse o único fator de determinação das práticas de trabalho? Como mostra Tripier (1991), o encaminhamento feito, o itinerário percorrido, a identidade profissional construída, a experiência adquirida têm um valor explicativo concorrente e tão legítimo como aquele atribuído ao conceito de situação de trabalho. Além disso, o foco deve ser dirigido também para os destinos individuais, para as relações estabelecidas ao longo de uma carreira e para as arbitragens profissionais que têm sua origem na família. Trata-se de repensar as categorias de análise, como tem sido feito atualmente a propósito das próprias relações sociais de sexo: trata–se de introduzir a dimensão sexuada para pensar a lógica das relações homens-mulheres, considerando esta dimensão como um cenário fundamental na análise da construção das relações sociais.

C. Um olhar sobre o trabalho como uma ação coletiva dentro de um contexto estruturado. O trabalho é cada vez menos considerado como uma realidade já constituída, diante da qual o indivíduo deve se submeter: com certeza ele se constitui como uma realidade estruturada, construída por decisões que não são irreversíveis e que não se impõem por elas mesmas. O trabalho é uma ação finalizada, estruturada por regras que definem um conjunto de obrigações que são, por sua vez, submetidas às pessoas que trabalham: uma ação coletiva por meio da qual os indivíduos vão cooperar para obter um certo resultado, dentro de condições dadas. Esta ação se desenrola em um contexto estruturado por dispositivos, regras e normas que constituem seus constrangimentos. Este universo de constrangimentos define um espaço de ação: este pode ser pertinente e levar os indivíduos a desenvolver suas ações sem questionar o cenário de ação pré-definido ou, ainda, o cenário de ação pode ser questionado se ele for considerado por demais constrangedor (de Terssac et Lompré, 1996; Friedberg, 1993).

A ordem de ação do trabalho pode ser pré-definida, mas isso não muda o fato de que a ordem final será sempre diferente. Trata-se de uma dualidade da ordem de toda a ação social e coletiva que é estruturante e estruturada (Maggi, 1984, 1990, 1996a, de Terssac e Maggi, 1996).

A partir desse olhar, é preciso reter que a ação de trabalho é feita em contextos estruturados, ao mesmo tempo que o curso da ação estrutura o contexto. Não reencontramos na perspectiva da ergonomia esta mesma perspectiva de dualidade das ordens na ação do trabalho? O próprio projeto da ergonomia não é ter o conjunto destas duas formas de realidade, conforme bem resume o título da obra de Guérin *et al.* (2001) "Compreender o trabalho para transformá-lo: A prática da ergonomia"*.

O TRABALHO PARA A ERGONOMIA E O TRABALHO DO ERGONOMISTA

Encontra-se no cerne da ergonomia pensar conjuntamente a dualidade das formas de ação: nossa hipótese é que a ergonomia não pode prescindir de seu projeto, isto é, o de considerar em conjunto a ordem da realidade no que se refere às ações correntes (as ações cotidianas ou ordinárias do trabalho) e a ordem da realidade das ações estruturantes, no que se refere à própria definição do trabalho. Se esta é a maneira correta de ver a ergonomia, então podemos deduzir as conseqüências: a ergonomia não pode ser reduzida a uma justaposição de práticas (de conhecimento e de transformação), nem mesmo a uma combinação daquelas duas práticas consideradas como independentes: antes de tudo porque as duas práticas não são dissociáveis, a não ser que se coloque em risco o projeto da ergonomia. A ergonomia atinge este objetivo? Ela resgata todas as conseqüências de seu projeto?

Inicialmente, é conveniente restituir à ergonomia sua inscrição científica, social e institucional para compreender as condições de emergência de um projeto: na verdade, um projeto mostra o objetivo a ser atingido e constitui um referencial e, até mesmo, um cenário de avaliação ou de certificação de práticas, mas o projeto também traz a marca de sua história, os traços das controvérsias científicas, sedimenta exclusões e institucionaliza alianças. É exatamente esta complexidade que nos parece estar no centro da ergonomia (2.1). Em seguida, caracterizaremos o projeto da ergonomia por meio de suas proposições fundamentais, que atingem precisamente esta distinção. Além disso, discutiremos também a articulação entre a tarefa e a atividade. E isto não nos levaria de volta às duas ordens das realidades evocadas? É o que nós tentaremos mostrar (2.2.).

---

* Publicado na França em 1991, sob o título "*Comprendre le travail pour le transformer, la pratique de l'ergonomie*", Lyon, ANACT.

O trabalho para a ergonomia

A. O trabalho e a complexidade: um enigma a ser resolvido

- O trabalho é um objeto complexo. Antes de mais nada (a) porque o trabalho não é uma descoberta recente da humanidade: isto implica reencontrar o vínculo entre o discurso sobre o trabalho e a maneira como cada sociedade o descreve, o pensa e o avalia. Além disso (b) trabalho é um objeto complexo porque é, incontestavelmente, um objeto multidimensional. O conceito de trabalho pode ser abordado, como indica o historiador do trabalho, Jaccard (1960), de várias maneiras, dependendo da dimensão considerada: a dimensão econômica que remete às atividades de subsistência; a dimensão psicológica de criação ou de realização de si mesmo; e a dimensão social que remete à cooperação, à inserção na sociedade ou à busca de solidariedade. Enfim, (c) o trabalho é um objeto complexo pois se trata, ao mesmo tempo de uma noção abstrata e de uma variedade de práticas, o que nos impede de adotar um ponto de vista único e normativo: o conceito genérico se desdobra em uma grande variedade de experiências singulares. O trabalho pode ser definido por meio da análise das atividades, mas também através das representações que os homens elaboram e por meio das idéias sobre o trabalho que eles têm. Se esta noção é objeto de tantos debates é, sem dúvida, em decorrência de sua ambigüidade de origem: o homem obtém sua existência por meio do trabalho, ao mesmo tempo em que ele sonha de se liberar. O trabalho está, por um lado, marcado pela infâmia e manchado de valor negativo, quando associado à generalização da escravidão, à ruína do artesanato ou à exclusão social característica das sociedades industriais. Por outro lado, o trabalho está marcado por um valor positivo na tradição bíblica e nos discursos ideológicos de progresso, ele é o fundamento da vida social, o princípio da existência do indivíduo e a condição do progresso social.

- O trabalho é um objeto que não pode ser abarcado por uma única disciplina. Seja enquanto uma atividade recorrente e comum a toda sociedade, seja enquanto um objeto multidimensional, ou ainda, enquanto valor ou como um objeto de julgamento pelos sujeitos que o vivem ou refletem sobre o trabalho; o conceito de trabalho convoca um largo espectro de disciplinas, das quais não faremos aqui uma lista, por medo de esquecermos alguma. Para nos convencermos, bastaria pegar os trabalhos feitos a propósito da profissão de "tipógrafo" e mostrar que inúmeras disciplinas fizeram dela, a um certo momento, seu campo de estudos. A análise dos estudos deste campo seria particularmente interessante, tanto para compreendermos a articulação das disciplinas entre elas como para compreendermos a articulação entre as questões científicas e as questões sociais. Admitindo esta posição há duas conseqüências, de um lado isto significa que "o trabalho" é um universo de conhecimentos fragmentados, uma vez que são produtos de disciplinas científicas distintas; de outro lado, significa que nenhuma disciplina tem o monopólio do objeto "trabalho" ainda que o processo de produção de conhecimento leve, cada disciplina, a especificar seu objeto, a delimitar as fronteiras de sua área, a constituir comunidades eruditas e a proceder generalizações: em todos os casos permanece a questão da articulação e da agregação dos conhecimentos do "trabalho".

- O enigma da complexidade do trabalho não seria o problema central da ergonomia? As ciências do trabalho, que nós poderíamos limitar às ciências humanas e sociais que associam à sua disciplina a palavra "trabalho", não escapam a uma certa tradição de reflexão sobre o trabalho. Esta tradição complexa tem, pelo menos no discurso erudito, duas entradas possíveis: uma reflexão sobre o trabalho como realização ou como atividade exercida por homens e mulheres e uma reflexão sobre o trabalho como fato social, que faz do trabalho um objeto intermediário que media a relação entre o indivíduo e a sociedade. A ergonomia nos parece particularmente ancorada nesta tradição de pensamento sobre o trabalho; de um lado, porque a complexidade é, ao mesmo tempo, o resultado das análises que ela produz e ponto de partida da sua reflexão, e ainda, se quisermos, o enigma a ser resolvido. De outro lado, porque ela se apresenta não como uma disciplina específica, mas como uma espécie de metadisciplina, que convoca numerosas disciplinas para resolver o enigma da complexidade.

B. O trabalho para a ergonomia: inscrição múltipla e projeto comum?

A reflexão sobre o trabalho em ergonomia não escapa à tradição de complexidade evocada anteriormente, à qual soma-se a própria história da ergonomia. Esta história precisa ser elaborada, ainda que a obra de Wisner (1995), a reflexão coordenada por Clot (1996), ou os trabalhos reunidos por Leplat (1992, 1993) sejam importantes referências. A ergonomia, como toda a disciplina, carrega em si as marcas de suas origens, que a inscrevem (1) nos campos científicos, (2) nas formações sociais e (3) nas instituições e comunidades científicas.

1 As origens científicas da ergonomia devem ser procuradas, segundo Wisner, na fisiologia e até mesmo na física. Na sua "aula inaugural", pronunciada em 1966, Wisner (1995) mostra que a reflexão sobre o trabalho do homem é, de um lado, antiga e, de outro, que ela foi elaborada no cenário da física, antes de se inscrever dentro de um cenário fisiológico. É o trabalho de Coulomb sobre a força dos homens, redigido no fim do século XVIII, que constitui o ponto de partida desta reflexão científica. Esse ponto de origem é de grande importância, em primeiro lugar porque indica um encadeamento dos conhecimentos que se acumulam num processo complexo, ao mesmo tempo que conserva a marca de suas origens e, em segundo lugar, porque ele torna pouco pertinente a tese segundo a qual a reflexão sobre o trabalho teria a sua fonte de origem em Taylor. Do mesmo modo, conforme ressalta Vatin (1996), as ciências do trabalho (e notadamente a psicologia do trabalho na França), foram constituídas no começo do século XX, sem conhecer os trabalhos de Taylor. Em compensação, "quando eles (os primeiros psicólogos franceses do trabalho) tomaram conhecimento, eles os criticaram por

sua fraqueza metodológica, opondo-lhes as suas próprias medidas psicofisiológicas do trabalho e de seus efeitos sobre a saúde"(Vatin, 1996). Para a sociologia, sem dúvida, o mérito é de Friedmann (1947, 1956, 1963), por ter mostrado, desde o começo de seus trabalhos e sem ambigüidades, os limites científicos da abordagem pretensamente científica de Taylor.

2 Além disso, a ergonomia carrega a marca de suas origens sociais, em especial do lugar que essa disciplina assume nas sociedades nas quais ela se desenvolveu. A história dos conceitos de uma disciplina não estaria ligada à história social, que faz com que essa disciplina tenha um certo papel a desempenhar? A ergonomia não escapa às suas diversas origens geográficas, sociais e culturais. Como nos lembra de Montmollin (1990), há duas correntes: a corrente americana, que considera a ergonomia como "a utilização das ciências para melhorar as condições do trabalho humano" e a corrente européia, que considera a ergonomia como "o estudo específico do trabalho humano, visando a sua melhoria". Wisner (1995) leva ainda mais longe esta análise, ao demonstrar que existe realmente uma ruptura nas práticas da ergonomia, dependendo do fato de que esta prática limite-se ou à experimentação e modelização do comportamento ou à análise das situações concretas. Ele escreve a este propósito: "Muitos dentre nós conservam, de maneira mais ou menos consciente, uma concepção positivista da ciência que os leva a se dizerem partidários da experimentação e da modelização *a priori*. Entretanto, para ter sucesso nas suas práticas profissionais, eles se preocupam com o que acontece na realidade e tentam compreender as razões dos comportamentos dos operadores, em situação real". E o autor conclui: "De fato, eles fazem um deslize epistemológico significativo, mas, em parte, clandestino".

3 Enfim, a ergonomia carrega a marca das instituições e dos atores que a defendem ou que a ela se opõem. A ergonomia européia, que nós limitaremos à ergonomia de língua francesa, é um campo de práticas diversificadas: para uns, é uma tecnologia que opera conhecimentos (Leplat, 1980), a saber, uma tecnologia "de comunicação entre os sistemas homens-máquina" (de Montmollin, 1967); para outros, é uma disciplina (Sperandio, 1984) e, até mesmo, uma multidisciplina (Cazamian, 1973). Ainda na "aula inaugural" de 1966, Wisner (1995), faz a seguinte consideração: "enquanto a fisiologia do trabalho tem a finalidade de uma ciência, isto é, a melhor compreensão do mecanismo [...], a ergonomia apresenta-se mais precisamente entre as tecnologias. Ela busca conhecer, dentro de que limites, o Homem, colocado numa determinada situação, encontra-se num estado que seja conveniente para seu conforto e a sua eficácia, sem que conheça necessariamente as causas profundas". Para Cazamian (1973), ao contrário, a ergonomia seria uma metadisciplina e o autor explicita esta concepção da ergonomia como multidisciplina: "Eu propus esta definição de ergonomia: estudo multidisciplinar do trabalho humano, que tenta descobrir as leis, para melhor formular as regras. E ergonomia [...] é, portanto, conhecimento e ação; o conhecimento é científico e se esforça por alcançar modelos explicativos gerais; a ação visa adaptar melhor o trabalho aos trabalhadores".

4 A diversidade das origens da ergonomia permitiria um projeto comum? Constatemos que não há uma concepção única de ergonomia de língua francesa. Sem poder explicitar aqui o que se opõe nestas diferentes concepções, vale considerar que somente uma história da ergonomia permitiria compreender o que esteve em jogo no afrontamento entre estes dois pontos de vista. Ainda que a ergonomia não seja uma ciência — pelo menos é o que diz o discurso científico — não resta dúvida de que a diversidade das práticas apresenta traços comuns: um objeto e um objetivo que constituem o projeto da ergonomia e o seu menor traço de união. O objeto é a análise da pessoa que trabalha e o objetivo é a adaptação do trabalho ao homem. Este enunciado liminar necessita um momento de reflexão para compreendermos a especificidade desta abordagem.

De um lado, a ergonomia recompõe os saberes em migalhas. De fato, ela estuda o homem que trabalha de um ponto de vista interdisciplinar. Para Sperandio (1984), "a ergonomia é uma disciplina científica um pouco particular. Ela é constituída de várias disciplinas, de maneira mais exata, por partes de disciplinas que concorrem ao conhecimento científico do homem no trabalho, sob diversos aspectos fisiológicos, psicológicos, sociológicos e médicos do trabalho humano". De um lado, ergonomia combina saberes disciplinares e esta recomposição tem uma finalidade, uma vez que ela visa explicar as práticas de trabalho e, portanto, só retém o que é pertinente para a explicação. De outro lado, a ergonomia contribui para transformar as situações de trabalho. Ela visa "à adaptação do trabalho ao homem" (Sperandio, 1984). Mesmo que este objetivo não seja incompatível com a adaptação do homem ao trabalho, especialmente pela formação, um estudo será qualificado de ergonômico, se ele visar, explicitamente, a adaptação do trabalho às diversas características dos homens em questão, "quer dizer o arranjo concreto das ferramentas, dos postos de trabalho e dos sistemas homens-máquinas, do ambiente e da organização do trabalho bem como todos os meios técnicos utilizados". Em decorrência, a questão dos critérios, para decidir sobre uma melhoria, se acha aqui engajada; mas seriam estes critérios os mesmos para o engenheiro, para o analista e para a pessoa que trabalha? Seguramente não, mas é importante notar que os conhecimentos produzidos têm como finalidade este objetivo geral de melhoria, objetivo decomposto, de um lado, entre os aspectos materiais e de outro, na organização do trabalho.

O trabalho da ergonomia

A. As proposições fundamentais da ergonomia: três inversões de perspectiva

Evidentemente não é fácil apresentar as proposições fundamentais da ergonomia, visto que nós acabamos de indicar a existência de uma pluralidade de práticas e a heterogeneidade da base sobre a qual se desenvolveu a ergonomia. Portanto, parece-nos que existem proposições fundamentais entendidas não apenas como princípios unificadores e normalizadores, mas também como proposições discutíveis. Se existe um ponto de consenso na ergonomia, este seria o questionamento dos seus princípios básicos e, em decorrência disso, a contribuição para a evolução do conhecimento e do seu aperfeiçoamento, a partir da inversão de perspectivas. Nós diferenciaremos esquematicamente três proposições fundamentais que estão subentendidas no método da análise do trabalho:

- A variabilidade dos contextos e dos indivíduos;
- A diferenciação entre tarefa e atividade;
- A atividade de regulação: representação e competência.

- **A noção de variabilidade.** Ela constitui a primeira inversão de perspectiva para a qual contribui a ergonomia, mostrando por meio de análises em situações reais a dupla variabilidade dos contextos e das pessoas que trabalham: de fato, a ergonomia postula a variabilidade das condições externas e/ou internas de cada atividade. Em um texto referência publicado em 1971 e intitulado "A qual homem o trabalho deve ser adaptado" (*A quel homme le travail doit-il être adapté?*), Wisner (1995) considera que os postos de trabalho são freqüentemente inadaptados porque a sua concepção é baseada em um conceito de ser humano que, na verdade, não existe. Segundo ele, uma noção ainda mais fundamental da organização do trabalho e que gera conseqüências muito mais perigosas é o conceito do "**operário médio, bem treinado, trabalhando em uma função estabilizada**". Baseando-se em dados antropométricos, biológicos e fisiológicos ou ainda derivados da psicologia diferencial, Wisner (1995) propõe uma inversão de perspectiva: não se deve selecionar os indivíduos *"que se adaptariam melhor a uma máquina desenhada sem precauções"*, ao contrário, é papel dos ergonomistas *"formular recomendações que se adequassem às necessidades reais dos trabalhadores"* (Wisner, 1995). Inúmeros trabalhos foram desenvolvidos nesta perspectiva (Leplat, 1992, 1993, Queinnec, Teiger et de Terssac, 1992), relacionados a trabalhos mais antigos da sociologia do trabalho francesa ou à sociologia industrial nos Estados Unidos, e que se constituíram em estudos críticos com relação à burocracia industrial.
- **A diferenciação entre tarefa e atividade como fundamento da análise do trabalho.** Esta diferenciação tem uma longa história, a qual Huteau (1996) situa nos anos 30: a análise do trabalho nasceu no campo de estudos que visavam definir os perfis de aptidões ao exercício de ofícios. Tornou-se necessário descrever os ofícios para formalizar as exigências que permitiriam a seleção de pessoal. No entanto, como salienta o autor, as respostas encontradas nestes estudos são insuficientes, à medida que "as teorias positivistas subestimam fortemente a atividade do sujeito e a dos atores sociais."

A segunda proposição fundamental da ergonomia, formulada por Ombredane e Faverge (1955), realiza uma inversão de perspectiva ao diferenciar o que os indivíduos devem fazer daquilo que eles realmente fazem: "duas perspectivas podem ser evidenciadas desde o início na análise do trabalho: a perspectiva do quê e a do como. O que deve ser feito e como os trabalhadores o fazem? De um lado a perspectiva das exigências da tarefa e, de outro, a das atitudes, das seqüenciais operacionais pelas quais os indivíduos observados respondem realmente à tarefa". Esta separação é um marco em relação às práticas anteriores: primeiro porque considera que o objeto de análise é a atividade, a partir da qual se busca compreender a organização em função de suas condições de execução (internas e próprias aos sujeitos ou externas e ligadas à tarefa) e seus efeitos tanto sobre o indivíduo quanto sobre o desempenho do sistema visto em sua totalidade (Leplat e Cuny, 1984). Além disso, esta separação consagra os limites do caráter estruturado do contexto, mas também os limites de seu caráter estruturante; ao contrário, a interpretação destes limites varia: trata-se de uma falha de prescrição ou de uma impossibilidade estrutural de os estabelecer?

- **A regulação da atividade: representação mental e competências.** Esta proposição consagra uma inversão de perspectiva a respeito da eficiência do sistema: esta não se origina nem da definição dos procedimentos e dos métodos, nem simplesmente do estrito respeito às instruções. Os resultados só podem ser obtidos graças à capacidade de regulação da atividade desenvolvida pelos indivíduos agindo, de um lado, para gerenciar as variações das condições externas e internas da atividade e, por outro lado, para levar em conta os efeitos da atividade. As pesquisas de Leplat publicadas em 1972 contribuíram para evidenciar a natureza e o papel das representações mentais na regulação das atividades: "Ela vai permitir simulação mental que será um fator essencial do planejamento da ação para regular o sistema. Graças a ela, o indivíduo poderá organizar mentalmente a solução de certos problemas antes de dar suas respostas, e assim aumentar a estabilidade do sistema" (Leplat, 1992).

O conceito de competência surgiu no vocabulário da ergonomia (de Montmollin, 1984, 1990, 1995) para designar tudo que está engajado na ação, "o que faz a diferença", poder-se-ia dizer: é o conjunto de conhecimentos, de saber-fazer, de heurísticas, de modelos (esquemas-tipo), ou seja, tudo que permite atingir o resultado sem nova aprendizagem. O autor (de Montmollin, 1995) assim define este conceito: "Em ergonomia as competências correspondem às estruturas hipotéticas [...] que permitem ao operador dar um significado para a ação em situações de trabalho (e em particular para as informações) que elas propõem".

B. A ergonomia posiciona-se com relação a uma maneira de estruturar o trabalho

A partir destas proposições da ergonomia, podemos chegar a uma conclusão: a ergonomia teve como resultado, mas não por objetivo, o questionamento da visão clássica no que se refere à definição das regras de trabalho. Na realidade, ela se desligou desta visão ou ficou prisioneira deste modelo de pensamento? Ela realmente se emancipou desta forma de dependência? O debate dos anos 70 mostra que a ergonomia, ao atacar a organização taylorista, considera este modo de organização como um modo de organização único. Na verdade, a organização é levada à organização do trabalho entendida como o conjunto de prescrições estabelecidas mais ou menos formalmente para definir a atividade dos trabalhadores.

A questão foi abordada por de Montmollin (1981), para quem a ergonomia só pode ficar prisioneira da abordagem taylorista. Nesta época ele escrevia: " Taylor e o taylorismo serão sempre nossos guias, porque - ao menos esta é a minha tese - é impossível, hoje em dia, não ser de uma forma ou de outra taylorista, [...]. Dizer o quê o trabalho deveria ou não ser (definir, por exemplo, que são trabalhadores que devem decidir): é tão difícil contestar o taylorismo como ficar a sua sombra". Sem responder a esta questão de forma unívoca, façamos a hipótese que a ergonomia corresponde a uma maneira de ver a ordem na produção.

Outros autores apresentam a organização do trabalho e a ergonomia como dois campos de conhecimento que se opõem. A organização do trabalho, reduzida à organização científica do trabalho," se opõe à ergonomia por seu critério fundamental, que não corresponde ao ser humano, mas ao rendimento" (Cazamian, 1973). Este autor embasa sua crítica ao explicitar a incomensurabilidade dos dois universos culturais: "o universo científico, racional, objetivo do organizador; o universo empírico, experimental, fenomenológico do trabalhador. A estratégia operatória, no que se refere ao seu conhecimento e aos seus valores é, de modo geral, involuntária e espontânea: ela não passa pelos modelos intelectuais e pela simbolização verbal; a inteligibilidade do comportamento informal escapa à organização pela mesma e fundamental razão pela qual escapa do operador". O autor conclui sua análise afirmando a existência na empresa de duas organizações contraditórias, uma formal, oriunda do topo, e a outra informal, oriunda da base.

Esta tese é reducionista, pois é baseada na idéia de que só haveria uma maneira de estruturar o trabalho, o que nós discutiremos quando tratarmos das diversas maneiras de se ver a estruturação do trabalho, (ver item 3). Decerto, os trabalhos de ergonomia convergem na idéia que, em prática, observa-se este modo de organização de maneira regular, quase exclusiva. Mas se forem julgadas as práticas da ergonomia, esta testemunha uma outra forma de ver a estruturação do trabalho. Ao mesmo tempo, ela extrapola o pensamento taylorista mesmo que nem sempre explicite as conseqüências.

Desta forma, a ergonomia na sua prática de produção de conhecimentos posiciona-se de uma outra maneira com relação à estruturação do trabalho, diferentemente das proposições do modelo clássico. Para entender esse posicionamento, é necessário afastar-se de uma concepção restritiva da ergonomia, reduzida a simples definição de regras de trabalho mais confortáveis ou mais eficazes que as criadas pelos especialistas. A ergonomia permite a formulação de regras diferentes, que correspondem às exigências dos indivíduos que trabalham. Mas o projeto da ergonomia nos parece ir além de uma simples mudança de método: ele baseia-se em uma maneira de ver a estruturação do trabalho. Em outras palavras, nossa hipótese é a de que a ergonomia não se limita a uma mudança de regras de estruturação do trabalho, mas a uma mudança das formas de regulação. Para ilustrar esta hipótese, nos apoiaremos nas práticas desenvolvidas pela ergonomia no processo de "estudo do trabalho para transformá-lo". Estas práticas levam a ergonomia (a) a buscar um acordo para intervir em uma situação de trabalho (b) a recusar "decretar" a verdade sobre o trabalho, mas a construir com os interessados uma representação compartilhada do trabalho e, finalmente (c) a elaborar, de modo conjunto, soluções provisórias, afastando-se de uma visão normativa da estruturação das atividades.

a) O procedimento de decisão de um estudo em ergonomia. Falar conjuntamente do trabalho e de sua organização é uma obrigação da análise do trabalho, independentemente de ser mandatário ou executor: a primeira condição da análise do trabalho é um acordo mais ou menos explícito para que um estudo possa se realizar. Esse acordo freqüentemente só se obtém a partir de uma mudança de postura, que leva os indivíduos a rever suas alianças e exclusões. Trata-se, então, de um compromisso particular que está na base de todo estudo. Este compromisso não parte de um conjunto de valores tidos como comuns entre os atores da empresa, mas de diferentes pontos de vista e interesses, e a explicitação é a primeira etapa da análise do trabalho.

b) Os conhecimentos originados da análise do trabalho são submetidos à discussão porque esta análise não é imposta; ao contrário, contradizendo a visão oficial do trabalho, esta revela a ineficiência das prescrições. Os que realizam esta análise introduzem uma dúvida quanto à validade da regra: esta brecha no mundo das certezas constitui o segundo desafio da análise do trabalho. Mas a visão do trabalho considerada objetiva é aquela que os atores presentes reconhecem como objetiva. Este reconhecimento depende de um acordo entre as pessoas envolvidas para tratar em comum do trabalho. Este acordo, para ser obtido, necessita, às vezes, de uma mudança de postura para levar alguns indivíduos a rever sua própria visão do trabalho e, desta forma modificar sua estratégia.

c) Finalmente, a análise do trabalho é construída para ajudar a decisão. Os resultados da análise do trabalho constituem, desta maneira, a matéria-prima dos compromissos que serão elaborados; não são os especialistas que podem concluir o compromisso, mas os atores envolvidos. A análise do trabalho modifica o nível e a natureza da contribuição dos diferentes atores. Esta contribuição é incompatível com o sistema de regras clássicas, segundo o qual a gerência toma, sem discutir com os interessados, as decisões que dependem de sua responsabilidade e os executantes se mantém (ou são mantidos) à margem dos problemas da organização. Então surge um terceiro aspecto relativo ao processo de decisão: referente às decisões unilaterais: a análise do trabalho possibilita tomar decisões em conjunto, e ao mesmo tempo desestabiliza posições nas quais os diferentes atores se encontram isolados. O conhecimento produzido pela análise das situações concretas não pode ser separado do uso que se pode fazer daqueles que contribuem para a elaboração deste conhecimento.

É inegável que a ergonomia vai além de uma contestação do modelo de organização clássica. Não somente porque ela edita regras diferentes, mas, sobretudo porque ela viabiliza um outro modo de regulação, que é uma maneira diferente de ver a estruturação do trabalho. Além de uma centralidade na situação que ela pretende transformar, a ergonomia se afasta da visão clássica. Para dimensionar a importância desta hipótese, precisamos caracterizar as diferentes interpretações da situação de trabalho.

A SITUAÇÃO DE TRABALHO E SUAS INTERPRETAÇÕES

As diferentes maneiras de ver e conceber o trabalho

A ergonomia tem incontestavelmente uma perspectiva global que visa reunir os diferentes elementos da situação de trabalho. No entanto, existem diferentes interpretações possíveis da situação de trabalho. Como interpretar estas diferentes maneiras de ver as situações de trabalho? E como se situa a ergonomia nestas diferentes maneiras de ver?

Para tentar responder a estas questões, o ponto de partida é uma constatação: a articulação de diferentes perspectivas concerne a toda realidade social. A visão do social não se exprime de uma só maneira, mas de várias. Nossa tese é que as perspectivas sobre a situação de trabalho podem ser explicadas referindo-se às diversas **maneiras de ver e conceber** a realidade que a filosofia das ciências humanas e sociais nos indica: para falar rapidamente, trata-se de entender melhor como estas maneiras de ver e conceber tem a ver com o trabalho, e especialmente a regulação da ação social e coletiva de trabalho. Em outras palavras, nós podemos nos referir às escolhas epistemológicas fundamentais das ciências humanas e sociais para explicar as perspectivas sobre a situação de trabalho. Nós resumimos aqui o esquema desta reflexão epistemológica que propusemos em nossos trabalhos precedentes (Maggi, 1984, 1990; veja também Maggi, 1993).

O modelo clássico. Em primeiro lugar, a escolha epistemológica que preside a perspectiva do modelo clássico é bem clara. Neste sentido, nós estamos lidando com uma visão da situação de trabalho como um sistema social completamente pré-determinado e determinista com relação aos sujeitos envolvidos. Uma lógica de racionalidade absoluta, ou seja, de conhecimento perfeito, de relações meios-fins, conduz à idéia de **uma ordem perfeita** que pode ser predisposta e estabelecida para todo sistema social. Isso conduz à idéia que é possível maximizar a eficácia e a eficiência e que é possível atingir a *one best way*, o melhor programa de trabalho, absolutamente rígido, que não necessita de correção durante a sua execução. A relação entre a pré-ordenação e a execução é, conseqüentemente, vista como não variável. Isso produz a representação da regulação da situação em termos de longa duração, estabilidade e invariabilidade. As tarefas são configuradas atribuições estáveis de ações elementares a sujeitos determinados. A ordem hierárquica de todas as tarefas configura a estrutura organizacional exatamente representável no organograma. Os sujeitos devem se adaptar completamente. Tudo isso é bem conhecido.

A visão funcionalista. A reflexão epistemológica começa a nos ajudar para o que se refere às diferenças entre a perspectiva do modelo clássico e as perspectivas funcionalistas das relações humanas, antigas (Elton Mayo e sua escola) e recentes (sistema sócio-técnico, valorização dos recursos humanos, *job redesign*, desenvolvimento organizacional etc.). Freqüentemente, estas últimas perspectivas sobre o trabalho são apresentadas como detentoras de uma visão contrária àquela do modelo clássico, sendo oriundas de uma prática que é apresentada como sendo capaz de resolver os problemas da "Organização Científica do Trabalho". Isto é verdade?

As perspectivas funcionalistas do sistema social têm como base a noção de função, emprestada das ciências biológicas. Cada subsistema contribui à satisfação das **condições funcionais requeridas** pelo sistema de nível superior. Estas condições são a integração e a conservação no interior do sistema, a adaptação e a expressão das finalidades para o exterior do sistema. Esta lógica funcional guia a regulação do sistema. A idéia de um *one best way* não é mais válida, porque admite-se que as contribuições dos elementos do sistema e do todo se desenvolvem naturalmente com relação às necessidades funcionais. Os programas de trabalho não são mais rígidos. Ao contrário, a flexibilidade aumenta a potencialidade do sistema. Os desvios do programa não só são admitidos mas valorizados sempre que eles apresentam soluções mais funcionais. A explicitação e a valorização do "informal" baseiam-se neste pressuposto. A tarefa deixa seu lugar ao papel de ator, o organograma é questionado.

As diferenças em relação à perspectiva do modelo clássico são consideráveis. No entanto, a flexibilidade se exerce em um cenário de "morfoestase", ou seja, de conservação dos estados do sistema. Vários modos de regulação são possíveis, mas um é ótimo: aquele que assegura a melhor integração/adaptação dos sujeitos em relação ao sistema e do sistema em relação ao seu ambiente. A escolha epistemológica de fundo não mudou. O que direciona as perspectivas funcionalistas é ainda uma visão de pré-determinação do sistema social em relação aos sujeitos envolvidos. A flexibilização da estrutura social e o reconhecimento das soluções informais visam a satisfação das necessidades funcionais do sistema, não dos sujeitos envolvidos. Nas situações concretas de trabalho, o alargamento e enriquecimento das tarefas, os espaços de discrição e responsabilidade, as relações recíprocas e as comunicações ascendentes na coordenação, propostas por ações funcionalistas são, na verdade, soluções reguladoras impostas, de forma coerente com uma lógica de sistema sobre-determinado. Freqüentemente, trata-se de novas prescrições que se referem à tomada de decisão em situação difícil, em que a pré-determinação não chega a dominar a incerteza: a visão funcionalista pede ao sujeito que, ao agir, resolva o problema, o que não era admitido pelo modelo clássico e por seu princípio de separação entre direção e execução.

A visão do sistema construído. Não é de surpreender que o conceito de base seja comum para a perspectiva do modelo clássico e para as perspectivas funcionalistas: estas têm origem em duas tradições do positivismo no campo das ciências humanas e sociais. Para encontrar perspectivas de interpretação da situação de trabalho baseadas em uma escolha epistemológica diferente, é necessário buscar correntes de estudo antipositivistas. A literatura que trata de ação social e coletiva sempre exprimiu as contribuições dentro deste ponto de vista, mas foi a partir do fim dos anos 70 que se desenvolveram as abordagens importantes sobre o trabalho e sua regulação, os quais se inspiram no interacionismo, na fenomenologia social, na etnometodologia e no indeterminismo decisivo. Então, a maneira de ver e conceber a situação de trabalho, como todo sistema social, mudou por completo. O sistema não é pré-determinado em relação aos sujeitos, ao contrário, ele é produzido pelas interações dos sujeitos. A realidade não é um dado natural pré-existente à ação, ela é uma construção social definida por significações subjetivas.

A racionalidade do sistema pré-determinado evidentemente é rejeitada por esta visão, a única racionalidade possível é *a posteriori*. Para certas correntes, a racionalidade diz respeito somente aos atores, não ao sistema. Segundo esta visão do social, é na interação entre os sujeitos que são produzidos os modelos de relação, os modos típicos que se institucionalizam, como no caso das situações de trabalho. Cada instituição nasce do caráter típico das ações, do qual derivam a estabilidade e a objetividade. É o mesmo para a situação de trabalho. Dotada de objetividade, ela então se separa dos sujeitos que a produzem, ela é colocada como um fato exterior, com suas regras, suas prescrições. A situação de trabalho não é pré-organizada, mas é um resultado da ação organizada separada dos atores, simbolizada pelas tarefas prescritas e organogramas. Ela aprisiona os sujeitos que só podem procurar a oposição. Se a concepção do sistema pré-determinado implica a adaptação do sujeito à organização, a concepção do sistema construído conduz à rejeição da organização. Mas um aspecto é comum às duas visões opostas: o sistema social e o ator são, nos dois casos, entidades separadas.

A visão do processo de ação. A epistemologia das ciências humanas e sociais não se esgota nestas duas escolhas do sistema pré-determinado e do sistema construído e objetivo, da racionalidade absoluta *a priori* e da racionalidade *a posteriori*. É justamente o debate epistemológico sobre esta oposição que produziu uma terceira escolha, que consiste em ver e conceber o sistema social como um **processo de ações e decisões**. Segundo esta visão, o processo não é nem dado e pré-determinado, nem indeterminado e reconhecível somente na sua objetivação. É um sistema que se auto-produz, que se modifica por ele mesmo, que se auto organiza, segundo uma racionalidade intencional e limitada. Sua racionalidade (do processo ao mesmo tempo dos sujeitos) é limitada e não absoluta, porque reflete os limites da razão humana; mas ela é também intencional e não *a posteriori* , porque implica intencionalidade de ação. O sistema social concebido como processo de ação e de decisão é um percurso ativado pelo significado da intenção das premissas em relação às decisões e continuamente exposto às correções e às modificações baseadas em conhecimentos e valores novos: é um percurso heurístico, de pesquisa, de aprendizagem, de decisão e, enfim, de ação.

Ainda melhor que de ação precisa-se falar de **um agir**, para salientar uma idéia de processo. Este agir é organizável e reconhecível na sua produção, embora continuamente variável. A sua própria regulação é sua ordem, previsível mas modificável: esta ordem é absolutamente variável e comporta um aspecto "organizador" (mais que "organizado"). Longe da visão da organização como uma parte reificada de um sistema pré-determinado, e da visão da organização como um aspecto da reificação de um sistema construído pelos atores, a organização é a regulação, ela própria é um agir. É uma ação organizacional, que visa ordenar outras ações caracterizadas por diferentes maneiras, para atender a um resultado desejado.

O sujeito não é visto nem como um elemento que se adapta à organização do sistema nem que a ela se opõe e a recusa. O sujeito não é separável do sistema, sendo este um processo de ações. Reconhecemos que o sujeito está no centro do sistema, que cada sujeito dá a sua contribuição ao andamento do processo, mas também à sua construção e à sua regulação/organização. Isto não impede que o processo produza constrangimento para os sujeitos porque toda a pré-ordenação é constrangedora, seja ela imposta ou consensual, pois reduz os espaços de decisão individual. Entretanto, a visão de processo implica dizer que tudo é variável e modificável: os resultados que desejamos, as ações esperadas, os conhecimentos técnicos, a própria ordem do processo. Então, tudo pode variar para atingir uma racionalidade que torne compatível os resultados da ação social com o bem-estar e a valorização dos sujeitos envolvidos.

Se esta reflexão constitui um cenário possível para situar as perspectivas das relações de trabalho e sua regulação, ela pode servir para esclarecer os diferentes "pontos de vista" que encontramos nos estudos sobre o trabalho. Como se situa a abordagem ergonômica? Por um lado, podemos elaborar a hipótese de que as diferentes visões das situações de trabalho estão presentes de modo variado nas contribuições da ergonomia. Por outro lado, pode-se refletir sobre as implicações derivadas do fato de compartilharem, uma ou outra, das perspectivas possíveis em relação ao projeto da ergonomia.

A dimensão estruturante do trabalho

- A tradição da ergonomia está baseada numa visão da situação de trabalho como um cenário de análise, em que a atividade desprende-se das condições de trabalho consideradas como dadas; dentre essas, a organização. As condições de trabalho aparecem estáveis, imóveis, inertes. Todavia, a análise da atividade mostrou sempre que a situação de trabalho é mutável, variável, ativa; da mesma forma pode-se ver que isso é evidente para o estudo da variabilidade de pessoas e contextos e da regulação. (ver ponto 2).
- Se esta visão tradicional considerou a situação de trabalho como sendo em parte inerte e em parte ativa, isso deveu-se à difusão do modelo clássico. A ergonomia fez uma crítica interna ao modelo, mas o aceitou durante muito tempo como uma explicação da dimensão organizacional da situação de trabalho. A partir dos anos 90, a ergonomia começou a mudar esta perspectiva, devido à superação do modelo clássico. (ver de Terssac, 1995; Maggi 1996a, Maggi, 1996b). A análise da atividade a conduz, desde muito tempo, a liberar-se da prisão taylorista; agora abre-se para a ergonomia a possibilidade de ver toda a situação de trabalho como viva, ativa e variável, a partir de sua dimensão fundamental de regulação.

Deve-se buscar a primeira fonte de *variabilidade* do trabalho na sua dimensão da regulação, em sua ordem, ou mesmo em sua organização. Nós defendemos esta tese no colóquio PIRTTEM em Lyon (Maggi, 1992).

Dizer que a pesquisa e a análise do trabalho ocupam-se do trabalho organizado é apenas uma constatação. Em geral, nós nos ocupamos apenas com o trabalho assalariado. Mas o trabalho do artesão, do artista ou do escrivão, também não tem organização? Falta, na verdade, o que chamamos freqüentemente de "organização do trabalho", mas não falta uma **pré-ordenação dos objetivos e dos meios**. Não devemos confundir organização no sentido mais geral, a saber como ordem de uma ação finalizada, ou melhor como regulação ou pré-ordenação, com uma maneira específica de pré-ordenar como aquela proposta e difundida pela Organização Científica do Trabalho - OCT, ou seja, o taylorismo. Quando se fala em "organização do trabalho", nos referimos inevitavelmente a uma perspectiva específica entre as possíveis maneiras de organizar, a da OCT. Mas não se deve falar somente da organização taylorista, deve-se, ao contrário, partir do fato que todo trabalho é organizado, pré-ordenado e que pode ser organizado de diferentes formas.

Se aceitarmos esta proposição, se admitirmos que a dimensão da regulação ou a dimensão organizacional é intrínseca ao trabalho, podemos acrescentar que isto depende do fato de que a questão é a mesma para a maioria das ações humanas na sociedade. As ações de jogo, de defesa, de ajuda mútua, de serviço, de lucro, de dominação e muitas outras revelam sua necessária dimensão organizacional. Para que possa haver regulação, é suficiente que duas pessoas definam suas ações a realizar, suas atribuições, seus meios e suas modalidades de execução. Enfim, pode-se dizer que a ação de uma pessoa isolada é organizada se ela é executada levando-se em conta as conexões que ela tem ou pode ter com as ações de outras pessoas, para as quais esta ação separada é orientada.

Toda ação social é finalizada. A finalização requer uma ordem (ordem das ações na direção do objetivo). Esta ordem pode ser construída durante o andamento próprio das ações, ou ainda ela pode ser desenhada antecipadamente (o que não impediria a mudança do desenvolvimento das ações). Nós propomos identificar como momento genético da regulação a **decisão de pré-ordenar**, ou seja, de desenhar antecipadamente a ordem da ação social (Maggi, 1984, 1990, 1996b).

Deste modo liberamos completamente a organização da prisão taylorista. A organização entendida como pré-ordenação é, em princípio, compreendida geralmente como uma dimensão instrumental da ação social e coletiva. Isso tem conseqüências importantes. No que se refere à reflexão sobre a ação ergonômica, salientamos duas conseqüências. A primeira é que a pré-ordenação (a organização) pode ser expressa de diferentes e numerosas maneiras. E que estas maneiras podem ser mais ou menos consensuais ou impostas, como já tinha sido bem explicado por Weber (1922). Pensar que a organização seja a "organização do trabalho" conduz à crença de que existe um só modo de organizar, o *one best way*, e que a única alternativa é a negação da organização. Desta forma, tornamo-nos tão prisioneiros do modelo clássico que, no fim, corremos o risco de parecer mais *tayloristas* que Taylor.

A segunda conseqüência do fato de ter restabelecido o estatuto da organização como pré-ordenação do trabalho é a de constatar que a organização não se restringe à esfera do trabalho. Mais uma vez, esta limitação é derivada da idéia taylorista da "organização do trabalho". Ao contrário, o trabalho representa somente uma parte da ação humana que necessita de pré-ordenação. Isso pode implicar para a ação ergonômica (e para muitas outras ações relacionadas ao trabalho) uma mudança considerável. A organização deixa de ser vista como um atributo secundário de um meio específico para tornar-se novamente uma dimensão instrumental geral de toda ação social e coletiva. Dito de outra forma, a realidade da organização é muito mais ampla que a realidade do trabalho. Não é o trabalho que explica a organização, embora a organização tenha uma importante contribuição à explicação do trabalho, porque influencia todas as outras dimensões do trabalho, seja a ordem ou a regulação da finalização desta ação social.

Se colocarmos juntas estas duas correntes de reflexão relativas à organização entendida no seu sentido mais amplo, retornamos à proposição de partida, ou seja, que a primeira fonte da variabilidade do trabalho deve ser buscada na sua dimensão organizacional. Os comentários serão sobre: (a) a organização se exprime de diferentes maneiras, ela é variável (b) a organização está na base da construção da realidade do trabalho, ela influencia as outras dimensões desta realidade.

A situação de trabalho não é um conjunto de meios físicos, de objetos materiais e simbólicos, de sujeitos humanos, de tecnologia e de organização, mas o resultado de escolhas organizacionais (escolhas de pré-ordenação, de regulação) referindo-se aos objetivos e aos meios para atingi-los: as escolhas de ação, a realização das ações relativas a sujeitos específicos, aos meios, aos objetos, às técnicas (Maggi, 1984, 1990). A variabilidade destes diversos aspectos da situação de trabalho faz parte da situação de trabalho em razão das escolhas organizacionais. No que se refere à construção da situação de trabalho, a variabilidade destes diversos aspectos se mistura à variabilidade da organização, mas esta é estabelecida anteriormente e constitutiva: sem as escolhas organizacionais, a situação de trabalho não existe.

Então, observar que a pesquisa e a análise devem enfrentar o trabalho "organizado" não é simplesmente uma constatação. Ou é uma constatação com implicações fundamentais para o entendimento e para a ação. Não é por acaso que a partir dos anos 90 os estudos de ergonomia em língua francesa consideraram cada vez mais os aspectos organizacionais do trabalho. A crise manifesta do modelo clássico levou à ergonomia, que estuda situações de trabalho (como é o caso da ergonomia francesa) a interessar-se pela organização. Ou melhor, pode-se dizer que a reflexão ergonômica começou a considerar a **variabilidade da organização.**

Interessante, nesta perspectiva, é a afirmação que o trabalho não é somente "organizado", mas também e sobretudo "organizador" (Hubault, 1994). Esta afirmação, opondo uma visão ativa (organizador) a uma visão passiva (organizado) do trabalho serve, de um lado, para salientar a falência do modelo clássico, por meio do qual a tarefa e os outros componentes da situação do trabalho são dados de forma estática e fixa; e de outro lado, implicitamente, propõe-se a apreciar a construção variável da situação de trabalho. Esta afirmação, então, revela a dificuldade de estudar certos aspectos da variabilidade (do sujeito, do meio) de uma situação de trabalho em que o cenário é definido pelo modelo taylorista, como invariável. Mais uma vez constatado que a situação de trabalho é inteiramente variável, nos resta responder a questão que colocamos anteriormente: De onde vem esta variabilidade? Percebemos que não é suficiente reconhecer o trabalho organizador, se não adicionamos o "porquê" e o "como". Como tentamos explicar, o elemento organizador é a pré-ordenação da ação do trabalho. O trabalho é organizador porque ele é uma realidade social onde a ação organizacional constitui o fundamento. Ele é variável, antes de tudo, segundo a variabilidade da ação organizacional.

Podemos retornar agora às diferentes visões da situação de trabalho, para processar toda potencialidade de desenvolvimento que se abre à ergonomia (franco-fônica). A visão do processo de ação permitiu sair da oposição entre ação e estrutura social determinada no mais amplo debate das ciências humanas e sociais. O confronto com as diferentes possibilidades de ver e de conceber a situação de trabalho pode permitir ao estudo da ergonomia apreciar inteiramente a dimensão estruturante do trabalho e, neste caminho, apreciar inteiramente a natureza viva, mutável e modificável do trabalho, no projeto de revelar inteiramente e reduzir os constrangimentos e as pressões que isso implica.

CONCLUSÕES

Estes elementos de reflexão, esboçados sobre o conceito de trabalho, mostram a necessidade de clarificar este conceito, comum às várias disciplinas: as ciências humanas e sociais salientaram a diversidade das práticas de trabalho e as diversas maneiras de ver o trabalho nas diversas sociedades, mas também no decorrer do tempo. O trabalho é um objeto que uma só disciplina não pode dar conta. No entanto, a ergonomia teve como objeto recompor o conhecimento sobre as pessoas que trabalham visando transformá-lo: este projeto está inscrito na história científica, social e institucional da ergonomia. Além disso, a ergonomia de língua francesa contribuiu para uma inversão de perspectiva por meio de suas proposições fundamentais no que se refere à variabilidade dos contextos e dos indivíduos, à distinção entre tarefa e atividade e à importância da atividade de regulação. A ergonomia de língua francesa escolheu um caminho que a situa, de início, em oposição ao modelo clássico e taylorista da estruturação do trabalho: suas proposições fundamentais condensam esta oposição. Portanto, parece-nos que a visão da ergonomia sobre as estruturações estava limitada, até um período recente, numa concepção restritiva da organização concebida de acordo com um modelo específico, o de Taylor. A organização, sendo a pré-ordenação dos processos de ação, pode se desenvolver de várias maneiras, ser considerada segundo várias perspectivas que tentamos apresentar. Estas perspectivas correspondem às maneiras de ver e de conceber o trabalho e a posturas epistemológicas que nós recordamos, a fim de melhor situar a diversidade das práticas da ergonomia. Como resultado desta reflexão, nós desejamos salientar o fato de que a ergonomia, ao menos no que diz respeito a certas práticas, vai além do que se considera freqüentemente: ela não se limita a formular regras de estruturação do trabalho, mas trata também do modo de regulação do processo de trabalho. Nós desejamos também que a ergonomia possa tirar todas as conseqüências positivas da sua atitude com relação ao trabalho.

Bibliografia

BALANDIER G., MERCIER P. Le travail dans les régions en voie d'industrialisation. In G. FRIEDMANN et P. NAVILLE (s/d), *Traité de Sociologie du Travail.* Paris, A. Colin, t. 2, p. 282-304, 1962.

CAZAMIAN P. *Leçon d'ergonomie industrielle.* Paris, Cujas, 1973.

CHAMOUX M. H. Sociétés avec et sans concept de travail, *Sociologie du Travail,* n° hors série, p. 57-69, 1994.

CLOT Y. (s/d), *Les histoires de la psychologie du travail. Approche pluridisciplinaire.* Toulouse, Octarès Éditions, 1996.

DE COSTER M., PICHAULT, (s/d), (), *Traité de Sociologie du Travail.* Bruxelles, De Boeck Université, 1994.

FRANCFORT I., OSTY F., SAINSAULIEU R., UHALDE M. *Les mondes sociaux de l'entreprise.* Paris, Desclée de Brouwer (Coll. Sociologie Économique), 1995.

FREYSSENET M. Quelques pistes nouvelles de conceptualisation du travail. *Sociologie du Travail,* n° hors série, p. 105-122, 1994.

FRIEDBERG E. *Le pouvoir et la règle.* Paris, Seuil, 1993.

FRIEDMANN G. *Problèmes humains du machinisme industriel.* Paris, Gallimard, 1947.

FRIEDMANN G. *Le travail en miettes.* Paris, Gallimard (Coll. Idées), 1956.

FRIEDMANN G. L'objet de la sociologie du travail. In G. FRIEDMANN et P. NAVILLE (s/d), *Traité de Sociologie du Travail.* Paris, A. Colin, t.1, p. 11-34, 1962.

FRIEDMANN G. *Oú va le travail humain?* Paris, Gallimard (Coll. Idées), (1° éd., 1950), 1963.

FRIEDMANN G., NAVILLE P. (s/d), *Traité de Sociologie du Travail.* Paris, A. Colin, t. 1 et t. 2, 1962.

GUERIN F., LAVILLE A., DANIELLOU F., DURAFFOURG J., KERGUELEN A. *Comprendre le travail pour le transformer, la pratique de l'ergonomie.* Paris, ANACT, 1991.

GUERIN F., LAVILLE A., DANIELLOU F., DURAFFOURG J., KERGUELEN A. *Compreender o trabalho para transformá-lo. A prática da ergonomia.* São Paulo, Edgard Blücher, 2001.

HALL R. H. *Sociology of work.* London, Pine Forge Press, 1994.

HUBAULT F. Défi de crise: rappeler l'ergonomre à l'exigence de son étymologie. *Performances Humaines et Techniques,* n° spécial Séminaire Paris I: L'avenir du travail dans les systèmes productifs, nouvelles rationalisations, place du sujet, rôles du collectif, p. 2-9, 1994.

HUTEAU M. L'école française de psychotechnique, 1900-1940. In Y. CLOT (s/d), *Les histoires de la psychologie du travail. Approche pluridisciplinaire.* Toulouse, Octarès Éditions, p. 29-44, 1996.

JACCARD P. *Histoire sociale du travail, de l'antiquité à nos jours*. Paris, Payot, 1960.

LALIVE D'EPINAY, Significations et valeurs du travail, de la société industrielle à nos jours. In M. DE COSTER et F. PICHAUT (s/d), *Traité de Sociologie du Travail*. Bruxelles, De Boeck-Wesmael, p. 55-82, 1994.

LEPLAT J. *La psychologie ergonomique*. Paris, PUF (Coll. "Que sais-je?"), 1980.

LEPLAT J. Planification de Faction et régulation d'un système complexe, In J. LEPLAT (s/d), *L'analyse du travail en psychologie ergonomique*. Toulouse, Octarès Éditions, t. 1., p. 87-97, 1992.

LEPLAT J. (s/d), *L'analyse du travail en psychologie ergonomique*. Toulouse, Octarès Éditions, t. 2, 1993.

LEPLAT J., CUNY X. *Introduction à la psychologie du travail*. Paris, PUF (1° éd. 1977), 1984.

MAGGI B. *Questioni di organizzazione e sociologia del lavoro* (Turro, Tirrenia Stampatori), 1984.

MAGGI B. *Razionalità e benessere. Studio interdisciplinare dell'organizzazione*, (2° éd. accrue, Milan, EtasLibri). (Version française en cours chez Octarès Éditions, Toulouse), 1990.

MAGGI B. Perspective sur la dimension organisationnelle du travail. Quelle prospective? Actes du Colloque interdisciplinaire PIRTTEM-CNRS, Travail recherches et prospectives, Lyon 1992, (paru dans *Ergonomia*, 1993,1, 1, 37-46), 1992.

MAGGI B., Conception anthropocentrique des techniques et contraintes organisationnelles. *Performances Humaines et Techniques*, n° spécial Séminaire Paris I : Ergonomie, une approche anthropo-technologique dans la conception des systèmes de travail, p. 77-79, 1993.

MAGGI B. Coopération et coordination : enjeux pour l'ergonomie. In J.C. SPERANDIO (s/d), *L'ergonomie face aux changements technologiques et organisationnels du travail humain*. Toulouse, Octarès Éditions, 1996a.

MAGGI, B. La régulation du processus d'action de travail. In P. CAZAMIAN, F. HUBAULT et M. NOULIN (s/d), *Traité d'ergonomie*. Toulouse, Octarès Éditions (3° éd.), 1996b.

MARUANI M., REYNAUD E. *Sociologie de l'emploi*. Paris, La Découverte (Coll. Repères), 1993.

MERTON R. K. *Éléments de théorie et de méthode sociologique*. Paris, Plon, 1965.

MONTMOLLIN M (de), Les syst*èmes hommes-machines. Introduction à l'ergonomie*. Paris, PUF. (Extrait in M. de MONTMOLLIN, (1994), *Sur le travail, choix de textes (1967-1992)*, Toulouse, Octarès Éditions, p. 11-15),1967.

MONTMOLLIN M. (de), *Le taylorisme à visage humain*. Paris, PUF (Coll. Sociologies), 1981.

MONTMOLLIN M. (de), *Uintelligence de la tâche. Eléments d'ergonomie cognitive*. Berne, Peter Lang. (Extrait in M. de MONTMOLLIN, (1994), *Sur le travail, choix de textes (1967-1992)*, Toulouse, Octarès Éditions, p. 97-111), 1984.

MONTMOLLIN M. (de), *L'ergonomie*. Paris, La Découverte (Coll. Repères), 1990.

MONTMOLLIN M (de) (s/d), *Vocabulaire de l'Ergonomie*. Toulouse, Octarès Éditions, 1995.

OMBREDANE A., FAVERGE J. M. *L'analyse du travail*. Paris, PUF, 1955.

QUEINNEC Y., TEIGER C., TERSSAC G. (de), *Repères pour négocier le travail posté*. Toulouse, Octarès Éditions, (2° éd.), 1992.

REY A. (s/d), *Dictionnaire historique de la langue française*, "Travailler". Paris, Le Robert, t. 2, p. 2159, 1995.

REYNAUD J.-D. *Les règles du jeu. Action Collective et la régulation sociale*. Paris, A. Colin, 1989.

RESKIN B., PADAVIC 1. *Women and Men at Work*. Thousand Oaks, Pine Forge Press, 1994.

SOUPIOT A. Temps de travail : pour une concordance des temes. *Rev. Droit Social*, 12, 947-954, 1995.

SPERANDIO J.-C. *L'ergonomie du travail mental*. Paris, Masson, 1984.

STROOBANTS M. *Sociologie du travail*. Paris, Nathan, 1993.

TERSSAC G. (de), (), *Autonomie dans le travail*. Paris, PUF, 1992.

TERSSAC G. (de), Le travail organisé : faut-il repenser le travail? Actes du XXXe Congrès de la Société d'Ergonomie de Langue Française, Biarritz, 1995.

TERSSAC G. (de), LOMPRE N. Pratiques organisationnelles dans les ensembles productifs: essai d'interprétation. In J.-C. SPERANDIO (s/d), *L'ergonomie face aux changements technologiques et organisationnels du travail humain*. Toulouse, Octarès Éditions, p. 51-66, 1996.

TERSSAC G. (de), MAGGI B. Autonomie et Coopération : nouvelles réalités, différents regards. In G. de TERSSAC et E. FRIEDBERG (s/d), *Coopération et conception*. Toulouse, Octarès Éditions, 1996.

TERSSAC G. (de), FRIEDBERG E. (s/d), *Coopération et conception*, Toulouse, Octarès Éditions, 1996.

TRIPIER P. *Du travail à l'emploi*. Bruxelles, Éditions de l'Université de Bruxelles, 1991.

VATIN F. De la naissance de la psychologie appliquée : au débat du taylorisme, autopsie d'un échec : le cas français, (1890-1920). In Y. CLOT (s/d), *Les histoires de la psychologie du travail, approche pluridisciplinaire*. Toulouse, Octarès Éditions, p. 47-68, 1996.

WEBER M. *Wirtschaft und Gesellschaft*. Mohr, Tübingen, 1922.

WISNER A. *Réflexions sur l'ergonomie*, (1962-1995). Toulouse, Octarès Éditions, 1995.

DO QUE A ERGONOMIA PODE FAZER A *ANÁLISE*?[26]

FRANÇOIS HUBALT
Ergonomista
Pesquisador e Professor na Universidade de Paris 1

Tradução de
LEDA LEAL FERREIRA
Médica
Doutora em Ergonomia pela Universidade de Paris XIII
Pesquisadora da FUNDACENTRO/SP

[26] Este texto foi retirado de dois seminários: 1) "Para que serve a análise da atividade em ergonomia?", publicado em *Performances Humaines et Techniques*, nº Hors Serie- seminário Paris I, setembro de 1995; 2) "O futuro do trabalho nos sistemas produtivos, publicado em *Performances Humaines et Techiques*, nº Hors Serie- Seminário Paris I, setembro de 1994.

Que lugar ocupa o homem na empresa? Que papel tem o trabalho no desempenho da empresa?

Este é o ângulo da reflexão em ergonomia que queremos trazer aqui.

A questão dos riscos, da saúde, das competências, do desenvolvimento pessoal... a qual cada um é confrontado pelo trabalho e no trabalho, pode apresentar-se de maneiras muito diferentes. Ora, a maneira pela qual o trabalho é ou não considerado como útil aos objetivos da empresa introduz uma diferença essencial: a partir daí, o cuidado que se terá — que se procurará ter — com as exigências humanas não terá o mesmo sentido.

A dimensão econômica não só não pode ser ignorada pela ergonomia como, para nós, ela desenha o quadro no qual o trabalho humano constitui, ou não, um desafio.

Isto coloca para a ergonomia a missão de aprofundar a compreensão da relação entre o que o homem vive no trabalho e pelo seu trabalho, **o que ele faz**, com o que a empresa compreende disso, **o que ela faz disto**, ainda mais, o que ela espera disto, **o que ela quer fazer disto.**

A questão do "sentido", tão freqüentemente evocada como central no desenvolvimento da ergonomia de língua francesa deve, portanto, ser analisada, não apenas sob o ângulo do sentido que o trabalho tem, ou não, para o operador mas também sob o ângulo do sentido que este trabalho tem, ou não, para a empresa, **um e outro relacionados** conforme uma modalidade que precisa ser explicada.

O TRABALHO: FATOR INTEGRÁVEL OU FATOR DE INTEGRAÇÃO?

Que nos interessemos pela relação do Homem e da Empresa, do Homem e da Técnica, do Homem e seu Ambiente, enfim, em cada nível onde possamos conceber uma "interface" entre estes termos, a primeira questão que se coloca é a de saber se nele o trabalho organiza uma continuidade ou descontinuidade, finalidades e modos de ação, entre o Homem e o espaço instrumental ao qual ele deve **se integrar**.

É, portanto, essencial levantar a seguinte questão: o que é uma "interface"? Zona de continuidade ou de confrontação, espaço funcional ou político?

Os desafios de uma distinção

Para nós, a ergonomia nasceu de uma descontinuidade fundamental, fundadora: a que obriga a distinguir o que se solicita ao Homem (a tarefa) e o que isto, para ser realizado, solicita a ele.

Esta descontinuidade vem de um **conflito de lógicas** e a competência do(s) operador(es) é precisamente encontrar os meios de "gerenciá-lo", por meio de compromissos operatórios que constituem sua(s) atividade(s).

Nisto a atividade participa de uma criação, um processo de emergência de uma "solução" que não "resolve" nada definitivamente, mas pela qual o operador gerencia, sob uma forma necessariamente contingente e mutável, o "problema" que a exigência de(se) produzir (questão de **desempenho**) lhe coloca continuamente (Esquema 1).

Parece-nos útil precisar vários pontos. De fato, o princípio de descontinuidade diz respeito a vários níveis:

- Em primeiro lugar, entre a atividade e o comportamento.

  O trabalho real, os compromissos que o operador faz para agir, **não se vê**... O real do trabalho (Dejours, 1995), com o qual o operador se confronta, como ele responde, o que ele mobiliza para se sair bem, o que ele arrisca, **não se vê**... Para nós, isto é uma opção essencial da ergonomia: é verdade que o comportamento **comunica** a parte manifesta do trabalho — visualmente, mas também verbalmente (as opiniões são comportamentos verbais); intencionalmente (o comportamento participa de uma estratégia de comunicação dos operadores), mas também não intencionalmente (o trabalho testemunha em parte de si próprio por si próprio). Mas ele não esgota a realidade que, por sua natureza, escapa ao olhar e justifica, sob a cobertura da **análise da atividade**, uma explicação que não se confunde com a observação nem com a análise dos comportamentos (behaviorismo).

  É na sua acepção descritiva, "concreta", que a atividade pode ser confundida com o comportamento: na sua dimensão de conceito, analítica, é radicalmente distinta do comportamento.

Do quê a ergonomia pode fazer a análise?

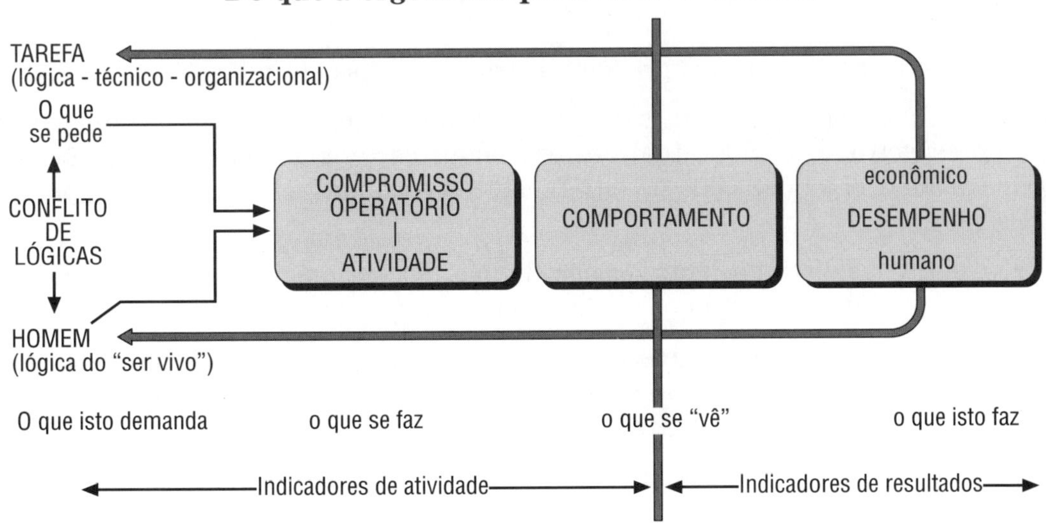

Esquema 1 – Hubault (1992)

- Em seguida, no nível do desempenho.

  A noção de desempenho interessa ao conjunto das "saídas" do sistema de produção ("*output*", "produtos", "resultados"...). Neste conjunto pode-se distinguir dois tipos de saídas: de um lado, os desempenhos econômicos, avaliáveis/avaliados em termos de eficácia na ordem econômica (rendimento, produtividade, qualidade, confiabilidade...); de outro lado, os desempenhos humanos, avaliáveis/avaliados em termos de eficácia na ordem humana (competência adquirida/degradada, saúde melhorada/deteriorada...). Estes dois registros de desempenho são descontínuos, distintos e, portanto, confrontáveis. Dito de outro modo, ao inverso, eles não são agregáveis, nem implementáveis.

- Finalmente, entre tarefa e atividade.

  Aqui a distinção parece ir por si só para um ergonomista. Mas não é assim. De fato, duas posições, opostas, podem ser defendidas:

  - uma postula que a diferença entre o "prescrito" e o "real" é uma **diferença a ser reconhecida,** uma **descontinuidade de princípio** (irredutível) entre o modelo e a realidade em geral, entre a tarefa e a atividade em particular.
  - esta posição nada tem de evidente pois existe, pelo menos, uma outra imaginável, que é contrária a ela. Segundo esta ótica, entre **"o que se demanda"** e "**o que isto demanda**" a ergonomia identifica uma **diferença a reduzir**, com a idéia que esta diferença resulta da falta de se levar em conta, uma falta de conhecimentos das especificidades humanas cuja revelação deve permitir dirigi-la para novas prescrições **adaptadas**, suscetíveis de se opor a esta diferença, do modelo ao real, da tarefa à atividade.

Esta oposição de abordagens está sempre em jogo. Por isso, sempre está em jogo saber que tipo de "integração", funcional ou política, realiza a interface considerada, o lugar que nela ocupa o trabalho: fator integrado/integrável, ou fator de integração? *Tentemos.*

Para fazê-lo construamos uma primeira matriz com dupla entrada

- uma que distingue entre os três níveis de intervenção que nos parecem varrer o espectro do campo atual dos ergonomistas (ergonomia das condições de trabalho, ergonomia dos sistemas técnicos, ergonomia dos sistemas de produção);
- a outra que distingue entre os paradigmas de continuidade e descontinuidade que, para nós, inspiram os modelos que sustentam estas intervenções.

Obteremos um quadro, grosseiro é verdade, da ergonomia em todos os seus estados, que nos indica os debates que acontecem nos cruzamentos dos níveis e dos paradigmas em jogo (esquema 2).

E agora nos propomos a declinar, em primeiro lugar, o eixo dos paradigmas e em seguida, os níveis de intervenção, de modo a situar a posição epistemológica que desejamos defender.

		paradigmas		
		Continuidade	Descontinuidade	
Nível	Ergonomia das condições de trabalho	Ambientes Normas	Contexto sentido	Adaptação
Nível	Ergonomia dos sistemas técnicos	Homem-centro de tratamento de informação	Homem-centro de decisão	Eficiência
Nível	Ergonomia dos sistemas de produção	Macro-ergonomia	Antropotecnologia Ergonomia Global	Eficácia
		Implementação otimização	Confrontação compromisso	
		modelos		

Esquema 2

Paradigmas

Segundo o paradigma da continuidade

Se declinarmos o paradigma da continuidade em cada um dos três níveis de intervenção veremos que:

- no nível da temática das **condições de trabalho**, o paradigma da continuidade aborda as situações de trabalho em termos **de ambiente** que o conhecimento científico deve permitir corretamente equilibrar;
- no nível da temática dos **sistemas técnicos**, aborda-se o Homem como centro de tratamento da informação, sistema de cálculo e raciocínio que leis permitem descrever e traduzir, para favorecer um diálogo (fala-se mesmo de sistema conversacional) com um conjunto de técnicas que se tornou quase "inteligente" (abordagem cognitivista do cognitivo);
- no nível da temática dos **sistemas de produção**, o paradigma da continuidade se encarna particularmente no conceito de **macro-ergonomia,** cujo discurso é tão idêntico ao discurso dos organizadores que estes últimos não mais precisam se referir à ergonomia a não ser, como ironiza Montmollin (1992), que tudo isto seja entendido antes e que macro-ergonomia designe *"simplesmente uma tentativa de usurpação da imagem de uma marca estabelecida com a qual se propõe vender um produto diferente, do qual se mudará a embalagem se o mercado o exigir".*

A unidade fundamental dessas abordagens vem do paradigma que nutre os modelos funcionalistas que nele trabalham.

O "trabalho" é considerado como **processo de otimização,** cuja lei da integração manipula dados implementáveis, isto é, homogêneos entre si, agregáveis.

Este eixo sustenta que a questão do trabalho pode e deve ter um tratamento totalmente "científico". Ele justifica a visão de uma ciência capaz de fazer a síntese de níveis: aqui, a ergonomia se desenvolve por extensão, seu domínio se estende da Inteligência Artificial à macro-ergonomia, segundo o mesmo processo que permitiu a Simon relacionar inteligência artificial e teoria econômica.

Segundo o paradigma da descontinuidade

O que vemos aqui?

- no nível da **ergonomia das condições de trabalho**, aborda-se as situações de trabalho como **contextos de atividade**, não sofridos mas **vividos**, em que está em jogo uma dupla estratégia de realização de si pelo trabalho (é a pista que a psicodinâmica do trabalho persegue) e de realização do trabalho pela realização de si (é a pista que a ergonomia privilegia);

Portanto, a questão do sentido tem aqui uma posição central;

- no nível **da ergonomia dos sistemas técnicos**, aborda-se o Homem como **centro de decisão**, intérprete dos acontecimentos. Aqui , para compreender o trabalho, o conceito de **atividade** rompe totalmente com o de funcionamento;
- no nível da **ergonomia dos sistemas de produção**, aborda-se a Empresa sob o ângulo da **complexidade**, isto é, com a hipótese de que a irredutibilidade dos pontos de vista exige o gerenciamento da tensão entre eles.

O conceito transversal que opera em cada um desses níveis é o conceito de **compromisso.**

Aqui, o desenvolvimento da ergonomia repousa no reforço de seu ponto de vista pelo aprofundamento (aumentar a precisão do campo — é o problema do conceito de atividade) e pela confrontação com outros pontos de vista cada vez mais diversificados e estratégicos (aumentar sua pertinência — é o problema da abordagem de intervenção).

A história da ergonomia é testemunha de que estes dois modelos sempre coexistiram. Modelo do laboratório e modelo do campo, por exemplo, mesmo no seio da ergonomia "francofônica" sob a forma "paradoxal" de abordagens de campo com modelos experimentais[27].

---

[27] Teoricamente, os ergonomistas francofônicos comungam todos no mesmo altar: em vez do estudo do funcionamento humano no trabalho, realizam a análise da atividade do trabalho. "Fora do *campo*, não há salvação", como diz de Montmollin. Porém, não se pode esconder que o "campo" não tem sempre o mesmo estatuto. Do campo de pesquisa ao campo da intervenção, o "real" não é o mesmo. Nem o que está em jogo. Assim, é necessário precisar: a diferença não está no laboratório ou no campo "real", mas nos modelos... "Sair do laboratório não faz diferença se isto consiste em abordar o terreno como uma situação experimental" Hubault (1994a).

Níveis, questões, desafios

Coexistência não significa sempre encontro. De fato, é mais difícil aos paradigmas da continuidade e da descontinuidade "comunicarem" entre si do que passar de um nível de investigação a outro.

Num caso, com efeito, deve-se enfrentar a questão de saber se o trabalho é um critério ou um ponto de vista. No outro, trata-se apenas de abarcar os diferentes níveis nos quais ele pode ser considerado.

A ergonomia se confronta com três níveis de questões

- A **ergonomia das condições de trabalho** é confrontada com a **questão da adaptação.**

  Existem situações adaptadas?

  Se a resposta é sim, o problema é compreender os processos de ajustamento e conceber um ambiente decalcado de prescrições do vivo, ou, inversamente, de conceber um ambiente capaz de "condicionar" (no sentido de criar condições *ad hoc*) a atividade humana solicitando-a **corretamente...**

  Se a resposta é não — paradigma da descontinuidade — se dirá, em contrapartida, que é possível que o homem adote **comportamentos adaptados** pela interpretação de compromissos (sua atividade) que revelam a persistência de **conflitos** irredutíveis.

  Aqui, o desafio diz respeito à pertinência destes compromissos, que não pode ser apreciada fora da relação com o sentido que o trabalho terá, seja para o operador, seja para a empresa que o oferece (pelo menos, é a idéia que o operador faz disto).

- A **ergonomia dos sistemas técnicos** é confrontada com a **questão da eficiência.**

  A interface considerada diz respeito àquela que o "sistema técnico" organiza com o "sistema humano". O problema apresentado é o de sua ação conjunta.

  Esta interface, impacto privilegiado da organização taylorista, constitui um desafio maior para se sair do modelo taylorista: o posto de trabalho concentra todas as tensões do trabalho, diz o ergonomista. É nele que se debate a (des)continuidade do gesto e do movimento, do pensamento e do raciocínio, do Homem e do Objeto, da atividade humana e do funcionamento técnico.

  Portanto, aí se encontra a questão de saber qual o papel do controle, da "pilotagem" do conjunto assim composto, dito de outra forma, **a questão da dificuldade do trabalho** (que poderá tomar todas as formas sintomáticas do custo — da fadiga à pane) e por conseqüência, **do modo de ajuda a conceber** (que poderá se declinar sob todas as formas possíveis — da órtese à prótese).

- A **ergonomia dos sistemas de produção** é confrontada com a questão da **eficácia.**[28]

  É banal dizer que a ergonomia sempre esteve implicada na questão da eficiência[29], e considerar que a eficácia diz respeito às dimensões econômicas e sociais, fora de seu controle (fora de sua influência?).

  Porém, como já dissemos, para nós a questão da eficácia desenha o próprio horizonte do trabalho:

  - para o Indivíduo, a eficácia define não apenas a remuneração mas também o conjunto do que ele arrisca e ganha trabalhando, o que o faz se envolver, o que ele produz por meio deste ato;
  - para a Empresa, a eficácia constitui o critério a partir do qual a solicitação do trabalho tem sentido e, portanto, alimenta as razões da atenção que ela deve lhe dar.

Esta questão leva àquela do **modelo de empresa** que o ergonomista mobiliza, em que está em jogo a relação da Ergonomia e da Gestão. E, por meio dela, a renovação da abordagem ergonômica da Organização. Em outras palavras, neste nível o que está em questão é uma definição, pelo ergonomista, do trabalho como interface de um modelo humano e de um modelo de empresa.

Mas, ainda aqui, o modelo de empresa que será escolhido necessariamente participa de um paradigma.

Como já dissemos, o paradigma da continuidade que inspira a abordagem macroergonômica apresenta a questão do trabalho em termos de "levar em conta" e se refere à homogeneidade possível do Trabalho e do Capital, confrontados em um mercado de equivalências cujo conceito econômico de Capital Humano desenha o quadro teórico *ad hoc*.

A alternativa existe e é a que defendemos: a de uma Ergonomia Global (no sentido de globalizar a questão do trabalho) que raciocina na dinâmica econômica da heterogeneidade do Trabalho e do Capital, cujo conceito clássico de Recursos Humanos oferece um quadro teórico que precisamos examinar.

A ergonomia encontra três níveis de desafios

Se resumirmos o recorte em níveis que acabamos de apresentar, veremos que:

---

[28] A eficácia mede o grau de realização de um objetivo.

[29] A eficiêcia mede o nível de recursos engajados para atingir o resultado obtido — é a medida do esforço consentido. O critério de eficiência instrui a escolha da organização que permite produzir o melhor resultado para uma dada alocação de recursos. O problema aparece, em geral, porque as ciências sociais, diferentemente das ciências físicas, raramente avaliam o *input* (entrada) e o *output* (saída) em unidades comparáveis... Lembremos que a **rentabilidade** mede a quantidade de recursos utilizada por unidade de produção.

- **no nível da ergonomia das condições de trabalho**, encontram-se, de um lado, uma ergonomia dos ambientes físicos, dos ambientes psicossociais e das **normas**; de outro lado, uma ergonomia articulada sobre a questão do **sentido**, que aborda as condições de trabalho em termos de contextos de atividade;
- **no nível da ergonomia dos sistemas técnicos**, encontram-se, de um lado, a ergonomia do posto de trabalho, dos programas informáticos, que aborda o Homem como "um sistema de tratamento da informação" e as "interfaces" Homem(s)—Máquina(s) em termos de **continuidade** entre as funções humanas engajadas na ação e a atividade humana de trabalho; de outro lado, a ergonomia que aborda os sistemas de informação como sistemas de decisão e as "interfaces" em termos de **descontinuidade** radical;
- **no nível da ergonomia dos sistemas de produção** encontram-se, de um lado, a macro-ergonomia que reconduz o princípio de **continuidade** do nível precedente; de outro lado, a Antropotecnologia (mas este termo indica bem que ultrapassamos o quadro "normal" da ergonomia) e a Ergonomia Global que se constroem sobre o estabelecimento de compromissos estratégicos tornados necessários pela **descontinuidade** a gerenciar entre os níveis Gestão e Ergonomia.

Pode-se continuar esta abordagem. As questões de adaptação, de eficiência, de eficácia que acabamos de constituir devem ser desenvolvidas.

Particularmente, podemos considerar a declinação seguinte (esquema 3):

- A questão da adaptação apresenta-se, particularmente, quanto à "interface" Homem(s)-Ambiente(s), cujo desafio principal é a **segurança**, ou mais amplamente a **saúde**, e o quadro prático, a ergonomia das condições de trabalho.
- A questão da eficiência apresenta-se, mais particularmente, quanto à "interface" Homem(s)—Tecnologia(s), cujo desafio principal é a **confiabilidade**, principalmente no quadro da ergonomia dos sistemas técnicos.
- A questão da eficácia apresenta-se, principalmente, quanto à "interface" Homem(s)-Organização(s), cujo desafio principal é a **qualidade** que concerne maciçamente a ergonomia dos sistemas de produção.

Este recorte tem como interesse principal manifestar que, do ponto de vista da ergonomia, não há diferença de natureza entre um "problema" de segurança, de confiabilidade ou de qualidade.

Este ponto merece alguma precisão.

Bem entendido, o homem não arbitra igualmente entre os critérios que expõem sua saúde e os que colocam em jogo a eficácia econômica da organização na qual ele age (Daniellou,1992). É essencial admitir a heterogeneidade estrutural das experiências e das significações e de lembrar, com Perroux (1970), que o dinheiro não é raro **como** o pão: o mesmo número pode assim controlar realidades muito diferentes e não se pode dissociar a medida daquele(s) para os quais ela **vale**... (Hubault, 1988).

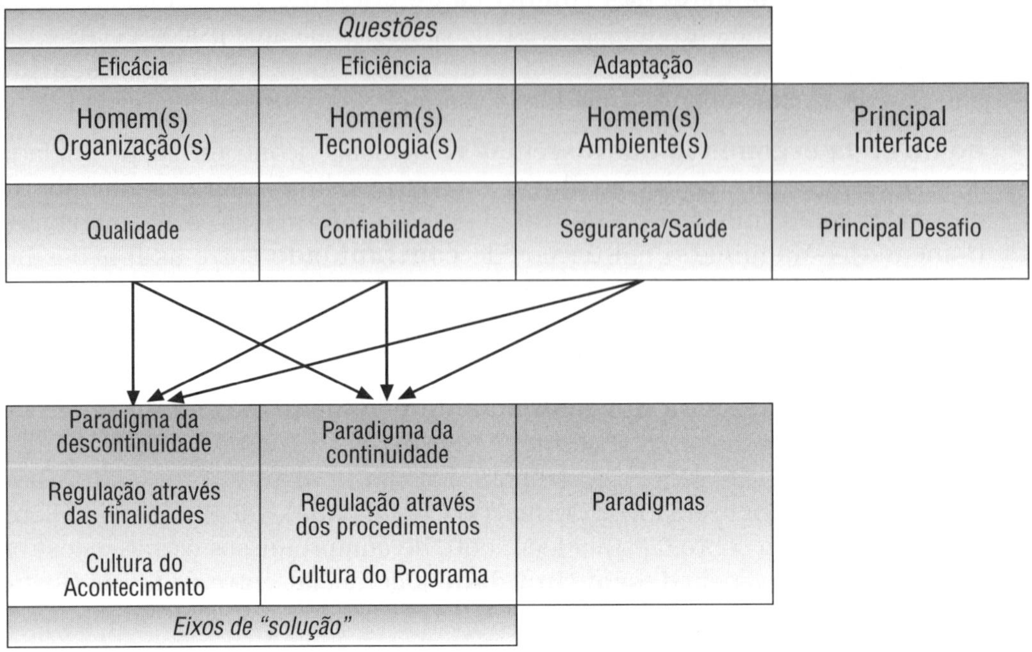

Esquema 3

Porém, a contribuição da ergonomia é a de objetivar que é precisamente no decorrer do ato de trabalho que se resolve o que se apresenta de início ao operador sob uma forma ainda não resolvida. Se **trabalhar é gerenciar a dinâmica de uma situação evolutiva,** trabalhar é gerenciar situações indeterminadas quanto ao seu possível fim em termos de confiabilidade, qualidade ou, ainda, segurança e saúde.

A diferença de forma mascara, portanto, a comunidade de problemáticas onde elas se decidem. Em cada caso, está em jogo a capacidade do(s) operador(es) de dominar a dinâmica de uma situação evolutiva (expressão que define o desafio da atividade de trabalho do ponto de vista ergonômico). Que a evolução de uma situação diga respeito:

- à integridade do **produto** por meio de um **defeito**, e coloque um problema de **qualidade**.
- à integridade da **máquina** por meio de uma **pane** e coloque um problema de **confiabilidade**,
- à integridade das pessoas por meio de um **acidente**, e coloque um problema de **segurança**,

é durante a atividade que isto acontece.

Entre tarefa e atividade: que espaço para a concepção?

Existem duas concepções "ergonômicas" de uma interface

A questão da atividade declina-se a si mesma segundo a linha que divide a definição de toda interface.

Segundo o paradigma retido, pode-se gerenciar a segurança, a confiabilidade e a qualidade, seja em termos de **regulação por procedimentos, seja** em termos de **regulação por finalidades.**

Segundo o paradigma da continuidade ou da descontinuidade, conceberemos diferentemente cada uma das questões que acabamos de levantar:

- a adaptação será compreendida como adequação a normas, ou, ao contrário, como um processo de confrontação do sentido.
- a eficiência será compreendida como resultante de uma continuidade do movimento e do gesto, do raciocínio e do pensamento, do funcionamento técnico e do funcionamento humano, ou, ao contrário, como eco de compromissos, não apenas funcionais mas operatórios, melhor dizendo, como a expressão de estratégias regulando sobre finalidades.
- a eficácia será compreendida como resultante de um "levar em conta" do fator humano a partir de sua "motivação" no quadro de abordagens participativas que mobilizem mais a adesão do que a inteligência, procurando neutralizar o "poder nocivo" dos trabalhadores, ou, ao contrário, como o fruto do gerenciamento da tensão produtiva que (pode) se organiza(r) entre o Trabalho e o Capital.

No primeiro caso-paradigma da continuidade — as "soluções" se inspiram em uma **cultura do programa,** que nutre principalmente a abordagem "confiabilista" da confiabilidade (a expressão "confiabilidade humana" é seu florão) ou "qualitacional" da qualidade, que favorecem os procedimentos de certificação aos quais as empresas se sentem cada vez mais obrigadas.

No segundo caso-paradigma da descontinuidade, uma **cultura do acontecimento** (princípio da tolerância ao "que pode acontecer" — o que é, aliás, o porquê do trabalho ser necessário...) — inspira a abordagem e a atividade de trabalho aparece plenamente na sua dimensão de atividade de decisão.

Enfim, e para resumir, segundo a cultura do programa, o princípio da eficácia está no coração das coisas; segundo a cultura do acontecimento, a eficácia vem do trabalho. É esta distinção que é capital. O que opõe a cultura do Programa à cultura do Acontecimento não é sua maneira de conceber uma mesma realidade: a interface. O que as opõe é que **o termo "interface" não designa a mesma realidade física** para uma ou para a outra.

A interface Homem(s)-Máquina(s), por exemplo, designa, num caso, a tela ou o programa do computador, ou os procedimentos, como **uma coisa que une o Homem às Coisas** (é justamente por isso que se pode pensá-los em continuidade). No outro caso, **o próprio trabalho designa a expressão "interface"**: a atividade de trabalho realiza esta mediação que une duas entidades heterogêneas, o Homem e o Sistema, o Homem e as Coisas (os programas de computador, a tela, os procedimentos, que sobretudo dizem respeito ao conceito de tarefa).

Precisemos mais uma vez: segundo o paradigma da continuidade, a eficácia é o fruto de uma **essência**; segundo o paradigma da descontinuidade, a eficácia é o fruto de uma **relação**.

Só o segundo se abre às questões da organização.

E, levada ao extremo, esta distinção obriga a se admitir que a **"concepção de interface" só tem sentido no paradigma da continuidade.**

No paradigma da descontinuidade, este enunciado significa propor uma abordagem da "concepção da atividade"... sabendo que, estritamente, só se pode imaginar a ergonomia concebendo a tarefa.

Ergonomia de concepção: uma ergonomia da tarefa?

A atividade nos aparece como a solução francofônica ao problema da diferença entre o trabalho prescrito e o trabalho real.

Acontece que o problema é a tarefa. *A fortiori* em ergonomia de concepção, a intervenção ergonômica encontra inevitavelmente a tarefa, na entrada (o prescrito-dado) e na saída (o prescrito-proposto). Em qualquer das hipóteses, a "análise da atividade" deve permitir relacionar estes termos. De um modo diferente, aí está o desafio.

A função essencial **do ponto de vista da atividade** é, portanto, favorecer uma **outra concepção da tarefa** (no duplo sentido de modo diferente de compreender a natureza e de modo diferente de atingir efeitos práticos) que interesse particularmente a contribuição da ergonomia nas abordagens de concepção...

Vê-se que o ponto de vista da atividade não tem o papel de evitar a questão da prescrição, mas de renová-la. A ergonomia desenvolve-se no interior do processo de prescrição que ela tem por encargo e a pretensão de pensar e de praticar de um **outro modo**. É aí que está o desafio de "sair do *taylorismo*": na elaboração de um novo modelo industrial, em que a concepção possa prever para o trabalho um papel mais central e mais estratégico, por meio de um **processo de prescrição** (problemática da tarefa) que antecipe de outra maneira as **questões da realização** (problemática da atividade).

Para nós (Hubault, Noulin e Rabit, 1989), uma das missões essenciais da ergonomia é a de formalizar a relação Homem-Ambiente de modo a levar em conta esta contradição: o Homem é um sistema autônomo que não é determinado pela oferta informacional de seu meio, mas que não pode se construir sem ela. Segundo esta problemática, a tarefa deve ser compreendida como uma **energia** da qual a atividade se nutre, uma **oferta** da qual a qualidade e a quantidade contribuem ao desenvolvimento ou à deterioração das capacidades funcionais, mas que não determina a direção da atividade.

Isto posto — que não é compartilhado por todos os ergonomistas! — compreende-se que a atividade não é uma "execução da tarefa" — posição no fundo relativamente admitida, apesar de que o uso desta expressão para caracterizar a atividade, em numerosos textos de ergonomistas, alimenta, pelo menos, uma ambigüidade... Ao mesmo tempo, também não poderíamos dizer que a atividade realiza a tarefa. Ela, antes, a **cumpre**.

Num livro recente, Clot (1995) retoma esta questão, a partir de uma grade de leitura na qual é a psicologia do trabalho que está em jogo.

Ele distingue duas vias em ergonomia:

- uma, representada por Leplat e Hoc (1983), define a atividade **em relação** à tarefa, segundo uma teoria que compreende "o que se faz" como uma das modalidades possíveis "do que se deve fazer", uma **desencadeada** pela outra que se torna, em conseqüência, a **referência** adequada à caracterização da situação inteira;
- a outra, representada por Pinsky e Theureau (in Amalberti, de Montmollin e Theureau, 1991), situa a atividade **em relação ao sujeito**, o qual pesa os constrangimentos de sua tarefa na balança que configura sua **interpretação** da situação.

Mas Clot se preocupa: na interação Sujeito-Tarefa "*podemos nos satisfazer com um face a face de **constrangimentos e de interpretações**?*" E ele propõe "*olhar a atividade daqueles que trabalham não apenas como uma reposta à tarefa concebida mas também, por meio dela, como uma questão e uma réplica às **atividades**[30] de concepção*".

Para ele, a tarefa aparece como o "modelo frio" das atividades dos projetistas, da atividade de concepção: "*a tarefa prescrita realiza, na sua própria lógica, o compromisso sempre instável de uma constelação de atividades diversas... ela fixa e gela parâmetros cristalizados ao final de negociações entre atores da concepção*".

Assim, ***"a tarefa é trabalhada a montante antes de o ser a jusante"***, e Clot reprova as abordagens demasiado cognitivas de tratar a tarefa ao "*pé da letra*", quando todo operador **sabe**, "*antes de toda assimilação propriamente cognitiva*", *a que ponto "a tarefa é uma prova social*".

Nós concordamos plenamente com Clot: a **análise da tarefa** só pode ser a reconstrução do processo de sua elaboração, e não apenas a objetivação do estado ao qual ela chega, sem o que a interpretação que dela fazem os operadores na sua atividade não poderia ser interpretável, nem seria possível inscrever sua atividade na história coletiva das atividades que a organização trama, na qual e pela qual tudo isso se responde, dialeticamente.

---

[30] Grifo do autor.

Em outras palavras, num primeiro momento, a análise da tarefa é uma análise da atividade dos projetistas para, em seguida, poder dar conta do processo pelo qual esta "oferta" é interpretada pelos operadores destinatários.

O esquema 4 tenta traduzir isto.

De modo incidente, se podemos dizer, esta abordagem abre a via para um tratamento diferente de pelo menos três questões importantes em ergonomia:

- a hipótese segundo a qual os debates de gestão não são nunca resolvidos a montante, mas transportados a jusante, a ponto de parecerem como densificados, enlaçados inextricavelmente, no "posto de trabalho"...
- a temática do **E** que os ergonomistas interpretam, geralmente de bom grado, segundo o preceito do "duplo constrangimento": na injunção "fazer depressa **e** bem" (prazo/qualidade), e mesmo "depressa **e** bem **e** com um efetivo menor..." (prazo/qualidade/custo), a dificuldade, ou dito de outra forma, a questão da competência é o **E**, este prescrito implícito mas efetivo cuja (in)compreensão do fato como do sentido é a fonte da capacidade operatória;

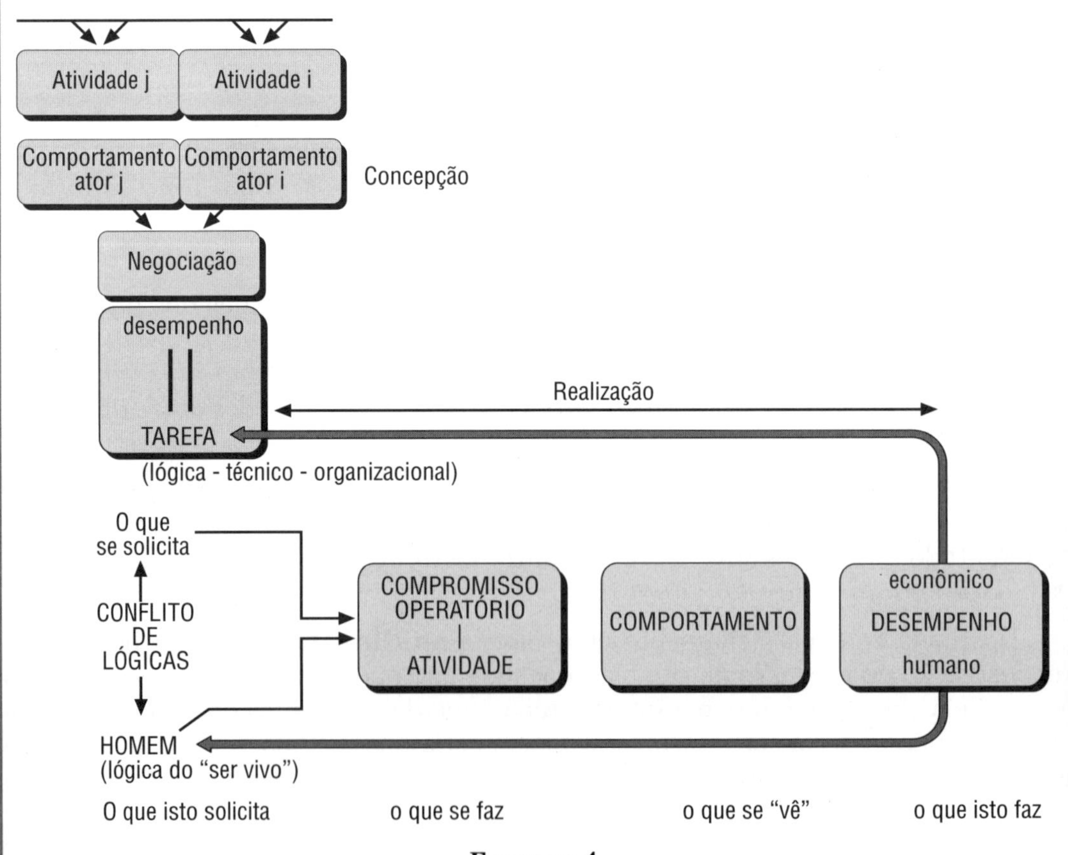

Esquema 4

- enfim, a problemática ergonômica mais geral, mas também mais estratégica, da organização: a saída do modelo taylorista supõe principalmente um deslocamento de horizonte, como dizíamos. Sabemos que é taylorista toda a redução da organização à organização **do** trabalho, ignorando na atividade sua capacidade de produzir a organização *pelo* trabalho (Hubault,1994b); mas também é taylorista, diríamos agora, toda concepção da tarefa que ignore a que ponto a organização do trabalho é ela mesma o produto de compromissos estabelecidos na atividade conjunta daqueles que "concebem" a tarefa.

O "TRABALHO REAL" É REAL?

A ergonomia analisa o trabalho para favorecer as condições mais favoráveis ao desenvolvimento de valores humanos que nele se encontram engajados.

Cientificamente falando, todo o problema diz respeito à definição do trabalho do qual se quer fazer a *análise*. Esta questão remete a que fato?

Estritamente, os fatos observáveis de que a ergonomia dispõe (esquema 1) dizem respeito ao Desempenho, ao Comportamento, à Tarefa, que ela confronta entre si e aos conhecimentos adquiridos previamente sobre o "funcionamento humano", para **fazer emergir** deste pano de fundo a figura da Atividade a qual, por sua vez, "explica" estes fatos observados. Portanto, a partir da objetivação de fatos brutos organizados em sistemas de dados — a ergonomia é uma ciência empírica — a ergonomia constrói, com o conceito de Atividade, não observável, o meio de compreender, de levar em conta o que-faz-realmente-o-operador, sua própria "atividade".

Assim, tudo gira em torno da questão da "verificação" (Granger,1992). Numa disciplina como a ergonomia, **"o abstrato que a verificação deve permitir encontrar, nos enunciados que descrevem os fatos, deve ele próprio ser construído."** Diferentemente das ciências sociais, que descrevem em "a morte", "a greve"... fatos singulares já constituídos como protótipos, a ergonomia só pode "verificar" fatos que descrevem a *atividade* depois de ter determinado o que constitui a atividade como um **fato**.

Propomos trabalhar a partir da reflexão epistemológica pela qual Granger (*ibid.*) tentou qualificar um "fato científico".

Com efeito, o termo atividade designa, ao mesmo tempo:

- "um fato percebido por **impressão**", a própria vivência do operador;
- "um fato submetido à **verificação científica**", em que esta singularidade é necessariamente neutralizada.

Fatos, hipóteses, validações

Entre os enunciados submetidos à "validação científica", Granger distingue,

- os fatos — que são de dois tipos: fatos atuais e fatos virtuais,
- e as hipóteses.

Entre os *fatos atuais* **que a classe dos acontecimentos reúne, uma categoria particular, limite, concerne aos** *fatos históricos.*

"As ciências, no sentido mais geral de conhecimentos metódicos de objetos, distribuem-se, a meu ver, segundo a atração que nelas exercem e o papel que nelas tem dois pólos fundamentais, radicalmente opostos. Um é representado pela matemática pura, sem conteúdos empíricos: o outro, justamente, por uma História ficticiamente pura, da qual o projeto teórico seria restituir, ad integrum, os objetos que existiram realmente. É o polo poético do pensamento científico, cuja atração se marca em diferentes graus e diversamente segundo os tipos de objetos, em todas as ciências empíricas. Atração que se opõe àquela do pólo matemático, segundo as formas de equilíbrio onde a dominação de um ou de outro é mais ou menos decisiva, distinguindo assim disciplinas mais ou menos "matematizadas" e mais ou menos "historicizadas" (*ibid.*).

Um fato histórico não pode mais ser "percebido por impressão" por nenhuma pessoa presente: porém, procura-se estabelecer e reter sua singularidade. Não presente, ele não é virtual; ele **foi** atual. Verificar (objetivar) um fato histórico necessariamente passado consiste, portanto, em "restaurar sua presença", "reatualizá-lo".

Segundo Granger, esta restauração toma a forma de uma "**imagem**". *A imagem histórica é da mesma natureza do que ela representa no sentido em que ela é dada como experiência concreta e não como modelo abstrato, destinada a substituir fatos passados que ela figura"* (*ibid.*).

Nenhuma ciência se limita a estabelecer fatos atuais, uma vez que ela também tem que supor a existência possível de fatos não atuais, e tirar disto conseqüências por meio de uma teoria.

Os **fatos virtuais**, assim, pertencem a um referencial no seio do qual são manipulados como variantes ainda insuficientemente determinadas do real, que permitem à ciência pensar os fatos atuais reais. *"A determinação e a formulação das condições de atualização (do virtual) são a tarefa que (a ciência) se propõe".*

Nisso, os fatos virtuais participam do que Granger chama de *"experiências de pensamento".*

Uma forma extrema do fato virtual, quase paradoxal para uma experiência empírica, encontra-se sob a espécie do "fato não observável": trata-se não apenas de um fato ainda não observado mas de um fato que é colocado em evidência (!) por uma **dedução** a partir de fatos observáveis **escolhidos** para isto. Esta virtualidade não traduz nem uma realidade escondida nem uma realidade ideal, nem um artefato do sujeito que manipula a realidade: ela é a condição necessária para se formar uma **representação** do real. O conhecimento científico trata, assim, de um real com duas faces: uma atual e a outra virtual:

"Da arte, e não apenas das Belas Artes, mas também da arte do mecânico

que conserta esta máquina..., da arte do médico que trata este doente[31]. *Em essência, somente da arte pode-se dizer que há um comércio de fatos propriamente atuais" (ibid.).*

Granger vai ainda mais longe:

"o conhecimento científico concerne essencialmente[32] *fatos virtuais"* a ponto de *"poder-se perguntar o que distingue os enunciados dos fatos dos enunciados das hipóteses, do ponto de vista da verificação".*

Uma *hipótese* não é um fato virtual, mas diz respeito necessariamente a um fato virtual[33]

Na verdade, "***a hipótese é uma função***"[34], *mais do que um tipo de enunciado, (que) abre um quadro conceitual para a apreensão dos fatos e para a construção de teorias... (de modo que) em certo sentido a hipótese serve de intermediária entre o virtual e o atual".*

A hipótese, portanto, não diz respeito diretamente à experiência vivida, mas às "operações do pensamento" que se efetuam no quadro teórico que ela contribui para definir.

Sua eficácia lhe vem do exercício de uma dupla função:

- uma função "norma", pela qual ela fornece o **paradigma** que fixa o quadro conceitual que serve à descrição e à explicação dos fatos observáveis,
- uma função "axioma" pela qual ela fixa as relações entre os objetos/fatos que ela determina, o sistema que configura estas relações que aspira a determinar o **conjunto** de objetos/fatos — o que Granger chama de "voto de clausura" — e a fornecer as regras de ***manipulação*** que os combinam e os engendram.

A *validação* apresenta-se diferentemente para um fato e para uma hipótese

Um fato é submetido a uma **verificação**: o fato atual sob o ângulo de sua realidade, e o fato virtual por meio de sua atualização[35].

Validar uma hipótese significa verificar a capacidade dos fatos virtuais em gerar fatos atuais. Estritamente, esta verificação é exaustivamente impossível. Uma hipótese, portanto, não diz respeito à verificação, mas à **confirmação,** que combina dois aspectos:

---

[31] Do ergonomista que transforma **esta** situação de trabalho...?
[32] Enfatizado pelo autor.
[33] A "conjuntura" interroga um fato atual (Granger, 1992).
[34] Grifo do autor.
[35] O fato não observável é estritamente não "verificável".

- um aspecto **lógico** que decorre do grau de **universalidade** que a hipótese tem. Aqui, é a questão das condições de sua **refutabilidade** que se encontra apresentada, isto é, as condições nas quais convenciona-se que fatos atuais constatados concordem com a descrição que deles foi feita pela hipótese num universo virtual de fatos;
- um aspecto **estratégico** decorrente da dependência que a hipótese tem com o seu contexto, o que, freqüentemente, obriga a enunciar a hipótese em termos de probabilidade.

Análise da atividade: uma análise clínica do trabalho

Esta curta incursão no campo epistemológico permite-nos precisar, agora, o que a análise da atividade pode significar e como ela é construída.

O termo atividade diz respeito a dois tipos de realidade:

- a realidade do que faz o Operador, o que ele sente fazendo-a — **a vivência** — que define um tipo de fato cuja "*verificação, quando é feita com espírito científico, ou dentro de uma ciência stricto sensu, concerne o conhecimento histórico*" (Granger, *op. cit.*),
- o objeto do método construído pela ergonomia para compreender o que faz realmente o Operador, mas cujo conhecimento exaustivo sempre escapa.

O primeiro tipo se refere à atividade como **fato histórico**.

O segundo, como **fato virtual**.

Para nós, a tensão que a ergonomia deve manter entre estes dois pólos justifica que concebamos a análise da atividade como uma **abordagem clínica:**

- o conceito de atividade serve para "explicar" a experiência subjetiva da Atividade-Vivência,
- reciprocamente, como sempre existem mais possibilidades operatórias do que a ergonomia pode imaginar, e que é preciso que elas se encarnem para nos serem "reveladas". Parafraseando Leriche, para a ergonomia as experiências reais constituem a compilação das soluções aos problemas colocados pelos operadores por sua atividade[36].

No final, é estabelecida uma abordagem segundo a qual o operador não aparece mais como um terreno de **aplicação**, nem mesmo como o resultante de forças que

---

[36] Citada por CANGUILHEM (*Le normal et le pathologique*, 1963), a expressão de LERICHE é: "*A fisiologia é a compilação de soluções aos problemas colocados pelos doentes por suas doenças*". Com isto, CANGHILEHM mostra que inverte a problemática de BARNARD para o qual "*no fundo, os doentes não passam de fenômenos fisiológicos em condições novas que se trata de determinar*". Esta discução é desenvolvida por CLOT (*op.cit.*, 1995, p 178 ssq.), de onde retiramos estas citações.

se cruzam, mas como uma fonte de decisões, produtor de fatos segundo modalidades cuja análise (a descrição explicativa) só pode ser clínica.

A análise da atividade pode, então, ser interpretada como segue:

- o conceito de atividade designa um **fato virtual** que permite compreender a formação, e a relação entre si, de **fatos atuais** que constituem a Tarefa, o Comportamento e o Desempenho, os quais também intervêm, sob a forma de testemunhos e traços, como **índices** do **fato histórico** que é a Atividade-Vivência do Sujeito.

Precisemos até que, para nós, o conceito de atividade define um **fato virtual não observável**: dele tem todos os traços[37] e assume sobretudo o papel de objeto de **representação do real.** A análise propriamente dita é constituída, então:

- pelo jogo do sistema de **hipóteses** que define o conjunto (conflito de lógicas –compromisso operatório) e que ela contribui para **confirma**r,
- pela reconstituição da *imagem* da vivência que "substitui" sua presença atual-experiência na qual é decisiva a possibilidade para o Sujeito-operador de reencontrar sua "impressão",
- e pela documentação do **universo de fatos virtuais,** cuja riqueza decide o modo de predição que "**a teoria** ergonômica da atividade humana de trabalho" é, ou não, capaz de desenvolver e da qual a Tarefa, para nós, constitui um desafio maior.

Clínica do trabalho: uma tensão particular entre Conhecimento e Prática no campo da Organização

Não há ciência do indivíduo do caso particular. Porém, a ciência não pode recusar indefinidamente o contato com o Acontecimento/Evento, nem qualificar de atípico o que não corresponde às descrições de seu formalismo. Menos que outras disciplinas, a ergonomia não pode admitir a separação entre a prática, sobre a qual já sugerimos ser "um comércio de fatos propriamente atuais", contingentes e singulares, e o conhecimento científico.

Mais: pensamos que em ergonomia esta distinção não é insustentável como talvez nela se pratique, a "*extinção do gênero que constitui esta distinção*" (Hubault, 1994 a).

Assim, para nós, a ergonomia pertence à família das abordagens clínicas, em que o conhecimento deve-se à pertinência, ou não, do "caso particular", **histórico**, no qual reside a validação. A **realidade** só e conhecida pela e para a intervenção, a qual supõe conhecimentos para recortar o ponto de vista que a guia.

---

[37] Além de constituir um verdadeiro paradoxo para uma ciência empírica, um "fato não observável" encarna, segundo GRANGER (1992), a forma extrema da necessária intrusão do fato virtual nos fatos considerados pela ciência: ele antecipa a estreita associação entre o fato e a hipótese. A noção de "fato não observável" instrui, assim, **uma estratégia** de observação, verdadeiramente uma intervenção.

A mais fecunda originalidade da clínica provém do método particular que ela desenvolve em torno da **dialética do caso**: *"a apreensão complexa e contraditória do singular e do sintomático"* (Granger, 1967), do local e do geral.

"A psicanálise oferece uma forma extrema de Clínica, que ajuda a compreender o mal estar epistemológico que a heterogeneidade entre estes tipos de saber provoca em alguns" (*ibid.*).

Dois pontos nos importam aqui:

- a prática clínica é uma **condição necessária e decisiva** da constituição da psicanálise como conhecimento científico, porém não faltam psicanalistas a sugerir, ao contrário, que seu valor teórico é prejudicado por suas obrigações terapêuticas.

Seja qual for a opinião que se tenha sobre o estado do avanço desta construção, pensamos que a fecundidade do ponto de partida clínico nela é decisiva e que, como ressalta Granger (*ibid.*), *"a psicanálise sem prática clínica engendraria uma massa de discursos verbais, obscuros, pomposos e vazios"*.

- Método de conhecimento do individual, a psicanálise desenvolve bem cedo um método de exploração da vida social. Levada ao extremo, a antropologia psicanalítica chega até a propor explicar as estruturas sociais pelo conhecimento clínico do individual mobilizado como "paradigma" (ibid.): a sociedade, o ambiente social não intervém mais como meio, mas como produto desta estrutura do ego...

Se for seguida imprudentemente, uma tal hipertrofia do ponto de vista psicanalítico apresenta o risco de querer se substituir a uma sociologia adotando, contudo, uma postura simétrica ao determinismo clássico. Incidentemente, por exemplo, isto impede de se compreender como um pensamento pode se tornar uma ação, ou o inverso (Wisner, 1994).

Daí, três idéias para concluir este ponto:

A prática participa de uma dimensão metodológica fundamental do conhecimento em ergonomia: a dimensão clínica define as condições de sua validação. É exato, o que vem *ex actu*, do ato, e o serve.

Conhecer manipulando, isto define um método de análise. Conhecer para manipular, uma prática de intervenção. Manipular para conhecer, uma metodologia de pesquisa.

Em todos os casos, visa-se o conhecimento e a manipulação de um **processo** e não de um **estado.**

Em todos os casos, a abordagem clínica transforma a relação do conhecimento científico com o Tempo e com o Sentido.

- O tempo da ciência é freqüentemente um tempo estático, traduzido por deslocamentos (ou um encadeamento), ou dito de outra forma, por mudanças de estado: o Sujeito é conhecido e descrito por sua **posição**, e a evolução só mede a mudança de posição no tempo e no espaço, conservando o Sujeito sem mudá-lo, finalmente sem o atingir, sem o concernir. É o tempo da **cinemática.**

O tempo da Clínica é a **dinâmica**, confrontada, em compensação, com o tempo-que-age, com o tempo-que-transforma: o Sujeito é compreendido por e nesta transformação na qual o tempo é ator.

- Não há sentido em si, e assim o trabalho não pode tê-lo por si mesmo. Mas apenas para o operador: o sentido que o operador lhe dá. O sentido que a intervenção tem para o ergonomista não pode, portanto, ser confundido com aquele que ela tem para os interessados. **Não há uma validação intrínseca da ergonomia**: para nós, esta é uma posição epistemológica fundamental.

No fundo deste princípio geral conservam-se **polarizações particulares que favorecem um modo diversificado de desenvolvimento da ergonomia**, que vai nutrir relações diferentes com a ciência.

Poderíamos, assim, destacar pelo menos três configurações em construção:

- A Ergonomia produz conhecimentos **para** transformar o trabalho, o que a liga às **Ciências aplicadas**.
- A Ergonomia produz conhecimentos **que** transformam o trabalho, as representações dos que trabalham, dos que concebem o trabalho, até os comportamentos de trabalho, o que a liga a um modelo **Ciência e ação** (Hubault, 1994b).
- A Ergonomia produz conhecimentos **transformando** o trabalho, a intervenção sendo considerada como um modo específico de pesquisa, o que a liga a um modelo de **Ciência pela ação**.

Para nós, apenas a terceira abordagem diz respeito à clinica.

O próprio da ergonomia está no seu ponto de vista: o que a distingue de todos os outros estudos sobre o trabalho é que o trabalho não lhe é um domínio de aplicação, nem mesmo de investigação, mas o objeto mesmo de sua abordagem. Daí, tudo o que influencia **significativamente** o trabalho ser pertinente para compreender **ao que** e **como** o homem responde "operando" (questão da qualidade científica da abordagem).

A pluralidade de vias empregadas decorre, assim, da complexidade do singular visado. Só o geral pode ser acessível pela interpretação de uma descrição homogênea. O que o singular concentra, pelo contrário, convoca uma pluralidade heterogênea de métodos, para ser restituído no quadro de uma teoria homogênea.

É aí que está o fundamento da multidisciplinariedade em ergonomia.

ENTRE ERGONOMIA E GERENCIAMENTO: O TRABALHO COMO QUESTÃO

Para se compreender certos termos que a ergonomia e o gerenciamento utilizam, pode-se distinguir dois níveis.

- Na acepção dos termos atividade, processo, organização, a ergonomia e a gestão empregam possivelmente dois níveis de definição: um sentido "concreto", funcional, que descreve o encadeamento factual de formas e de operações, e um sentido analítico, formal que se interessa às razões, à explicação, à gênese e à evolução dos fenômenos em causa.
- Aliás, entre ergonomia e gestão a definição destes termos não é a mesma: há uma diferença que remete aos domínios próprios e que faz com que a atividade não tenha o mesmo sentido em ergonomia e em gestão, que a organização **do** trabalho da qual a gestão fala não corresponda à organização **pelo** trabalho da qual fala a ergonomia.

Vê-se que o valor do encontro entre Ergonomia e Gestão depende, antes de tudo, de chegar-se a um acordo sobre o registro, concreto/analítico, dentro do qual uma confrontação é possível. Depende também do interesse que se descobrirá neste encontro, em termos de potência aumentada sobre os objetos que as concernem, tanto para a Ergonomia como para a Gestão.

Como ressalta Schwartz, (1992) *"o que de um lado não pode ser vivido"* (a patologia, o absenteísmo, e também a fadiga sobre a qual Cioran dizia que a filosofia se desacreditava por tê-la retirado de seu questionamento) *"é impossível do outro"* (os problemas de confiabilidade, qualidade, segurança, poluição).

Deste lado, compromissos: a atividade, cujos desempenhos (em termos de saúde como em termos de produção) revelam a existência**, não o modo**.

Aí está todo nosso problema. O fundamento de uma ergonomia global, capaz precisamente de ligar as duas formas. Capaz, portanto, de abordar, também, as questões de gestão.

A demanda existe. É mesmo uma obrigação: sair do taylorismo no contexto da crise do fordismo. Ela exige que se amplie o **espaço político das escolhas** para aumentar a reatividade econômica dos sistemas.

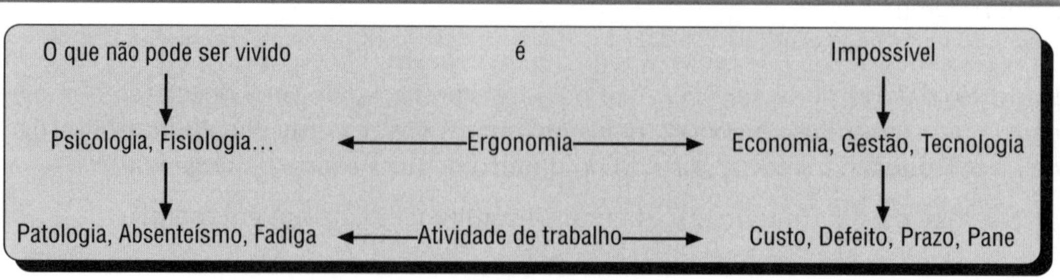

Esquema 5

Ergonomia e crise da eficácia

A gestão está menos interessada em conhecer o consumo de recursos do que os acontecimentos que geram estes consumos. Menos interessada em conhecer os defeitos do que o que gera estes defeitos. Assim, aumentar o poder local de manter os equilíbrios globais aparece como um desafio.

O local não é local: sobre esta asserção a ergonomia ancora sua abordagem clínica demonstrando que todas as arbitragens da empresa se encontram legíveis, renegociadas, no nível do **posto de trabalho**, pela **atividade** dos homens que operam como verdadeiros integradores de tensões produtivas (como fazer depressa **e** bem, quantidade **e** qualidade...). Esta expressão também designa uma encruzilhada e um encontro: de fato ela significa que o trabalho não é só o trabalho: que ele também pode ser mais — é a questão dos valores que ele engaja para o indivíduo, para a sociedade, na cultura —; mas pode também ser menos, quando ele só "vale" pelo que ele "produz". Aí está todo o desafio do encontro entre Ergonomia e Gestão: uma conceitualização de dupla face do **processo de valorização**— esquema de representação do processo de elaboração do valor, para o sujeito, para a empresa.

Uma ilustração disto está na problemática da pane: ela torna aparente que, ao mesmo tempo, está em jogo uma ocasião de aprendizagem e de produção (sobretudo do coletivo do trabalho) — no qual ela é fonte de valor —, como também a necessidade de que uma resposta seja encontrada para tornar este recurso disponível a outra coisa — sem o que ele se torna fonte de custo —. É a este desafio que a corrente de "reengenharia organizacional" pretende responder: pensar de outro modo, elevando-se ao nível superior das finalidades para recuperar o sentido do que está em jogo nos conflitos das regras.

Dito de outra forma, aumentar o espaço político das escolhas.

É aí que o ponto de vista da ergonomia pode e deve servir em gestão: abordar os problemas a partir do que os homens são capazes de fazer para, no, seu trabalho e onde a pane é, ao mesmo tempo, índice de uma dificuldade e ocasião de ultrapassá-la, buscando "soluções" nas fontes dos problemas.

Aumentar a capacidade de resposta dos sistemas de gestão às questões do pessoal operacional é o desafio de constituição de uma **ergonomia da gestão**. Ela deve permitir aumentar a capacidade de questões e de proposições dos operacionais em direção ao sistema. É a questão de uma estratégia verdadeiramente "total": tornar a mobilização interna da empresa e sua reatividade — sua disponibilidade — às "questões" dos mercados semanticamente homogêneas (Hubault e Lebas,1994).

Assim, a crise é uma crise da representação do que concorre à eficácia, uma crise de modelos de valorização. A crise das alternativas disponíveis para assegurar a eficácia. Portanto, a demanda diz respeito à elaboração de novos modelos industriais: mesmo assim, nada garante, ainda, que esta busca de eficácia econômica e social pela **ação sobre o trabalho** não continuará a tomar o caminho de uma redução do trabalho como efetivo (segundo a lógica de custos), em vez do desenvolvimento do trabalho como fonte produtiva (segundo a lógica do valor).

Situar a gestão no sistema estruturante das atividade de trabalho

Talvez pudéssemos nos arriscar em dizer que a ergonomia está tão colada "ao campo" que às vezes também dele esposa os modos e os mitos. Assim se explicaria porque durante tanto tempo a ergonomia falhou na questão da organização[38]: por ter acreditado que a organização era tão deduzida da tecnologia que com ela se confundia.

O essencial da ergonomia se desenvolveu **no interior** do modelo *taylorista*, para se opor às suas conseqüências humanas e desmontar os pressupostos teóricos concernentes ao trabalho. Mas rara e insuficientemente, fazendo objeção ao nível constituinte do *taylorismo*, precisamente onde ele se encarna: **nas** escolhas que favorecem a **eliminação do trabalho direto**. A organização parcelar — *taylorista* — do trabalho se limita a prefigurar a forma que o progresso técnico concretizará — o trabalho maquinal sempre teve a vocação de se tornar o trabalho da máquina. Teoria da gestão, o *taylorismo* traduz suas exigências gestionárias por meio de ocasiões que a tecnologia lhe fornece e os faz reconhecer realmente em uma organização mecanicamente deduzida das regras do funcionamento técnico. Pode-se dizer que o ***taylorismo* consegue confundir a Organização da Produção na Organização do Trabalho, por um sistema Técnico que ignora as diferenças de níveis.**

Esta confusão é uma força (simplificação) que pode se transformar em fraqueza desde que a relação se afrouxe. Não se sabe mais o que propriamente o trabalho "gera" quando há automatização e não robotização (Jouanneaux e Hubault,1996); não se sabe mais ver que as variações da organização da produção não levam forçosamente a variações da mesma natureza em termos de organização do trabalho. O estreitamento do espaço político das decisões que afeta a passagem entre estes níveis, este espaço que é propriamente o espaço do gerenciamento enganou todo mundo, incluindo os ergonomistas que, como muitos outros, não viram este amálgama. Eles consideraram como adquirido que as "necessidades de gestão" se confundiam com as evoluções técnicas e, simetricamente, tenderam a acreditar que a evolução das técnicas indicava, por si mesma, evoluções de gestão.

Uma abordagem renovada da Organização deve procurar a potencialização recíproca da Tecnologia e da Gestão.

A abordagem da reengenharia tem esta pretenção (Hammer e Champy,1993). Filosoficamente, ela substitui uma organização do pensamento e de práticas centradas sobre o "valor-trabalho", o qual Adam Smith considerou ser a fonte da "riqueza" econômica, no sentido clássico.

---

[38] Expliquemo-nos: a ergonomia sempre se confrontou com a forma concreta da organização. Foi a reflexão sobre a organização, sua dimensão analítica, que a ergonomia evitou.

Mas, do ponto de vista da ergonomia, duas questões nos ocupam então:

- Primeiramente, trata-se de assegurar a maneira pela qual a reconfiguração de "processos"contempla os meios reais necessários na realização concreta do trabalho.

As novas abordagens de gestão atacam-se à redefinição da relação entre estratégia e ação. Na verdade, trata-se de restabelecer uma ligação operacional entre estes termos, o que explica que se reserve um lugar essencial ao conceito de Atividade no campo do Controle de Gestão. Mas o termo "Atividade" não tem o mesmo peso em Ergonomia e em Gestão e é aí que se coloca a questão do **nível de investigação** considerado como pertinente, do qual vai depender **o nível de relação** entre Ergonomia e Gestão.

Hammer e Champy insistem na necessidade de se atacar à "*arquitetura mesma do processo de trabalho*" sublinhando que "*compreender não é a mesma coisa que analisar*". Sua crítica da análise tradicional ressoa agradavelmente aos ouvidos do ergonomista: "*as pessoas coletam informações durante entrevistas que se desenvolvem em escritórios ou salas de conferência. Evitam-se entrevistas no local de trabalho, considerado muito barulhento ou pouco propício à concentração. Portanto, os analistas tiram as pessoas de seu ambiente de trabalho, instalam-nas em poltronas e lhes pedem para explicar o que elas fazem.... O que as pessoas fazem quase nunca é a mesma coisa do que elas dizem fazer...*" (*ibid.*).

Vê-se que estas observações traduzem a **preocupação do gestor** em ter acesso à compreensão das reais finalidades dos processos para otimizar o ordenamento dos meios. Em contrapartida, nos incumbe marcar a **preocupação do ergonomista** em assegurar a **lisibilidade conjunta** da circulação do valor e do trajeto das pessoas, em que estão em jogo a identidade dos sujeitos e as finalidades do sistema.

- Toda a argumentação da reengenharia tem sua origem na oferta tecnológica da qual a empresa deve saber descobrir a ocasião estratégica que ela representa. A tecnologia, de uma certa forma, dá as cartas...

Mas não poderíamos imaginar que reconfigurações organizacionais significativas pudessem ser engajadas pela iniciativa de uma oferta que não estaria ligada a uma inovação técnica, e sim, por exemplo, a uma inovação originária do conhecimento e da compreensão das capacidades humanas e que autorizasse a se pensar **de outro modo** a organização do trabalho?

Parece-nos que favorecer uma reengenharia que bascule o fundamento econômico do desempenho, do "valor-trabalho" ao valor do trabalho seja o desafio de uma ergonomia capaz de participar em posição privilegiada de uma verdadeira refundação da empresa em torno da **centralidade do trabalho.**

Numerosas intervenções ergonômicas atestam o vigor deste projeto e a esperança que ele suscita entre aqueles que, no campo da gestão, têm um percurso muito convergente.

Neste movimento, é o trabalho que é o desafio. Até agora, privilegiou-se a abordagem do tipo crozeriano que coloca o acento sobre as estratégias de poder dos atores: o trabalho enquanto tal não é estratégico. A ergonomia só renovará a abordagem estratégica se fizer do trabalho, e não apenas do trabalhador, o coração do dispositivo (cf Langa, 1994). A condição para que a ergonomia promova uma abordagem inovadora reside na sua capacidade de demonstrar que a organização do trabalho não se confunde com a sociologia dos atores e que convém encarar **em conjunto,** a) o papel **organizador** do trabalho e b) a forma **organizada** que se deve ajudar a encontrar para que ele se realize, conjugando assim, até o fim, a hipótese original segundo a qual é no e pelo Trabalho que Tecnologia e Gestão se **organizam**.

Para nós, este é um campo essencial da pesquisa em ergonomia.

Ergonomia: um trabalho da *demanda*

A ergonomia de língua francesa é maciçamente uma ergonomia "de campo". É, então, normal que ela seja levada a viver as vicissitudes do campo, no ritmo das vicissitudes que afetam as empresas[39]. Prática **de** crise por construção *(problem oriented,* a ergonomia trabalha "o que resiste": o trabalho), ator **na** crise por convocação, talvez ela também esteja em crise. Por sorte?

Nós acreditamos de bom grado que os desafios da crise atual obrigam a ergonomia a uma saudável centralização. Estes chamamentos à ordem nos confrontam com as exigências que a ergonomia pretende(ia) servir.

- A evolução da ergonomia ameaça afrouxar o vínculo entre oferta/demanda? É preciso apertá-lo.

A ergonomia sempre seguiu a evolução da demanda industrial. Parece-nos importante que os ergonomistas tenham consciência da maneira pela qual a história agiu na constituição de sua disciplina. O desfile das dificuldades do *taylorismo* e do fordismo gerou uma sucessão de oportunidades que diversificaram as modalidades de intervenção ergonômica. Neste percurso, a ergonomia não se conservou intacta. Parece-nos que este percurso favoreceu a elaboração de uma oferta cada vez mais autonomizada em relação à demanda, cada vez mais estruturada sobre a lógica universitária dos domínios e dos campos que lhe permitiu, o que não é pouco, cultivar sua diferença metodológica.

Os fundadores da ergonomia, por trajetória individual e também por cultura, sabiam e queriam manter juntos os termos de uma questão da qual a multidisciplinaridade encarnava os teóricos e práticos. Uma taylorização rasteira lhes sucedeu. De um lado, o formalismo (particularmente metodológico) que se elabora cada vez

---

[39] Ver "Ergonomia na crise, crise na ergonomia?", debate preparatório à mesa redonda do Congresso da SELF, que reuniu Christol, Dupont e Volkoff, animada por Hubault, *Bulletin de la SELF*, nº 83. Ver também DURAFOURG e MÉLIER, "Crise da ergonomia e ergonomia na crise: mas de que crise(s) se trata?, *Bulletin de la SELF*, nº 80.

mais à parte das situações reais de trabalho, fatiando os "problemas" segundo os campos de onde saem as questões colocadas. De outro lado, o empirismo que às vezes, toma a forma ingênua de um cientificismo aplicador de normas. Todos os dois incapazes de responder à altura aos desafios atuais.

É preciso reconduzir a ergonomia às sua fontes: para nós, o recuo da multidisciplinaridade é um indicador da deserção das situações de trabalho e do empobrecimento da capacidade de oferta da ergonomia.

- A evolução da ergonomia turva a legibilidade do "ponto de vista" que a sustenta? É preciso aprofundá-lo.

O trabalho é onde está em jogo uma "dialética de registros" (Schwartz, 1992):

"Os ergonomistas que, com a distinção entre o prescrito e o real, abrem — talvez — os horizontes de uma dialética entre o nível micro e macroscópico; os psicólogos do trabalho que levam a sério os dramas internos ao uso de si; os lingüistas sensíveis à dialética entre a norma e o uso; os economistas que procuram restituir um processo dialético entre o que Marx chamava de trabalho abstrato e trabalho concreto, caminhando a partir daí em direção à análise de produtividades diferenciais etc... programam uma mesma disponibilidade às recriações incessantes que têm lugar no trabalho... Pode-se puxar a meada por qualquer um de seus fios, os saberes adquiridos se dão as mãos a partir de sua própria especialização, em direção à qual, ao mesmo tempo, eles se voltam para lhe pedir para levar em conta o que esta experiência de cooperação descobre, do ponto de vista do objeto de seu saber".

Certamente nós nos inscrevemos nesta dupla perspectiva.

- A ergonomia é um ponto de vista que se aprofunda quando se confronta, que se singulariza quando conversa, que se especializa quando coopera. Paradoxalmente, poderíamos dizer que é seu isolamento que turva sua legibilidade: porque ele lhe retira as condições sem as quais, justamente, não há mais "ponto de vista": o encontro dos outros[40].
- A ergonomia não tem eficácia intrínseca: é a outra vertente da multidisciplinariedade, à qual é preciso também se apoiar.

Só se pode avaliar sua contribuição conhecendo-se as sinergias que ela terá sabido provocar ou esposar. Se sua influência pode ser apreciada, sua eficácia particular não o pode. Aqui encontramos o problema da **imputação de indiretos** que constitui um problema tanto para a Gestão como para a Ergonomia. A validação/avaliação da pertinência do ponto de vista da ergonomia não pode evitar de se submeter ao princípio da **refutação diferenciada,** (Hubault, 1994a) que vai da refutação experimental à refutação social, num campo ele próprio normalizado sobre uma base também muito diversificada, que vai de regras de funcionamento a sistemas de valores.

[40] É precisamente o problema apontado pela "auditoria": ignorar que ela não passa de um ponto de vista!

É, portanto, da pluralidade dos ângulos que se desprende a singularidade do ponto de vista.

No cruzamento de quais linhas de tensão se desenha o espaço particular de onde a ergonomia pode, deve intervir ?

As respostas possíveis são múltiplas. Todas devem ser consideradas.

Para nós, a resposta é a seguinte: a Organização faz apelo à Ergonomia no cruzamento da linha dos valores técnicos, ao longo da qual se debate a união/dissociação do sentido e do funcionamento, e da linha dos valores econômicos, em que se determina a convergência/divergência das finalidades (e utilidades) individuais e sociais: para ajudar e fazer ver como o Homem gerencia este encontro nos múltiplos registros (econômico, técnico, subjetivo) (Schwartz, 1992) que seu trabalho conjuga.

Da ambigüidade da "Gestão de *Recursos Humanos*" (GRH)

O termo Recursos Humanos (RH) pode designar tanto aquilo cujo consumo deve ser controlado, idealmente reduzido ao mínimo, quanto aquilo cujo poder produtivo deve ser desenvolvido, idealmente maximizado.

No plano da análise econômica, o "reconhecimento" do trabalho como "recurso" — fator exógeno à ciência econômica — no espaço teórico clássico operou-se pela extensão ao trabalho das propriedades reconhecidas pelos fisiocratas da Natureza (Hubault,1983). Mas nesta extensão, a Natureza encontrou-se despossuída dessas mesmas propriedades, a ponto de fazê-la desaparecer como recurso. Foi substituída pela Sociedade, "segunda natureza!" (Hegel), em que se apóia em um Trabalho desnaturalizado e desincorporado.

A reprodução do recurso humano coloca fundamentalmente a questão da gestão da tensão-compatibilidade de fins (produzir) e de condições (particularmente para nós, o trabalho), na duração desses fins (custos, prazos, qualidade, confiabilidade...) e destas condições (saúde, desenvolvimento da cultura, ...). Para nós, é aí que se encontra a importância antropológica da interface entre a Ergonomia e Gestão, segundo uma definição que nos leva (Hubault, 1983, 1993) a dar a este conceito uma perspectiva um pouco diferente daquela perseguida por Wisner desde 1972 até hoje (cf. Wisner, 1985, 1992 e doc CNAM, nº 52, 68, 98) .

A afirmação da especificidade do trabalho pelos autores clássicos não abriu o pensamento econômico para a consideração de uma humanidade, mas sim de uma matéria, uma energia da qual o homem é feito. Assim, na prática, a noção de indivíduo ou de recurso se encarnou finalmente na noção de "fator", a reprodução do fator de produção se inscrevendo, assim, em um contexto que evitava o trabalho. E até mesmo, toda dinâmica social.

Esta ruptura alimenta os debates teóricos desde a era clássica. Para nós, trata-se de fazer ressoar a descontinuidade-dualidade do ato econômico de trabalho — que Hegel resume dizendo que o Homem afirma sua natureza **pelo** trabalho mas a degrada **no** trabalho, desde que a sociedade industrial se edifica sobre uma desvalorização do trabalho humano do qual ela esgota a substância (Hubault,1983)[41]—, com a descontinuidade-dualidade de toda atividade econômica pelos gestores — que sustenta a problemática da valorização a partir de uma representação do valor como árbitro de uma tensão entre sua vertente "custo" e a vertente "efeito útil" do custo —, com a descontinuidade-dualidade da atividade do trabalho para o ergonomista — cujas distinções prescrito/real, tarefa/atividade testemunham.

É importante dialetizar estas descontinuidades–dualidades: compreender os modos de seu engendramento, suas influências recíprocas, de modo a ajudar a uma gestão ecológica, isto é, preocupada não só em não aumentar a raridade mas também a desenvolver o recurso — de valores que nela se encontrem engajados.

Assim, o "recurso humano" não designa nem um homem concreto nem um objeto econômico concreto. Esta noção diz respeito a uma **situação** cuja reprodução não concerne diretamente àquela de "sujeitos" em presença (os homens e as máquinas) mas apenas sua relação. Por outro lado, esta situação — por exemplo a produção, só pode ser reproduzida sob a condição de uma presença renovada dos sujeitos que a habitam (os homens e as máquinas) e que, portanto, devem poder perseguir, pela evolução de suas relações, seus próprios destinos. "*O homem só é recurso humano como homem, tensionado biologicamente e psicologicamente (e não economicamente) em direção à ação: esta só pode se tornar economicamente produtiva se uma estrutura souber dinamizar e tornar concretas estas virtualidades específicas*" (Hubault, 1983).

Vê-se que a GRH não passa de uma expressão ambígua. Ela só tem sentido verdadeiro ao significar uma atenção às condições organizacionais pelas quais se pode esperar atualizar a potência humana de criação[42].

Ressaltemos, pois é essencial para nós: a capacidade humana procede sempre de uma relação, entre uma **disposição** e uma **ocasião**; é um efeito de **organização**. Neste encontro, o estatuto econômico do trabalho só pode se estabelecer às antípodas da natureza psico-fisiológica do trabalhador. Se, como defendemos, a atividade de trabalho define precisamente esta "interface": onde os valores humanos da ação se transformam em valores econômicos de produção, o conceito de RH define o processo organizacional, no sentido analítico, que o assegura.

---

[41]Aliás, para Hegel, melhorias da produtividade aumentam a riqueza (mais produtos por uma mesma quantidade de trabalho) mas reduzem o valor do trabalho, alimentando assim o conflito entre os interesses da Socieade e os do Trabalho. Este esquema — que nos lembra a problemática hegeliana da união entre utilidades individuais e sociais, cuja importância é evidente para o emprego — repousa sobre uma junção custo-valor importante para as abordagens recentes (BESSON, 1990).

[42] Assim, dizíamos (HUBAULT, 1991): "em uma organização flexível, a eficácia não deriva mais apenas de economias em mão de obra mas também de economias obtidas por uma mão-de-obra, talvez mais 'enxuta' em número, mas mais densa em qualidades produtivas. É nestes termos que o conceito de Recurso Humano se fortalece. Observemos que a dimensão ecológica de luta contra a rarefação destas qualidades faz eco aos objetivos de luta contra a irreversibilidade e de flexibilização do sistema; e nesta ressonância a ergonomia adquire um importante papel".

Assim, o Recurso Humano será considerado seja como um atributo humano "natural" concreto e quase inesgotável, uma **renda** no sentido ricardiano (neste caso, a única responsabilidade da empresa seria a de "selecionar" a mais rentável, com o inconveniente de tomá-la a seu serviço, sabendo recompensar corretamente seus "méritos"), seja como um **capital humano**, que só reconhece uma dignidade econômica ao trabalho elevando-o à categoria de capital, todos os dois se achando desubstantivados,[43] e a empresa finalmente dissolvida por não ser mais que um mercado — o esquema Cliente-Fornecedor sendo-lhe, então, perfeitamente conveniente.

No coração desta ambigüidade da expressão GRH há, enfim, ainda outra coisa: o eco da oposição tradicional, entre Gestão e Organização no espaço clássico e que as intenções atuais penam para enfraquecer. No plano da relação salarial, a cultura econômica dominante mostra-se mais concernida pela repartição do valor (a questão da partilha) que pela produção do valor (a questão da organização da combinatória fluxo de exploração/estoque de capitais). Isto mantém "uma submissão da lógica empreiteira à lógica do proprietário" (Bachet,1995). O peso predominante dos critérios financeiros exerce "uma força de chamamento ao mesmo tempo *ex ante*, pelo jogo de critérios de investimentos, e *ex post*, pelo jogo de proporções de rentabilidade". Portanto, não se pode "ultrapassar" a organização clássica se não pelo estabelecimento de uma nova ligação entre gestão industrial e escolhas organizacionais. Sem o que, a questão organizacional, mantida encarcerada apenas no nível da oficina e do curto prazo, intocada na sua natureza mesmo quando consideravelmente modificada em sua forma, continuará secundária nos debates de gestão, como a vocação estratégica destes continuará apartada da consideração de modalidades organizacionais.

---

[43] Mesmo na sua perspectiva dinâmica, a noção de capital humano não consegue levar em consideração as modificações introduzidas na produção onde se observa uma reapreciação do "fator humano". Não é a constituição de suas aptidões em "capital" que faz com que o sistema produtivo reconheça o papel dos homens, mas, ao contrário, é a evolução em direção aos "conjuntos técnicos" (no sentido de SIMONDON) que clama a uma transformação dos sistemas Homem(s)-Máquina(s). Já dissemos, sobre eles, que o funcionamento dependia de uma prestação humana, ao mesmo tempo certa e indeterminada, em outras palavras, **segundo um modo antagonista e complementar àquele do capital**: a elevação do trabalho à categoria do capital contradiz a necessidade funcional de usa complementaridade. A noção de capital humano é uma contradição nos seus termos: um capital só existe como arranjo pré-determinado de matérias submetidas a um plano de emprego, enquanto que o homem só é essencialmente requisitado nos sistemas produtivos para interromper suas indeterminações. A definição do homem como "estoque" — necessariamente finito e definito — de aptidões contradiz a infinidade e a indefinição das situações que legitimam sua presença como "resurso". Quer dizer, na sua qualidade de "fator exógeno", gerenciável segundo sua destinação mas também segundo sua ordem para se assegurar, ao mesmo tempo, de seu desempenho e de sua reprodução, e não como a noção de capital humano implica, determinado com o "produto". O homem só poderia ser um estoque na medida de uma pré-determinação de seu emprego — o trabalho em linha de montagem é um exemplo — e, portanto, em uma perspectiva que se revela uma "valorização", do mesmo modo que sua qualidade de "Operário Especializado" (O.S.) valoriza o operário como "especialista" (HUBAULT, 1983, p 213).

Sair do modelo *taylorista*: do esquema globalista ao modelo contraditorial[44]

Nos sistemas complexos, "pós-industriais", o valor da atividade humana afasta-se cada vez mais do que ela custa. De um modo mais geral, como vimos, quando a complexidade e a diversidade tornam-se um elemento de concorrência que não o preço, os indutores de resultados financeiros distinguem-se cada vez mais dos indutores de custos.

O trabalho não é o único a aí desempenhar um papel. Também a eficácia de uma máquina é literalmente inapreciável, na medida em que é necessário homens para fazê-la funcionar: assim, pode-se avaliar a performance de um avião independentemente de seu piloto? (Jacot, 1990; ver também Jouanneaux e Hubault, 1996)

Por outro lado, ela será muito diferente se a avaliarmos segundo o ângulo funcional (por exemplo, em termos de substituição homem/robô) ou segundo o ângulo operacional (por exemplo, para voltar ao que foi analisado por Jacot, a integração da função manipulação nos sistemas de produção).

Assim, quanto mais um sistema tem uma finalidade geral, com vocação aberta, menos os "responsáveis pela concepção" têm condições de decidir, sozinhos, as tarefas que poderiam nele contribuir; o mesmo se passa com os "utilizadores"; enfim, nem uns nem outros são capazes de avaliar sozinhos seus desempenhos individuais, *a fortiori* futuros: qualquer que seja o ângulo que tomemos, um diálogo é necessário entre eles. Como ressalta Jacot (*op. cit.*), a concepção, a utilização e a avaliação só podem ser multicritérios e multiatores.

Parece-nos que isto é essencial: a **problemática dos pontos de vista** é literalmente uma transgressão da cultura do modelo único, globalizador, que inspira o modelo *taylorista*.

Esta transgressão deve ser real. Se insistimos sobre isso, é porque nos parece que numerosas práticas "participativas" atuais se pretendem indevidamente inovadoras. Pedir aos operadores para "assinalarem" defeitos que os responsáveis pela concepção continuam a "solucionar" no seu canto, só faz reconduzir[45] à dicotomia concepção/"execução", deixando o sentido fora de alcance daqueles que "assinalam" — com o risco que eles não saibam o que **vale** ser ou não registrado — mas

---

[44] Usamos aqui esta expressão proposta por CAZAMIAN (1993) para definir uma nova perspectiva para a ergonomia.

[45] Na verdade, não é apenas reconduzir, mas talvez regredir em relação à essência do taylorismo, que não está na *separação* entre responsáveis pela concepção e executantes, e sim, como lembra ZARIFIAN (1995), na ilegitimidade dos executantes a qualquer pretensão em matéria de concepção: a *aproximação* dos responsáveos pela concepção *em direção* aos executantes, o mais próximo possível das oficinas é, ao contrário, preconizada por TAYLOR que teme que, sem ela , eles se burocratizem... Como vemos, certas "modernizações" na condução de projetos retornam aos originais do pensamento de TAYLOR, invertendo-os: atualmente se faz "subir" os operários *em direção* dos responsáveis pela concepção, em "grupos *ad hoc*", longe das oficinas...

também daqueles que resolvem — a dissociação do saber e do fazer prejudicando a compreensão do acontecimento, sua contextualização na história da situação. Esta abordagem extremamente instrumentalista e funcionalista da "perícia" perpetua uma concepção desvalorizadora do trabalho, relegada ao registro do "sentimento" e, portanto, incapaz de uma verdadeira compreensão dos fenômenos aos quais, em contrapartida, o engenheiro, que agiria no registro do conhecimento, tem acesso. Uma abordagem que finalmente aprofunda a oposição entre sentido e funcionamento descobrindo nela uma forma mais sofisticada sob os termos da oposição possível entre sentido e valor.

O que está em jogo em toda técnica é a reunião do sentido-valor e do funcionamento (ver Simondon, 1969)[46]. E a gestão é incontestavelmente uma técnica "invisível" — como Berry e sua equipe a caracterizaram com tanta propriedade.

Eis uma questão que perpassa toda atividade econômica: a reunião das utilidades individuais e das utilidades sociais. Daí esclarecer o que gera o valor, como os disfuncionamentos, compreender "o que resiste", onde resiste, como o que acontece às coisas diz respeito aos homens, o que se passa com os homens, tudo isto é objeto de uma concepção "contraditorial" da gestão, da organização, em que o trabalho consiste, então, em compreender, (a) como um ponto de vista oposto a outros nos "dispositivos de controvérsia" (Berry, 1987) que tendem a se instituir nas organizações "abertas", (b) como lugar e atividade de integração-arbitragem de contradições das quais ele é ele mesmo e a sede e a "solução".

Em todo lugar onde há a preocupação com o que resiste, encontra-se o peso da ação humana no processo de valorização, o peso do trabalho, isto é, da cultura (o que permite interpretar, dar sentido em função dos contextos).

Trabalhar é um ato de cultura e é por isso que ele jamais se resume a funcionar.

Ergonomia e produtividade

O trabalho tem duas faces: energia e inteligência, força e cultura. Esta dualidade o divide e a tradição econômica sempre se perdeu aí. A estas duas faces do trabalho correspondem dois modos diferentes da produtividade, que é preciso, porém, manter juntos, como se trata de fazê-lo para o trabalho (Zarifian, 1990).

De um lado, a **produtividade operacional**, mesmo "global", raciocina em termos de "rentabilidade", isto é, em termos de eficácia do capital; que "ampliemos" a busca da produtividade do trabalho ao conjunto das atividades indiretas não modifica os princípios tayloristas; que "desloquemos" esta busca de produtividade também não — isto conduz a manter no coração do dispositivo a preeminência da questão da velocidade, e nelas submeter não mais apenas as operações "parciais", mas o conjunto "maquinal" que elas compõem.

[46] Discutimos a análise de SIMONDON, tão essencial para a ergonomia, em nossa tese de ciências econômicas (HUBAULT, 1983).

Esta produtividade só se abre a projetos articulados sobre a "tensão de prazos" (de concepção, de exploração, de entrega...). Ela não permite explorar fora do espaço técnico estando as atividades de trabalho "impactadas" voltadas à ação procedimental, única instância de validação aceita.

- Para que o conceito de produtividade rompa com a sua definição clássica, é preciso que ele próprio traga rupturas à gestão: a **produtividade simbolizadora** (*ibid.*) refere-se, de um outro lado, às atividades reguladas sob a gestão das virtualidades, das bifurcações, às atividades de constituição de possíveis. *Problem building*, mais que *problem solving*, a "atividade simbolizadora" abre passagem para uma produtividade que se mede no quadro da competitividade além-preço "como **tempo de colocação à disposição de uma criação**, no mercado" (*ibid.*).

A produtividade simbolizadora, não se opõe à produtividade operacional mas, assim como no trabalho a inteligência serve a força, a condiciona em uma **abordagem estratégica da "disponibilidade" de sistemas de produção**, na qual joga-se sua capacidade de reajustar seus projetos em função do mercado potencial, e também sua capacidade de governar sua própria ação reespecificando suas organizações: *"a disponibilidade se apreende, ao mesmo tempo, na criação de acontecimentos e na impulsão dada à inovação"* (*ibid.*).

São, portanto, dois tipos de produtividade, que nos parece solicitar dois domínios de intervenção ergonômica: ergonomia de sistemas técnicos e ergonomia de sistemas de produção.

Tratar "em si" a exploração do virtual, tomar a iniciativa sobre a competitividade, ficando ao mesmo tempo inevitavelmente submetido a uma validação pela produtividade operacional, desenvolver uma abordagem de concepção a partir de "acontecimentos" mais que a partir de operações, tal é, para nós, o desafio de uma **ergonomia dos sistemas de produção.**

Portanto, insistamos: a "resolução" de problemas de gestão, particularmente a consideração da centralidade do trabalho no processo de valorização, não depende da introdução de **critérios-que-faltam,** mas da escolha deliberada de submeter o "controle" do sistema a **critérios-que-mudam.**

Segundo esta problemática, trata-se de satisfazer a uma tríplice função:

- uma função de **conhecimento** do processo técnico existente ou projetado, que deve permitir a produção de proposições;
- uma função de **comunicação** que discute e estabelece escolhas;
- uma função de **expressão** de intenções próprias a cada ator, em que está em jogo a conciliação de "itinerários de vida".

Compreenderemos facilmente que este dispositivo faz eco com o que a ergonomia declina nos três níveis para ela essenciais:

- a análise do existente,
- a ajuda à negociação pela valorização do ponto de vista do trabalho,
- a gestão da heterogeneidade do sentido e das finalidades do projeto para cada um e para a empresa (Hubault e Noulin, 1995).

Desta ressonância nos incumbe, a nós ergonomistas, gestores, engenheiros... saber compor a "dialética de registros" (Schwartz, 1992), a única, a nosso ver, que pode nos permitir imaginar uma "saída ao modelo taylorista" verdadeiramente portadora dos valores do trabalho.

Bibliografia

AMALBERTI R., MONTMOLLIN M. de, THEUREAU J. *Modèles et analyses du travail.* Liège, Mandaga, 1991.

BACHET D. Organisation et indicateurs de gestion : dépassement ou crise du mode classique d'organisation. Le cas de la productique. *Sociologie du Travail*, 1,71-80, 1995.

BERRY M. Le chercheur et le praticien. In séminaire Paris 1 : L'aide de l'ergonomie à la conception, la décision, la négociation en matière d'organisation dans l'entreprise. *Revue des Conditions de Travail*, 30, 3-11, 1987.

BESSON P. Le contrôle de gestion, la valeur, le contrat. In ECOSIP Gestion industrielle et mesure économique. *Economica*, 182-214, 1990.

CANGUILHEM G. *Le normal et le pathologique.* Paris, PUF, 1963.

CAZAMIAN P. Critique de la raison ergonomique, leçon inaugurale au DESS Paris 1. *Performances Humaines et Techniques*, 62, 43-49, 1993.

CIORAN P. *Aveux et anathèmes.* Paris, Gallimard, Coll. Arcades nº 11, 1987.

CLOT Y. *Le travail sans l'homme? Pour une psychologie des milieux de travail et de vie.* Paris, La Découverte, Coll. Textes à l'appui, 1995.

DANIELLOU F. *Le statut de la pratique et des connaissances dans l'intervention ergonomique de conception.* Document de synthèse d'habilitation à diriger des recherches. Toulouse, Université Toulouse Le Mirail, 1992.

DEJOURS C. *Le facteur humain.* Paris, PUF. Coll. Que Sais-je? 1995.

GRANGER G.G. *Pensée formelle et science de l'homme.* Paris, Aubier Montaigne, 1967.

GRANGER G.G. *La vérification.* Paris, Odile Jacob, 1992.

HAMMER M., CHAMPY J. *Le re-engineering.* Paris, Dunod, 1993.

HUBAULT F. *La reproduction de la ressource humaine.* Thèse de doctorat d'État ès-sciences économiques. Paris 1, 1983.

HUBAULT F. Le problème de la mesure : être à la mesure du problème. In La mesure dit-elle la vérité? Séminaire DESUP Paris 1, *Revue des Conditions de Travail,* Spécial Paris 1, 1988.

HUBAULT F. Production flexible et travail polyvalent, l'activité sous tension. In Polyvalences, multivalences, équivalences dans le travail; enjeux ergonomiques, *Performances Humaines et Techniques*, Hors Série-Séminaire Paris I, Sept 1991, 2-9, 1991.

HUBAULT F. Le point de vue de l'activité de travail : comprendre autrement la performance de l'entreprise. In M. NOULIN, *L'ergonomie*. Paris, Techniplus, 1992.

HUBAULT F. Le travail ou l'interface anthropotechnologique à l'épreuve. In Ergonomie, une approche anthropotechnologique dans la conception des systèmes de travail, *Performances Humaines et Techniques*, Hors série-Séminaire Paris 1, Sept 1993, 2-11, 1993.

HUBAULT F. Ergonomie : tendances et débats. *Bulletin de la SELF*, 81, 1994-a.

HUBAULT F. Défi de crise : rappeler l'ergonomie à l'exigence de son étymologie. In L'avenir du travail dans les systèmes productifs, *Performances Humaines et Techniques*, Hors Série-Séminaire Paris 1, 1994-b.

HUBAULT F., LEBAS M. Qualité : un terrain d'entente obligée entre Ergonomie et Management, colloque Qualité : produit de l'organisation du travail, Aubagne, Déc. 1993, *Performances Humaines et Techniques*, 70, 42-48, 1994.

HUBAULT F., NOULIN M. Changer par le travail. In Changements d'organisation et développement des compétences, *Cahiers de l'ANACT* 7, 37-48, 1996.

HUBAULT F., NOULIN M., RABIT M. L'ergonomie, problématique de compréhension du développement / détériorisation de la capacité opératoire. *Journées de psychologie du travail, ergonomie et psychosociologie du travail*, PIRTTEM-CNRS, 13/14, Paris, juin 1989.

JACOT P. A propos de l'évaluation économique des systèmes intégrés de production. In ECOSIP Gestion industrielle et mesure économique, *Economica*, p. 61-70, 1990.

JOUANNEAUX M., HUBAULT F. Pour une approche organisationnelle de la conception dans l'Aviation Civile : le travail de conduite comme interface entre le Pilote et l'Avion. In J. C. SPERANDIO (coord.), *L'ergonomie face aux changements technologiques et organisationnels du travail humain*. Toulouse, Octarès Éditions, 1996.

LANGA M.D. *Adaptation ou création de l'organisation du travail lors d'um transfert de technologie, analyse de l'activité de l'encadrement et conception de l'organisation*. Thèse de doctorat d'ergonomie. Paris, CNAM, 1994.

MONTMOLLIN M. de The future of ergonomics : Hodge podge or new foundation? *Le Travail Humain*, 55, 2, 171-181, 1992.

SCHWARTZ Y. *Travail et philosophie, convocations mutuelles*. Toulouse, Octarès Éditions (2e éd. 1994), 1992.

SIMONDON G. *Du mode d'existence des objets techniques*. Paris, Aubier-Montaigne, 1969.

WISNER A. *Quand voyagent les usines, essai d'anthropotechnologie*. Paris, Éditions Syros, 1985.

WISNER A. *Exposé sur l'anthropotechnologie*. Université São Paulo, 25 mai 1992, ronéo, 1992.

WISNER A. La cognition et l'action situées : conséquences pour l'analyse ergonomique du travail et l'anthropotechnologie. *In Comptes-rendus du XIIe Congrès triennal de l'Association Internationale d'Ergonomie.* Toronto, Association canadienne d'Ergonomie. (Reproduit in A. WISNER, *Réflexions sur l'ergonomie* (1962-1995), Toulouse, Octarès Éditions, p. 141-158), 1994.

ZARIFIAN P. La productivité : expression de l'adaptabilité et de la créativité de la firme. ECOSIP Gestion industrielle et mesure économique, *Economica*, 75-84, 1990.

ZARIFIAN P. Les changements organisationnels dans l'aciérie de Sollac-Dunkerque. In *Changements d'organisation et développement des compétences*, à paraître Cahiers de l'ANACT, 1995.

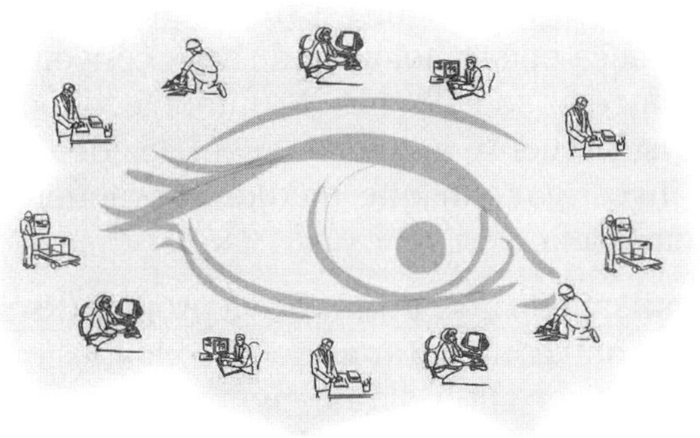

ERGONOMIA, FILOSOFIA E EXTERRITORIALIDADE

YVES SCHWARTZ
Filósofo
Professor na Universidade de Provence
Membro do Instituto Univesitário da França

Tradução de
CARLOS OSMAR BERTERO
Filósofo
Doutor em Administração
Professor do Departamento de Administração da FGV/EAESP

A ergonomia em suas várias linhas de desenvolvimento e intervenção exige muitas críticas e reflexões, um processo de busca epistemológica de seus conceitos, de sua metodologia, de sua ou suas filosofias face às solicitações do mundo econômico e social. Nos permitiremos inverter provisoriamente a questão e em vez de uma epistemologia da ergonomia, proporemos investigar em que medida a ergonomia seja hoje, talvez, uma propedêutica à epistemologia.

Esta inversão traz a marca do profissionalismo do autor que vê sua própria disciplina e considera aquilo que a enfraquece, por não confrontar as complexidades que encontra a ergonomia. Mas esta busca não deve ser entendida como uma fuga com relação aos avanços e problemas que caracterizam em nossos dias esta disciplina ainda jovem. Muito ao contrário, veremos na conclusão que a fecundidade questionadora da ergonomia lhe confere em troca obrigações teóricas e práticas que a levam a clivagens parciais, ou pelo menos a ter que separar diversas definições propostas por seus principais criadores, valores muito desiguais quanto aos horizontes filosóficos que ela pode descortinar.

A QUESTÃO DA EXTERRITORIALIDADE

Escolha e Conceitos

Não é possível uma reflexão epistemológica sem a perplexidade dos princípios que Kant designava como nossa faculdade de conceituar. Então em que condições podemos ser epistemólogos se o utilizar conceitos é já de certa maneira julgar, decidir e engajar-se? Com que direito se auto-proclamar juiz crítico de normas conceituais de uma disciplina sem explicar primeiramente a si mesmo e explicar aos outros, em conformidade com quais regras se dá esta saída inelutável da neutralidade? A obcecação por transformar o discurso em adulação levaria o Sócrates de Platão a deslocar os lugares e as normas da maturação autêntica do saber. Na ágora, no tribunal, o exercício do discurso infiltrou o poder e suas estratégias. Não se trata de retomar um caminho dialético em busca de uma relação com o ser que teríamos dificuldade em discernir, nem de pretender separar o exercício do logos e colocar sobre nós valores em devir, mas de reter esta questão que cada vez mais apresenta-se como precedendo o uso do intelecto: quais as condições necessárias para que possamos pensar sadiamente a atividade de nossos semelhantes?

Lembremos que qualquer uso de conceitos é uma escolha, uma reivindicação de herança, uma maneira de calçar, conscientemente ou não, os sapatos de outrem, uma decisão de existência ou de inexistência. À primeira vista, dizia o filósofo David Hume no século XVIII, quando vemos um navio de grande calado, que idéia favorável temos do construtor naval. Mas quando o vemos de perto, constatamos que não é mais do que um "artesão embrutecido" (certamente porque não seria capaz de entender seus Diálogos sobre a Religião Natural (1751 p. 90), de onde esta observação foi tomada[47]. Esta tomada de posição descritiva e pejorativa serve de guia ao olhar

[47] O exemplo de Hume serve aqui para desvalorizar a crença num criador onipotente de nosso universo, que se deduziria da perfeição exibida por este mesmo universo.

interpretativo sobre a gênese industriosa desta "máquina tão complicada": a arte do construtor naval não é mais do que a cópia e a imitação de inúmeras tentativas de seus antecessores "ao longo de uma longa sucessão de séculos". A recusa em investigar, o que talvez um analista do trabalho contemporâneo sugeriria ser uma gestão complexa e parcialmente não programável de múltiplas variáveis não muito claras, que conduziria à reconsideração das faculdades intelectuais usadas pelo artesão em questão. Categorizar sob o termo "rebelião" os fatos coletivos de subversão popular contra a fixação do preço do trigo e seu armazenamento na Inglaterra do século XVIII, como fizeram diversos historiadores, equivale a promover um tipo de olhar e desencadear um tipo de análise que não permite o enraizamento eventual do fenômeno numa "unanimidade por uma economia moral do bem de todos num período de penúria", segundo a expressão de Thompson (1971). "A morte de alguém, uma rebelião, qualquer que seja a diversidade de conotações, de ritos, de interpretações espontâneas por meio dos quais são imediatamente percebidos de pessoa a pessoa, esboçam previamente os protótipos das 'imagens' que o historiador vai constituir"(Granger, 1992, p.186).

Após a instalação de sensores muito precisos os operadores de uma unidade processadora de alumínio depositam no solo pequenas amostras do produto marcadas para poder conhecer antecipadamente a resistência que elas oferecerão ao esmagamento, o possível afastamento de certos parâmetros, susceptíveis de ocorrer nas primeiras quatro ou cinco horas. Seria ainda necessário para iniciar uma análise da "resistência à mudança" que teceria em seguida seu tecido intelectual e os itinerários de investigação da fábrica, o peso relativo de determinadas organizações sindicais já "datadas", a avaliação negativa feita pelos "atores" das pressões industriais e concorrenciais sugeridas pela preterição como "modernistas"? Ou ainda ver nisto tudo engenhosas construções coletivas, ligadas a maneiras específicas de tratar a eficácia e o desempenho, próprios para retrabalhar o processo de automatização das decisões e permitir o aprofundamento do entrelaçamento dialético entre estes e as marcas humanas (cf. Charriaux, 1984)?

E para evocar ainda uma bifurcação possível na escolha de itinerários conceituais: em caso de incidente ou de acidente sobre um vôo de longa duração, seria necessário orientar prioritariamente a análise em função do conceito de "erro humano" e da fragilidade do "fator humano", dirigindo desta maneira a investigação das causas para a inaplicabilidade, a esta altura, de grandes detalhes, vendo talvez uma surda oposição entre os objetivos de sofisticação técnica e de economia de meios aos quais a empresa está inevitavelmente atrelada. Isto mais do que as explicações do incidente fornecidas pelo pessoal de bordo parecem heterogêneas, de pouco peso, pontuais, ou ao contrário, "permitir que ações e palavras permaneçam em mundos diferentes", e que o "zoom" no momento crítico focalize, "a vida fixada como um filme que é "congelado" ao acaso num instantâneo" registre definitivamente uma imagem incoerente. Com relação ao tempo real a imagem dissecada, a interpretação desta imagem parece interminável e ela se torna o objeto de uma incompreensão maior. A equipe tenta traduzir em palavras o indizível e postula a coerência da ação:

tempo decorrido, multiplicidade de solicitações, reação subjetivamente percebida"; e que em verdade " as instruções ou normas de operação servem apenas como guia para que o piloto decida"; e que o eixo conceitual que surge como conseqüência das inconstâncias do fator humano é a rigidez do sistema de antecipação. "Num caso dado envolvendo um avião moderno, se a intervenção oculta de sistemas muito sofisticados, a complexidade excessiva ou a grande rigidez de programação conduzem a que se pense que é o idealizador ou o autor da instrução que está pilotando, um limite muito perigoso acaba de ser ultrapassado" (Joanneaux, 1993). "Erro humano ou falha de representação": o coletivo de ergonomistas que redigiu o *Comprendre le Travail pour le Transformer* - Compreender o Trabalho para Transformá-lo (Guérin, Laville, Daniellou et outros, 2001) exprime com clareza o ponto de bifurcação conceitual que aqui está em jogo.

Neste caso, como em muitos outros, é necessário interessar-se por "comportamentos" que reagem ou interpretam sinais, informações variadas que vem do meio e que são mais ou menos condicionadas pelos hábitos e rotinas profissionais e sociais. Ou devemos nos interessar por "condutas", ou seja, por "comportamentos orientados por intenções e por motivos" (Daniellou e Garrigou, 1995, p. 77)[48]. E entre estes motivos, o exemplo de elaborar em condições técnicas e humanas sempre singulares, formas de assegurar simultaneamente segurança e qualidade. Como justificar a escolha entre "comportamento" e "conduta"? E se falarmos de conduta de atores não estaremos nos envolvendo na temática das estratégias, conceito que se torna central e faz dos atores marionetes ou, pelo menos, os ocupantes indiferentes de lugares pré-fixados.

O conceito de "sofrimento no trabalho" é uma verdadeira conquista, na medida em que graças aos avanços da psicodinâmica do trabalho, um espaço da realidade é dado a um mal estar psíquico que nos obriga a considerar as imposições industriais como matriz. Este conceito orienta o olhar e a alocação de responsabilidades. Em lugar de uma psicologia individualizante e culpabilizadora o pensamento deve mover-se noutro sentido, a saber, o da organização social e codificada das atividades e interrogar as modalidades de existência ou a ausência no meio considerado de um espaço de discussão (cf., por exemplo, Dejours, 1995, p. 65-71). Portanto, trata-se de um conceito extremamente fecundo para toda a visão transformadora do trabalho, e como todo conceito, sujeito a diversas elaborações. De um lado imputar ao trabalho uma matriz de sofrimento pode remeter a diversos níveis de realidade como a vizinhança do humano, a organização do serviço, a entidade institucional e econômica mais global (mas esta não é sempre — e o é cada vez menos — fácil de identificar), como atestam o caráter abrangente das grandes regulações econômicas e o predomínio de valores de mercado abstratos sobre os psiquismos que de um lado vivem irredutivelmente suas existências como um destino singular e concreto. Por outro lado, se é verdade que cenários e transferências simbólicas, característicos de destinos singulares, encontram-se no terreno industrial e aí realizam um questiona-

[48] Para um deslocamento de conceitos, mas com intenção comparável, cf. SEVE, 1975, p. 383.

mento interior, questões herdadas do passado e de suas histórias afetivas (Dejours, 1993, p. 287), acreditamos todavia firmemente que esta causalidade material do meio de trabalho só pode diferenciar-se ao infinito como os indivíduos que buscam viver neste mesmo meio. Este conceito de sofrimento no trabalho se justifica desde que seja usado apenas como ponderação e para combinações sempre parcialmente específicas. As imputações de responsabilidade podem ser apenas tendenciosas. O conceito é fecundo, mas de equilíbrio instável, dependente das escolhas feitas sobre o que se entende pelo termo trabalho e sobre uma série de conceitos conexos. Não há chave universal a ser utilizada sempre e em qualquer situação.

Muitos outros conceitos manifestariam escolhas mais ou menos exclusivas que implicassem itinerários de investigação previamente estabelecidos. Hubault fala exatamente destes conceitos de corte (1995, p. 128). É o caso no campo das ciências chamadas de humanas e mais ainda para os conceitos que usando saberes acadêmicos, cobrem o campo da gestão e da direção social, como a "cultura da empresa". Simples lembrança? Talvez. Mas por meio destes exemplos simples desvendam-se vinculações ao longo de uma rede, hierarquias na organização do saber, posições de valor de determinado princípio de explanação, são sempre escolhas mais ou menos aparentes do uso de termos descritivos ou argumentativos. O que está em jogo nestas escolhas justificaria um interesse maior pelos processos que as sustentam.

Para retornar ao campo que nos interessa aqui mais diretamente, a questão em discussão ou, ao contrário, a ignorância ou a recusa da distinção conceitual, " trabalho prescrito/trabalho real", num meio de produtores de bens ou de serviços, ilustra esta escolha de uma decisão de existência ou mais exatamente uma mudança de registro de existência. A questão em debate não é um pré-julgamento do estatuto conceitual desta oposição, da extensão a ser conferida a seus embates, como o conceito de "sofrimento no trabalho" ela está em condição de equilíbrio instável e nada pode abalar os horizontes filosóficos ou operacionais que podem ser desencadeados, simplificações que possa ocasionar. Mas está claro que colocar em circulação ou deixar de fazê-lo (segundo a expressão de Daniellou, 1995b) produz configurações de realidades muito diferentes. Por exemplo, chamar a atenção sobre uma formação profissional sem evocar seu pano de fundo é forçosamente instituir uma hipótese menor sobre o grau de apropriação passada e futura pelos auditores das condições de atividades a respeito da qual lhes fornecemos uma formação. "O vivido ou a pobreza da evidência" (Duraffourg e Guérin, 1985) Duraffourg lembrava que raramente a percepção de alguém sobre a sua própria atividade reflete a complexidade desta (ver também Guérin e outros, 2001).

Por outro lado, explicitar esta oposição por meio de definições e exemplos e enunciar a hipótese que ela deveria adquirir sentido e conteúdo (diferentes) para cada um, é abrir a perspectiva para um processo de redescobertas e de investigações sobre o "si mesmo" industrioso e sobre si mesmo simplesmente: sobre valores e saberes que operam em surdina ou na penumbra e que nos levam a acreditar que são importantes fatores explicativos das situações existentes (cf. Schwartz, Faita e Vuillon, 1985, especialmente na terceira parte). Processos cujos limites não estão fixados previamente, o que permite afirmar que a escolha de utilizar ou não tais conceitos é, na verdade, uma escolha feita por seus similares de acesso a certos níveis do ser. A passagem dessas formas de ser, da essência ou do estado latente ao ato, consiste na entrada em dialéticas históricas mais ou menos locais, mais ou menos globais, que refazem as configurações coletivas de vida. Nos exemplos precedentes ou a escolha feita estabiliza o existente, deixando intocadas as posições respectivas dos parceiros da situação de trabalho, reduzindo os recursos de uma parte[49]; ou, ao contrário, a escolha enfraquece as posições definidas pelas categorias distributivas e classificadoras, abrindo-se para horizontes de inteligibilidade diversa quanto a lugares e valores pertinentes nas dinâmicas concretas. Como afirma de Terssac (1990), a análise do trabalho modifica a posição dos atores, desestabiliza a rede de alianças e de posições.

A esta altura a questão parece clara: o que legitima tal orientação intelectual no momento da bifurcação? Acabamos de escolher ao colocar em discussão a distinção entre trabalho prescrito/trabalho real. Mas outro itinerário divergente não poderia ser descartado *a priori* sem risco de unilateralidade. E a preferência ponderada por uma via ou outra só se legitima sob a condição de justificar esta intrusão exorbitante de valores no campo do saber. Estas escolhas não são inócuas de uma perspectiva ética ou social. Fazem política no silêncio de sua objetividade aparente. Como lidar com uma "higiene" do conceito, um uso sadio entre os descaminhos possíveis, uma deontologia destas decisões de existência? O saber encontraria em si mesmo as justificativas epistemológicas para decretar o que tem direito à existência[50]? Em nossa opinião, certamente não. Nosso exemplo sobre pôr em circulação a distinção prescrito/real contém uma forte sugestão. Como esta decisão poder-se-ia formar distanciando-se daqueles cujas virtualidades de ser são chamadas ou não pela decisão? E que não nos equivoquemos: quem leva a sério esta distinção conceitual é apanhado e movido por uma filosofia, por uma antropologia, uma política... Ao contrario, e para simplificar com algum exagero, roçar os conceitos das ciências humanas em condições que o questionamento em circulação não pareça uma exigência imanente à reflexão sobre os valores, à história, à filosofia,... é escolher, conscientemente ou não, uma maneira de praticar estas disciplinas.

"Como exercer seriamente esta atividade, nós íamos dizer de maneira respeitosa, de um homem ou de uma mulher que cada um entre nós tem diante de seus olhos e que pretendemos analisar"(Dupont e Duraffourg, 1995, p. 41).

É em meio a este "temor e tremor" que todo profissional do conceito deveria tecer seu material teórico. Todavia a experiência mostra que isto raramente acontece.

---

[49] Ver BARTOLI, BORZEIX, DURAFFOURG e outros (1984). A reapreciação das competências na penumbra das operárias modifica favoravelmente suas posições na negociação sobre as reclassificações. Mas isto passa pela mediação do trabalho em comum com os pesquisadores.

[50] Nós retomamos a questão colocada nesta coletânea por DEJOURS sobre a pluraridade da validação. Mas além da intervenção ergonômica, nosso objetivo toca aqui os valores que estabilizam e hierarquizam as maneiras de abordar intelectualmente os fatos humanos.

Valores, saberes, atividade

Os exemplos retidos da área das ciências humanas não foram por acaso. Tendiam a sugerir que a prática reflexiva da epistemologia é menos gratuita do que se acredita. Mostrar lugares escondidos, lógicas internas que não aparecem, filiações e rupturas históricas nos sistemas conceituais e remetê-los eventualmente a complexos de valores e de escolhas é uma prática que poderia ser uma boa definição de postura epistemológica. De um lado é exatamente o que acabamos de fazer. Mas não terminamos por aqui. Poderíamos em nossas escolhas teóricas neutralizar, como parceiros destas escolhas, aqueles cujos projetos estão enredados, em suas expansões e involuções, com conjuntos teóricos da "bifurcação"? O profissional do conceito é deontologicamente livre para bloquear ou favorecer a explicitação de fatos da "penumbra" mas que explicam, parcialmente, o ser social? Desde que se trate da vida e das atividades humanas, que integram o projeto de conhecimento, valores saberes e atividades mesclam-se num triângulo que desloca parcial, mas fundamentalmente, o terreno da epistemologia. Não se redefine a ambição, porém ela está lastreada, em certos pontos estratégicos do saber, pelas "forças da memória" cujo conjunto de conceitos e procedimentos podem beneficiar as ciências humanas. Esta nova apresentação da questão pode atenuar o que poderia tornar-se um jogo intelectual, tendente ao vazio, cada um considerando-se autorizado a desvendar as escolhas ocultas de seu vizinho e propondo uma nova teoria sobre o pensamento aos seus semelhantes. Se tomarmos exemplos do terreno familiar da ergonomia pelo menos manifestamos nesta opção, seja ela consciente ou não, porque nos proporciona a exata dimensão, e é a única a fazê-lo com tanta exigência, aquilo que chamamos a posição de "desconforto intelectual no uso dos conceitos sobre o fator humano". [51]

Do aprendizado que obtivemos com esta disciplina cremos poder apresentar a cadeia de proposições a seguir enunciadas.

Primeira proposição: nenhuma atividade industriosa se desenvolve e se manifesta sem um espaço simultâneo de valores.

Poderíamos suprimir o epíteto "industriosa" mas, inicialmente e na impossibilidade de discutir as formas de continuidade parciais entre atividade e atividade industriosa, o consenso sobre a proposição que sofresse a transformação nos faria perder a aquisição essencial, o que se relaciona com a possibilidade de afirmar a proposição enunciada com o epíteto "industriosa". Isto porque até o momento a "industriosidade" foi culturalmente ignorada ou subestimada e porque este é o ponto de partida de uma reavaliação do que designamos "trabalho" e dos processos históricos deste trabalho reavaliado.

---

[51] Num texto relativamente contemporâneo deste, e ao qual nos referimos por completar os desenvolvimentos: *L'inconfort intellectuel, ou: comment penser les activités humaines?* SCHWARTZ, 1995a.

Remetemos à reconsideração crítica dos pressupostos *tayloristas*: se o trabalho dos O.S. (operários não qualificados) não é um trabalho simples, como afirmou há vários anos Alain Wisner, *a fortiori* o trabalho é sempre um lugar de acontecimentos complexos. Se a *one best way* não é a lei da atividade real, como então esta se engendraria? Ou estamos diante de um desvio que constitui uma aberração criticável. Este pode ser o juízo espontâneo de pessoas ligadas à Organização ou Sistemas e Métodos e de administradores de formação taylorista. Mas nós as vemos ressurgir sob formas renovadas, como foi sugerido anteriormente no caso dos pilotos a propósito da gestão de conjuntos técnicos muito sofisticados, ameaçados hoje por um verdadeiro "excesso de regulamentações" . Ou o desvio, pelo fato de ser absurdo, não teria causa, "imotivado", como o ato gratuito de Lafcadio no livro *Lês Caves du Vatican* de André Gide, que expressa loucamente os limites do livre arbítrio. Ou estes micro desvios constituem decisões sábias.

Com freqüência, atribui-se à ergonomia francofônica o mérito de ter feito surgir um mundo de conhecimentos e de saber-fazer apoiado em experiências sobre os atos industriosos, incluindo-se os de aparência mais simples. Isto nos parece correto. Mas o ponto decisivo não foi ter apontado os desvios, as condutas industriosas como decisões, como julgamentos orientados por critérios? E foi para mostrá-los como tal que se desenvolveu a investigação sobre os saberes da experiência, na penumbra, ou na ausência destas, falta uma parte importante dos materiais sobre os quais se exercem estas (micro) decisões. A "batalha do trabalho real", segundo a expressão que foi freqüentemente usada por Wisner, teve inicialmente o efeito ou motivo de recusar uma ruptura no seio dos seres humanos, entre aqueles responsáveis por decisões "esclarecidas" e aqueles voltados a condutas aberrantes ou gratuitas. A atividade industriosa, como toda atividade humana contém uma arbitragem e por isto está relacionada com valores...[52]

Pelo fato de ter sabido olhar para a atividade em um nível infinitesimal a ergonomia evidenciou — ou simplesmente sugeriu — estas arbitragens incessantes que acentuam e manifestam as formas assumidas pelas seqüências de operações e de intervenções multiformes: segurança/produtividade, rapidez/qualidade, cuidado com a economia individual/cuidado com o bem-estar coletivo, saúde/desempenho... Arbitragens que se fizeram necessárias por se tratar de seres humanos, atuando em seus meios, onde há múltiplas (micro) variabilidades, entre as quais incluem-se as que lhe são próprias. Estes movimentos sempre remetem a dimensões muito complexas, indo da quase inconsciência do corpo e de suas "sabedorias" às considerações mais sociais e culturais que circunscrevem campos ou meios de ação extremamente variáveis e lábeis no seio dos quais estas arbitragens adquirem sentido (*self*, o micro-coletivo, a equipe, o serviço, a empresa, o grupo social, a nação...).[53]

---

[52] É o que chamamos de pólo 1 da gestão, a gestão das e nas atividades. SCHWARTZ, 1994b, p. 13. "No centro das hipóteses: a atividade: estes desenvolvimentos da obra coletiva *Comprendre le travail pour le transformer* (*op.cit.*, p. 163 sq.) resumiriam muito bem as escolhas desta "ergonomia da atividade".

[53] Um estudo do *Centre d'Études Techniques des Industries de l'Habillement* (*Centro de Estudos*

Esta complexidade, que transcende todas as categorias tradicionais da prática explica, sem dúvida, por que as teorias da ação ou da decisão aventuram-se tão pouco nos terrenos em que o infinitesimal comunica-se com os níveis mais globais da vida histórica e social. Mas o fato permanece, nenhuma destas micro decisões pode ser explicada sem que os valores, explícitos ou na penumbra, se unam nestas escolhas quase imperceptíveis e que fazem que uma situação de trabalho tenha uma configuração e nenhuma outra. A ergonomia tende a fazer que surja um mundo cognitivo e histórico, mas onde todos os elementos são afetados por indícios de valor com relação aos espaços possíveis de vida e de saúde de entidades tanto individuais como coletivas. Neste sentido concluímos que toda atividade industriosa é o local e a ocasião de "dramáticos usos do *self*"; ou sempre e simultaneamente, em certa medida, é seguida de um protocolo experimental, cujas condições e condicionamentos operacionais foram definidos com a tendência de neutralizar as singularidades de espaço, tempo e pessoas. E também, em certa medida é o momento de uma experiência sempre singular, colocando em jogo as normas próprias de um "*self*" enigmático em situação de "encontro", e de um destino a ser vivido (Schwartz, 1994a).

Segunda proposição: este mundo de valores se comunica em todos os pontos consigo mesmo

Portanto, os valores permeiam toda a atividade industriosa. Trabalhar, como viver, é de certa forma avaliar permanentemente[54]. Mas a que universo adentramos pela análise de atividades? Seria o universo dos valores? Se os deuses guerreiam entre si, dizia Weber, se o Belo e o Bem podem opor-se como divindades em luta,

---

Técnicos das Indústrias de Confecção), publicado no primeiro semestre de 1946 e intitulado *Études sur l'évaluation des temps de confection* (*Estudo para avaliação dos tempos de confecção*), e destinado a encorajar a "racionalização" dos métodos industriais afirma (p. 20): "*É necessário que se estude para cada cargo: 1- a melhor maneira de colocar as peças na caixa da esteira transportadora, para que a operária não tenha que tatear para apanhar a peça; 2- como ela deve recolocar as peças trabalhadas na caixa para que as operárias seguintes possam igualmente apanhá-las com facilidade*".
Se pensarmos que inexiste a *one best way* o destino destes raros momentos onde se inscreve no vazio o coletivo permanece suspenso: prestar serviço e até onde, para a sua vizinha, mas quem é a sua vizinha? Uma amiga, uma companheira da confecção, de trabalho, de exploração? Uma "semelhante" com quem construir um mundo novo? Muitas alternativas são possíveis, como também muitos juízos negativos sobre a sua pessoa, ou sobre o objetivo do desempenho da empresa, levando a falhas possivelmente voluntárias e conscientes no posicionamento das peças de tecido a serem trabalhadas.
Certas dimensões muito globais podem possuir pertinências concretas de intensidade real: o ergonomista brasileiro ANTUNES LIMA na sua tese (1995) menciona, quase pedindo desculpas, a necessidade de se considerar o lugar da empresa brasileira estudada no quadro geopolítico do capitalismo mundial (p. 196-7, 235). A fórmula do pós guerra, "a batalha da produção" punha, no nível de uma certa idéia de nação — e não sem uma certa pertinência concreta sobre as arbitragens industriosas — o que deveria valer para o mundo operário como "meio" de trabalho.

[54] É precisamente a tese acima que defende ANTUNES LIMA: a atividade de trabalho reencontra a partir do interior de sua própria dinâmica o que costumamos chamar o campo da ética e que analisamos sem levá-la em conta. Trabalho de grande amplitude, bastante louvável sob muitos aspectos, mas esta tese já não estaria incluída nos avanços da disciplina? Devemos, para argumentar, sugerir a idéia de um "ethos" próprio do trabalho e que correria o risco — ao contrário das posições desenvolvidas nesta tese — de separar os valores ligados às atividades daqueles que se originariam no "bem comum" de horizontes bem mais amplos?

afirmava o mestre, dramatizando com algum exagero uma oposição à tese platônica de uma comunicação hierarquizada dos valores entre si, equivale a dizer que os valores e os contra-valores se hierarquizam, se organizam se contradizem num mesmo mundo. "Diversas ordens de valores enfrentam-se *no mundo* (o grifo é nosso) numa luta implacável" (Weber, 1919, p. 83-84). Nada existe de estável neste mundo, e também não há vida segmentada, átomos de valores como panteões separados das divindades do Olimpo. Promover uma implica reposicionar todas as demais. Tornar o serviço público um valor capaz de organizar a vida em comum conduziria a uma confrontação permanente com os compromissos entre valores comerciais e não comerciais que adquirem sentido — institucional e operacional — em todos os níveis da vida social, desde o mais macroscópico ao mais quotidiano. Ela pressupõe que cada cidadão de um país institua os demais como possíveis "iguais", não somente os seus vizinhos, mas também seres virtuais sem carne e sem fisionomia precisa.

Por que a tese da unidade do mundo dos valores nos parece possuir conseqüências epistemológicas decisivas? Poder-se-ia pensar que existam valores locais enraizados no trabalho e em suas pequenas histórias, valores minúsculos incomensuráveis que se enfrentam no "espaço público". O exemplo de valor do "serviço público" não nos leva por este caminho. Lá ainda a análise das atividades faz com que nos acautelemos com relação à hipótese da incomensurabilidade por ser fácil e há muito tempo aceita. Que se esbocem claramente os claros contornos de uma situação de trabalho para então admitirmos que os valores imanentes às atividades que se desenvolvem podem não ser pertinentes apenas no "enclave" desta maneira circunscrito. Mas quem pode definir o que é válido para cada um, indivíduo ou coletividade, como "meio de trabalho" (eu entendo meio no qual se tenta viver com saúde, segundo normas que poderão ser parcialmente reconhecidas como suas)?[55]

Quem pode definir os contornos de uma coletividade e o que em cada fisionomia é "coletivizado"? (cf. Schwartz, 1995a, *art. cit.*). Evocando a subestimação feita pelos criativos autores das variabilidades industriais, Daniellou e Garrigou (1995) a atribuem, em parte, por "uma reduzida consideração das dimensões espaço-temporais da atividade"; uma subestimação das interações entre postos ou entre operadores (*op. cit.,* p.86). Os coletivos são sempre dotados de uma geometria variável, no tempo, no espaço, com as pessoas envolvidas (cf. Charriaux, 1984). A ambição de edificar uma antropotecnologia (Wisner, 1995, p. 150 sq.) reforça esta sofisticação ao atribuir um "meio" a toda atividade humana[56].

---

[55] "Por comportamentos que parecem bravatas insensatas são apresentados estratagemas operatórios indispensáveis para formar com um ambiente de trabalho que lhe é *a priori* incompatível, desenvolvendo um ambiente de trabalho mais apropriado graças a um compromisso entre desejos e as pressões da segurança e da produção." Esta frase de BRUN (1992, p. 150) sobre o montador de uma linha de montagem parece ilustrar o nosso propósito.

[56] É esta constatação que permite a DANIELLOU afirmar em seu texto que "*não há nenhum limite aos conhecimentos das diversas disciplinas que possam ser recrutados para a interpretação de uma atividade de trabalho*".

Esta sutileza insuperável, esta labilidade, esta pluralidade de vozes que constituem o "meio" para o que chamamos de entidades coletivas relativamente pertinentes nas situações de trabalho (Schwartz, 1995a, *art. cit.*) são estritamente paralelas a esta comunicação de valores entre um pólo de uma dimensão pública e macroscópica e pólos de baixa visibilidade e dimensões infinitesimais. Este recorte do meio se opera desde os menores escalões do viver em função de valores dos seres que buscam, por vezes com risco da própria vida, renormalizar parcialmente o meio onde vivem. Lembremos a respeito Canguilhem que indica as continuidades e descontinuidades entre o ser vivo em geral e o homem em particular, sobre o fato "de que é próprio do ser vivo construir o seu meio":

"As mesmas concepções devem ser aplicadas ao animal e ao homem. Todavia a reação humana à provocação do meio é diversificada. O homem pode produzir diversas soluções a um problema colocado pelo meio. O meio propõe sem jamais impor uma solução. É fato que as possibilidades nunca são ilimitadas num determinado estado de civilização e de cultura. Mas o fato de considerar num momento obstáculo o que posteriormente pode ser um meio de ação deve-se à idéia, à representação de que o homem — trata-se do homem coletivo naturalmente — constrói-se a partir de suas possibilidades, de suas necessidades e, para sintetizar, ao que o ser humano representa como desejável, e isto não pode ser separado do conjunto dos valores" (CANGUILHEM 1965, p. 142).

Poder-se-ia achar paradoxal uma aproximação entre esta filosofia da vida e as análises fenomenológicas de ser no mundo, como, por exemplo, as colocações de um Merleau-Ponty. A aproximação não é tão incongruente como parece precisamente porque o conceito de valor, ao mesmo tempo sutil e operante, produtor de hierarquizações e ao mesmo tempo parcialmente cego sobre seus próprios poderes, liga zonas de convergência entre pensamentos contemporâneos que não se ignoram nem se menosprezam. Como a vida é uma, mas se divide em diversos níveis e registros, o meio da vida é como um horizonte no espaço em que se ordenam e se hierarquizam de maneira relativamente precisa planos e regiões, nas quais uma poderá chamar-se de "meio do trabalho". Nesse sentido, cremos poder falar de "conceitos de horizonte" (Schwartz, 1998, cap. 20) e de "horizontes de uso do *self*" (Schwartz, 1992b), significando que a prestação social que desdobra toda a atividade industriosa sinaliza ou dirige-se a níveis variados e variavelmente hierarquizados do universo social, com prioridades para as vizinhanças do trabalho, para um serviço próximo, em direção a pessoas situadas a jusante ou lateralmente ao seu próprio serviço; e/ou a usuários visíveis ou abstratos sem que se possa excluir/impedir que tais atos revistam-se de um "humanismo enigmático". Enigmático porque promove uma idéia de humanidade que não se explicita e não pode fazê-lo, mas que afinal sustenta este endereçamento arbitrário. Este horizonte e esta paisagem remetem à eficácia dos valores que recortam e delineiam o vigor do seu campo.

Que estes planos sejam acentuados, que a unidade do olhar caminhe com dificuldade de um volume a outro por meio destes compartimentos parciais ("meios de trabalho"ou meios de vida privada no meio da vida em geral), que os planos afastados sejam tênues ou atrofiados; ou ao contrário, que as idas e vindas ocorram sem obstáculos ou retenções, isto dependerá das épocas históricas, da natureza dos valores em comum nestes cadinhos que são as entidades coletivas relativamente pertinentes e também dos itinerários biográficos de cada um. Entre os primeiros planos e os fundos há diversos tipos de efeitos "sanfona". Anteriormente lembrávamos (cf. nota 53) a palavra "da batalha da produção": ela aproximava os flancos da sanfona. Mas sempre há "circulações" (uma forma extrema pode ser a esquizofrenia ativa envolvendo a dicotomia vida privada/emprego), levadas pelo que chamamos o "corpo em si" (Schwartz, 1995b, p. 122).

Terceira proposição: os valores imanentes à atividade são sempre "retratados" por ela

A segunda proposição autorizaria uma derivação: se o mundo dos valores ou o conjunto dos valores, para retomar a expressão de Canguilhem, que permite a compreensão dos recortes do que é "meio", comunica-se em todos os pontos consigo mesmo e com o que está expresso no pólo do horizonte mais amplo, então o analista, o pesquisador, o homem do diagnóstico poderia crer-se autorizado a "curto-circuitar" a história das micro-entidades e dos pequenos cantões do trabalho para indicar quais são os valores eficazes na atividade, a partir de sua legibilidade mais ampla e mais partilhada. Dissecando-se os valores em seu pólo mais universal e mais comum, ter-se-ia a chave dos critérios, das arbitragens que regulamentam a esfera das atividades industriosas nos níveis locais. Olhar-se-ia as situações de trabalho como se fossem um jardim zoológico: nomearei os valores incorporados às atividades que explicam os caminhos e os desvios. Estes valores, supostamente parte de um repertório, etiquetados, mais ou menos descontextualizados, posso listá-los, referindo-os a determinado complexo cultural estabilizado, hierarquizá-los e finalmente julgá-los. Conseqüentemente julgarei as atividades em interação com as quais os valores operam. Nisto consiste atribuir-se uma postura de exterritorialidade. A escolha do tele-trabalho será explicada pelo declínio do valor trabalho, à promoção de valores como "o tempo para si mesmo" e para a família. Referir-me-ei à preferência de um operário de uma unidade processadora de chapas, recentemente automatizada, por processos de solda manual com longa e forte tradição operária, ao longo de decênios, e que se apóia em valores como habilidade, uso viril e domínio do corpo de maneira insubstituível, etc.[57] Ou explicarei os comportamentos neurastênicos de

[57] Pode existir aqui alguma verdade. Mas isto permite vislumbrar outros parâmetros que encontramos na pesquisa no final de 1990 na unidade polivalente de processamento de chapas de Sochaux e que remetem a escolhas sempre, em parte, pessoais do interlocutor, como reservas, recusa diante da escalada invasora e comprometedora nos "usos de si" dos micros ou meso gestões de instalação, reclamando do "corpo em si" das atenções e exigências de delineamentos crescentemente difusos; vontade de preservar seu pensamento para os múltiplos usos sobre as possibilidades do presente e desenvolvendo-se ao abrigo de inteligências silencionsas do corpo (no caso da solda manual). Quem, pelo menos num primeiro momento, pode julgar melhor?

populações oriundas de uma velha fábrica de papel que foi fechada por uma expressão que contém um juízo negativo, "nostalgia do paternalismo"? (cf. Schwartz, 1988, *op.cit.*, p. 197-8).

Mas a vida, e mais precisamente a atividade, e ainda mais explosivamente a atividade industriosa, não se prestam a esta legibilidade dócil. A ergonomia da atividade nos interdita os caminhos curtos. A variabilidade de todas as situações de trabalho faz com que os problemas em vez de serem resolvidos, acabem sendo criados (cf. Wisner, 1995, *op. cit.*, p. 14-15, 134 sq.). Lembramos que toda situação de trabalho era, em graus variados, sempre experiência e encontro. Deste fato se submetem à prova normas e valores antecedentes de uma situação histórica sempre singular. E é um ser vivo, portanto histórico, que busca construir o seu "meio" em função do complexo de valores que local e singularmente são seus, que retrabalha, põe à prova estas normas antecedentes, nunca suficientes para solucionar a situação atual. Os ergonomistas da atividade sabem que antes de julgar os fundamentos de determinada microdecisão é necessário abrir um caminho que conduza às condições locais da situação. O caminhar de uma enfermeira de quarto em quarto parece errático, irracional. "As dificuldades encontradas por esta enfermeira não estão ligadas apenas às distâncias que tem de percorrer. A maneira como ela planejou inicialmente a sua atividade é permanentemente questionada pelos acontecimentos supervenientes. Ela não consegue atingir um objetivo sem ser interrompida. A compreensão destas dificuldades de planejamento é essencial para que se planejem os lugares (...) e a organização do trabalho" (Guérin e outros., *op.cit.*, p.71). Objetivos gerais, como a qualidade e a racionalidade do cuidado dispensado, e a importância local conferida a estes objetivos podem colidir, mas podem simplesmente se confrontar. O objetivo geral é digno de adesão se as versões locais parecem diluí-lo?

Não buscar compreender as negociações de normas é deixar de ver na análise o seu semelhante[58]. A atividade de trabalho propõe, convoca, impõe escolhas e arbitragens. Nunca é o caso do retorno do mesmo como dizia Nerval no Ártemis:

"A décima terceira retorna... é ainda a primeira"

A realidade e a materialidade[59] destes encontros levam-nos a encarar seriamente que os valores também são "convocados", numa espécie de prova de fogo que os avalia e os julga segundo sua maior ou menor capacidade para tratar estes encontros. A experiência (industriosa) é, simultaneamente, um trabalho sobre os valores. O valor "solidariedade" pode ser intuitivamente compreendido por todos. Mas o valor terá mais força e credibilidade no pólo do bem público do que nas relações de vizinhança

---

[58] Este é o significado da primeira parte da introdução de DANIELLOU (1995) nas 2ª Jornada de Bordeaux sobre a Prática da Ergonomia: "O Ergonomista e o Compromisso".

[59] "Materialidade" no sentido adotado por CLOT (1995, p. 250-252) *"A utilidade de uma ação real sobre o mundo é um dos recursos que não pode ser eliminado de uma organização de trabalho definida como compromisso. Se a organização do trabalho opera este compromisso, é por objetivar resultados práticos exteriores, submetidos a critérios de eficácia, mesmo sendo objeto de controvérsas sociais."*

industriosa (mas também urbano e associativo...) que prefiguram um mundo possível, em que este valor possa ter um papel regulador. A experiência de degradação dos meios de trabalho, como a obcecação com o desemprego ou com planos sociais, re-trabalha ao revés e negativamente este valor[60].

A isto denominamos de "marginalização dos valores"[61]. Esta marginalização enraíza-se sempre no histórico e não pode ser antecipado por nenhuma pujança intelectual, salvo para neutralizar novamente a situação de trabalho ou de atividade como exemplário indiferente de uma situação padrão. Esta impossibilidade de neutralizar a história da entidade, que num certo momento cristaliza-se com tendências relativamente pertinentes para renegociar a resingularização das normas antecedentes, designaremos como a exigência de que se leve em consideração o que chamamos de "lógica da nascente" (ou ainda "eixo do registro dois"; cf. Schwartz 1992c, 0.112 sq. E 1995a, p. 108 sq.). No sentido micro industrioso, aqui designa-se simplesmente a limitação que o analista ou o pesquisador especializado deve assumir para certificar-se, o que não é fácil, se a situação (o serviço, a oficina, o grupo...) é uma "produção"[62], e não um ponto de aplicação.

A questão clássica da "transferência de competências" deveria levar em consideração estes pontos. Se a eficácia da atividade em determinada situação é inseparável do particular complexo de valores, o transferível não se refere apenas ao objetivo e ao mensurável mas à evolução deste complexo de valores da nova situação.[63]

A conclusão desta terceira proposição é clara: analisar a atividade implica num modo de acesso aos valores. Ora estes oscilam entre o pólo universal do "humanismo enigmático" e o pólo resingularizado, em que são marginalizados. Ou, o que dá no mesmo, entre duas modalidades extremas do "meio", o mais aderente à atividade especificada ou do horizonte mais amplo. A ninguém é dado desfrutar de condição especial, nem o pesquisador pode antecipar o distanciamento dos valores entre estes dois pólos. Ninguém poderá pretender avaliar *a priori* a qualidade dos valores que oscilam de tal forma que o jogo entre o normalizado e a re-normalização remete à "lógica do jusante", à história de cada um dentre nós" (Canguilhem, 1966, p. 215); na medida onde viver significa sempre pensar a partir de um centro de vida, sem ser possível delegar.

Exterritorialidade, duplamente impossível para o pesquisador ou analista, o que faz Daniellou "clamar pela renúncia da pré-eminência" do ponto de vista do ergonomista (1995a, nota 58): é necessário que ele se transporte ao local da atividade para

---

[60] Fornecemos outros exemplos de "marginalização" de valores (SCHWARTZ 1994b e 1995b).

[61] Tendência à "marginalização" que nos parece relativizart a tendência à generalização dos valores que HABERMAS (1981, t.2, p. 196-197) desenvolve a partir de PARSONS. "*O agir comunicativo livre de orientaçõe de valores particulares significa ao mesmo tempo a separação entre agir orientado para o sucesso e agir orientado para a incompreensão*".

[62] Nosso colega MAGGI talvez dissesse uma "ação organizacional".

[63] Neste ponto ver o relatório de BENARROSH (CEREQ, 1994) especialmente a Introdução e o Capítulo 3.

compreender a unidade operante das atividades — e dos valores mais ou menos "marginalizados". E por isto o pesquisador não se beneficia de nenhuma situação de privilégio em sua própria relação com os valores, porque também ele oscila entre os dois pólos. Reencontramos aqui o objetivo da primeira parte do texto: o que é eventualmente exorbitante nas escolhas conceituais, epistemológicas nas "bifurcações" que então evocamos, e que em graus diferentes atingem todas as ciências humanas, não é o elo entre conceitos e valores, que afirmamos não podem ser separados. Mas é a pressuposição que as bifurcações e escolhas conceituais poderiam realizar-se em perfeita neutralidade, ou seja, a partir desta impossível exterritorialidade[64]. Mas então como produzir conhecimentos compatíveis com este "policentrismo", a não ser pela construção de lugares em que esta relação triangular entre valores, atividades e saberes torne-se objeto de uma experiência epistemológica explícita?

Antes de evocar nosso dispositivo de três pólos que tenta auxiliar na solução desta dificuldade, extraiamos ainda algumas conseqüências e observações.

Conseqüências e observações

Se decidirmos ignorar o pólo que chamamos de humanismo enigmático, arriscamo-nos a maldizer nossos semelhantes, recusando-lhes uma consciência de comensurabilidade com o universal humano. Estamos seguros de que na engenhosa combinação de atos de uma secretária tentando orientar um estudante estrangeiro que lhe pede ajuda, ao mesmo tempo em que atende um telefone e lê uma carta, ou como parte de uma equipe que busca aprimorar o serviço de acolhimento de estudantes, tenha consciência dos valores que devem nortear o serviço? Neste caso, com que categorias culturais, profissionais e sociais analisar as condutas na medida em que nenhuma categoria destes campos específicos é pertinente para explicar as micro-escolhas de atividades? Não correm todas o risco de ser em parte redutoras, que resultam de uma bifurcação exorbitante? Reciprocamente, se ignoramos o pólo local, o do recentramento, da tentativa de resingularização do meio ao redor de normas "próprias", não seria ainda maldizer, mutilar, ignorar no ser ou no coletivo analisado o que ele é em si, como todo ser vivo em busca de "saúde"?

Este triângulo atividades/valores/saberes é um revelador epistemológico. Na medida em que não se pode saber qual é a efetiva "marginalização" dos valores atuantes, o uso das categorias classificatórias fragiliza-se parcialmente. Quais são, a cada momento, as entidades pertinentes no seio das quais se dá a resingularização e a renormalização? Qual o estado dos "patrimônios" e dos valores em nome dos quais se cristalizam estas entidades que são apenas de pertinência relativa e coletivamente diversas? Podemos analisar os comportamentos destas categorias de agentes em termos da "sociologia das profissões" em função de trajetórias de aprendizagem, normas de trabalho e de patrimônios específicos? Sem dúvida podemos, mas a que ponto, na medida em que ninguém poderá decidir o estabelecimento dos

[64] Já encontramos e discutimos este problema a propósito de WEBER (SCHWARTZ, 1980, #. 5,6,7).

valores atuantes, entre o pólo do humanismo enigmático e as histórias singulares dos agentes da profissão em pauta?

Falamos sobre a "marginalização" de valores, que na verdade pode ser entendida como uma exigência universal de "saúde" que todo especialista e pesquisador deve levar em consideração, sob pena de permanecer cego sobre os motivos de suas ações. Mas isto não significa que valores "marginalizados" não devam ser discutidos, colocados em debate. Em alguns casos, marginalização pode significar afastamento, rejeição de valores de outrem, refúgio em uma realidade de limitado horizonte. Manifestamos grande reserva com relação à noção de "resistência à mudança", porque a expressão parece-nos confusa e ignora a necessidade de entender a situação como núcleo de problemas. Mas as soluções adotadas em tais casos não possuem similares porque provêm de uma lógica a montante ou de nascente, uma posição que escapa a qualquer juízo de valor a uma "exterritorialidade do ator". Ninguém pode julgar a partir de uma posição de exterritorialidade intelectual, mas colocar em circulação conceitos mais gerais, comunicando-se eventualmente com valores de um horizonte mais amplo, leva a que se considerem os complexos locais valores/atividades.[65]

Podemos pensar nas noções de espaço público e nas teses de Habermas (1981) sobre as condições da interação comunicativa. Na verdade, suas análises do "mundo da vida", incluindo as distâncias guardadas com relação à consciência fenomenológica constitutiva (t.II, p. 136, 142 sq.), sobre o tema do "horizonte", poderiam alimentar pequenos desenvolvimentos indicados anteriormente sobre os "meios" de vida. Mas, mesmo se face à "colonização" pelo sistema, pelos domínios de ação formalmente organizados (*ibid.* p. 338)" o mundo da vida de seus membros, que não é nunca balizado, investe por meio da 'organização informal' a realidade da organização" (*id.* p. 342), fazendo com que estas circulações eventuais ou "contaminações" nos pareçam apoiar-se numa base frágil, insuficientemente dialética. A "negociação de definições de situações, usando a linguagem como meio de intercompreensão", não se situa no triângulo valores/atividades/saberes. Não encontramos atividade, da maneira como a entendemos, na medida em que ela possui uma virulência de marginalização que faz com que os problemas sociais e do bem comum estivessem contidos neste triângulo, retrabalhados em permanência, atravessando as "disjunções" mundo vivido/sistema. A ética da discussão, que busca a elucidação das pretensões normativas à validade, ligando a "validade das normas à possibilidade de um acordo justificado das pessoas envolvidas, na medida em que assumem o papel de participantes da argumentação" (cf. Habermas 1992, p. XXVI), situa-se fora do "paradigma do trabalho", fora daquilo que a ergonomia da atividade poderia desenvolver como um novo paradigma para repensar o ser social" e a epistemologia que serviriam como medida.

Deste ponto de vista, a despeito dos importantes desenvolvimentos sobre as relações mundo da vida/linguagem, e do problema da "colocação em linguagem",

---

[65] É um dos aspectos benéficos de "colocar em circulação" de conceitos e idéias num meio de trocas onde a confiança se estabeleceu.

evocado a propósito de Mead (Habermas, 1981, II, p. 9 sq.), o campo da colocação em palavras da atividade, com o espectro heterogêneo e revelador das dificuldades envolvidas neste socratismo de duplo sentido,[66] com a competição de saberes e de transformações, como expressos em seu domínio pela ergonomia de concepção, mas mais geralmente, como sugeridos anteriormente a propósito das "bifurcações", não nos parece encontrar lugar, a não ser indiretamente, na problemática de Habermas. Proposta um pouco paradoxal, mas convenhamos, mesmo quando alguns autores desta obra a ela se refiram favoravelmente. Nós estaríamos prontos a mudar nossa opinião mas, a esta altura, não encontramos em Habermas um espaço confortável em que os seres em potencial ou em latência de estarem em tensões múltiplas de situações ativas possam atualizar suas virtualidades e nas condições em que a atualização envolvesse elementos de "bem público".[67]

Pelo sim, pelo não, vamos pensar como um problema epistemológico de importância as relações entre o conceito e a vida, entre o saber e o agir, entre as ciências humanas e as ciências do trabalho? No fundo, esta é a questão subjacente a esta discussão. Seris (1993) afirmava que é sempre um ser vivo que estuda e constrói a história, a história de um problema que lhe é apresentado aqui e agora, quando comentava a filosofia de Canguilhem. E é precisamente por isto que só podemos reconstruir a história retrospectivamente ou retroativamente (*ibid.*). Este é o sentido da indispensável aprendizagem, pelo saber profissionalizado, das lógicas a montante, singulares; este é o sentido das dialéticas entre a marginalização e a universalização.

Evocando Canguilhem, que há pouco faleceu, e cujo poderio do pensamento filosófico ainda não terminamos de avaliar, especialmente por estar escondido debaixo de tanta erudição, com o rigor do historiador das ciências, do ergonomista e acima de tudo do pesquisador de tudo aquilo que pode ser considerado humano, conviria retomar o que afirmava em seu texto *Qu'est-ce que la psychologie?* O que é a psicologia? (1956, p. 365 sq.) "a defesa do que é submetido a um teste é a repugnância de ser tratado como um inseto por um homem em quem não reconhece qualquer autoridade para lhe dizer o que ele é e o que deve fazer." "Tratar como um inseto, o termo é de Stendhal que o toma de Cuvier (p. 379). Tratar como um inseto ou reivindicar, como profissional do conceito, uma posição de exterritorialidade, ou ainda usurpar o prestígio da norma", para usar uma outra expressão muito forte de Canguilhem (1966, p. 91), consiste em neutralizar aquilo que na vida social e industriosa representa confrontação de normas. Aqui não estamos diante de uma posição ética ou humanista, mas simplesmente tentando uma definição.

O termo pólo clínico de conhecimento, que já usamos há algum tempo, e que os ergonomistas ouvem com freqüência, designa este aspecto importante das relações entre conhecimento e singularidade. O médico não pode tratar do doente por

[66] Como por exemplo: BOUTET, 1994 e 1995: FAITA, 1996; SCHWARTZ, 1992a.

[67] Neste mesmo sentido poder-se-á ler com interesse: CLOT, 1992, vol. 2, cap. 9; RIEU, 1995, vol. 1, p. 45-49.

telefone, nem utilizando apenas perguntas e respostas de um sistema especialista (*expert system*). Mas esta reivindicação do clínico não implica sempre uma relação socrática em dois sentidos (Faita e Schwartz, 1995), ou seja, o movimento de reconfiguração, em níveis muito variáveis, dos conceitos do "clínico". Hubault retomou este problema do conhecimento clínico usando sutilmente as análises de Granger (1992). Esta referência permite que se ressalte a diferença entre a realidade da atividade, que é própria da história e que envolve, como dizia Daniellou, um número não definido de disciplinas e saberes, "cujo conhecimento pleno nos escapa sempre", como afirma Hubault, e os procedimentos de saber do ergonomista que pode abordar apenas um fato virtual, segundo a expressão de Granger. Mas se é verdade que este último insiste sobre as incertezas que afetam toda verificação no domínio das ciências sociais (p. 190), não indica como ocorre a acumulação do saber e dos conceitos no campo histórico, nem a partir de que heurística o historiador faz suas escolhas (periodização, estruturação, seleção das variáveis pertinentes...). Por outro lado, se a atividade está no campo dos fatos históricos, como afirma Hubault, contradiz a história, que é uma crônica cujos personagens podem ser consultados. Ou se Granger nunca se deu conta desta situação, o que é lastimável, que papel poder-se-ia atribuir a estes"parceiros" na produção do saber?

É o caso em que os atores tratados, a despeito da ergonomia, *in praesentia*: são as ciências humanas como a sociologia, a economia, a psicologia, a lingüística... (p. 186). Mas estas disciplinas são separadas por Granger da história e diferentemente se constroem modelos abstratos para "verificação de um fato, o que constitui na verdade uma criação, com mais freqüência contra as intuições que não são pertinentes e que são embriões de imagens espontâneas, a determinação do próprio fato." É necessário "redirecionar e retomar, arcando com os novos custos, os dados imediatos para definição das abstrações adequadas"(p. 186).

Certamente insistimos bastante anteriormente sobre "o vivido ou sobre a pobreza da evidência" para conceber o que não é o vivido imediato que pode ser efetivamente o objeto não re-trabalhado no triângulo valores/atividades/saberes. Mas não acabamos por apresentar, na tese aqui apresentada, um desacoplamento entre a promoção de uma dimensão clínica do conhecimento e a consideração, no processo de conhecimento, dos seres contemplados por este olhar clínico?

UM DISPOSITIVO DINÂMICO COM TRÊS PÓLOS

Em busca de um dispositivo do saber

Se a exterritorialidade não existir para ninguém, se o estado de "marginalização" dos valores ligados às atividades for parcialmente específica a cada lugar, como é possível a produção de conhecimento que suponha, se não um lugar, pelo menos um depósito comum? Um patrimônio cuja exploração não seria invalidada pelas ligações relativamente tensas com sua interpelação pelo aqui e agora? Se um tal patrimônio de saber geral fosse possível, como se inscreveria eficazmente num projeto de transformação sempre singular?

Atualmente os ergonomistas se perguntam com freqüência que estatuto conceder a seus próprios valores, uma vez que sua prática implica, em todas as circunstâncias, uma solicitação de transformação, portanto, critérios para que se intervenha. Sem dúvida, esta distância particularmente pequena entre a competência intelectual e a intervenção na vida de seus semelhantes explica parcialmente esta lucidez que os honra.[68] Mas esta lucidez é uma versão mais geral da inquietude expressa acima, ao constar o descuido no tratamento de todos os saberes envolvendo o humano que se referem às condições de utilização de nossas faculdades conceituais nas "bifurcações" múltiplas exigidas para o avanço das disciplinas. Dizer que não há exterritorialidade, ou dizer que esta é sempre parcial, é lembrar que nenhuma epistemologia pode auto-legitimar-se e, portanto, que o triângulo atividades/saberes/valores abrange diversamente as disciplinas acadêmicas, embora seja pertinente a todas. Há necessidade de lugares ou de dispositivos em que se possam construir saberes integrando explicitamente as exigências epistemológicas ajustadas a esta configuração triangular.

Refletir sobre as experiências, mas sem *one best way*

O desenvolvimento desta proposta exigiria um livro. De fato, esta tarefa já está em curso, mas hesitamos em divulgá-la pelo fato desta questão epistemológica fundamental gerar incompreensões e mal-entendidos. Supondo que todos os leitores sejam de boa-fé — sem dúvida, uma demanda de todos os co-autores desta obra — procuraremos apenas sugerir o contorno e a dinâmica destes dispositivos.

Uma imagem possível entre outras poderia ser o dispositivo que iniciamos e experimentamos há treze anos na Universidade de Provence[69]. Seu desenvolvimento continuado nos parece no momento uma garantia de sua pertinência. Interrogar-se sobre as condições de sua operação nos parece servir à reflexão sobre uma epistemologia dos regimes de produção do saber que seja compatível com os objetivos da primeira parte.

Falamos numa "imagem possível". Este pode ser o começo dos mal-entendidos. Deduzir de nossa reflexão que existiria um modelo único, universalmente válido, independente de objetivos particulares, a ser reproduzido literalmente em todas as regiões e tempos do saber e do social seria uma caricatura e uma extrapolação ridícula. Não se trata de tudo ou nada. Os saberes acadêmicos desenvolveram-se sem estes dispositivos. Todavia, seria falso afirmar que os dispositivos estivessem totalmente ausentes de seus horizontes, ou que não funcionariam, de maneira indireta, em seus sistemas de programação ou de validação. Por outro lado, outras imagens destes dispositivos que freqüentemente nos serviram de inspiração desenvolveram-

[68] Poderíamos entre outros evocar aqui os diferentes textos citados de DANIELLOU assim como seu texto escrito para a habilitação (1992), o artigo de DUPONT e DURAFFOURG citado anteriormente, a tese de ANTUNES LIMA, igualmente mencionada, etc.

[69] APST - Análise Pluridisciplinar das Situações de Trabalho (URA CNRS 1084), originariamente com nossos colegas FAITA e VUILLON.

se aqui e acolá durante os anos setenta e oitenta. Certas práticas em ergonomia de concepção parecem ilustrar, à sua maneira, essas exigências epistemológicas no quadro de objetivos e de instituições específicas. Diversos casos podem ser imaginados[70]. Parece-nos necessário que tais dispositivos, com contornos relativamente fluidos, existam entre os locais de produção-difusão de saberes e os lugares estratégicos de transformação social, alimentando-os por meio de várias redes, e em contrapartida, sendo alimentados, mantendo-se em simbiose. Por isto, a idéia da *one best way* seria um conto de fadas ou um conto dogmático que seria culturalmente mesquinho recusar, como se a imersão destes dispositivos nos ligamentos entre as instituições do saber e locais de reconfiguração social fosse um corpo estranho.

Primeiro Estado da Reflexão: Um Dispositivo com Duas Dimensões

Com base numa abordagem fecunda da dimensão organizacional da ação social, que privilegie uma abordagem clínica, Friedberg (1993) deduziu que o "estatuto da teoria e sua relação com a ação mudam radicalmente. Sua pertinência não pode mais originar-se em leis substantivas, que ela própria enunciaria sobre a natureza das ordens locais, nem tampouco do interesse das leis preditivas e/ou prescritivas que pudéssemos eventualmente inferir. Esta pertinência aqui liga-se à sua capacidade de nutrir uma confrontação constante com o terreno" (p. 21, cf. também p. 177 sq.). Tenderíamos a fazer nossos estes objetivos. Mas então, onde está o local, o dispositivo de produção de conhecimentos sobre a clínica — e adicionaríamos de uma epistemologia que re-aprecie o vínculo entre o global e o local — que torne possível a nova relação entre a teoria e a ação? Podemos recusar a exterritorialidade do conhecimento na teoria e não buscar um deslocamento dos regimes de produção de saberes?

Institucionalmente separados, o que não significa isolados do histórico das atividades econômicas e sociais, os procedimentos de produção de saber possuem, quando da escolha de conceitos, métodos, teorias e com relação às suas bifurcações, tão somente forças de chamamento e de validação muito indiretas, alteradas, suscetíveis de interpretações múltiplas. Tal modo de funcionamento comporta necessariamente freios à assunção de circulações no triângulo atividades/valores/saberes.

Como abordar, a não ser dogmaticamente ou tateando, as atividades dialéticas-valores marginalizados, inseparáveis de um acesso que não mutile o que reproduz a todo momento a nossa realidade social? Considerar como a norma de cientificidade o corte (epistemológico?) entre o pólo da produção de saber e o pólo das atividades é aceitar que na estruturação dos modos de conhecimento do social dá-se livre curso, no seio do primeiro, aos valores próprios dos profissionais do conceito. Toda

---

[70] Ver por exemplo: A ergonomia, a formação e o trabalho, *Éducation Permanente*, 124, número coordenado por TEIGER e MONTREUIL e TEIGER e LAVILLE, 1991. Por outro lado, na análise a seguir não evocamos a forte especificidade e o papel próprio, no dispositivo da APST da participação de estudantes de todas as disciplinas em formação inicial.

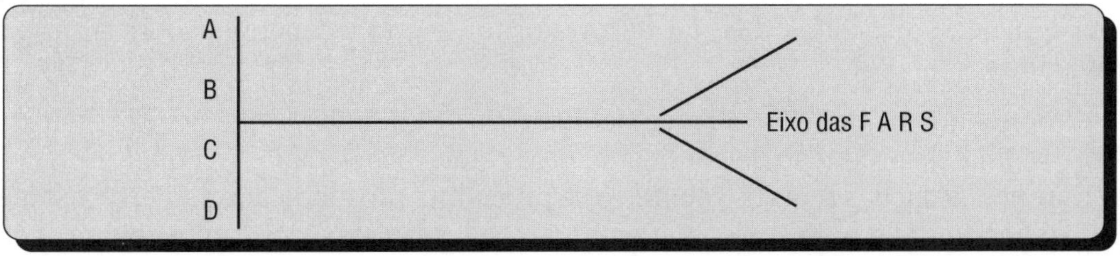

Esquema 1 — Eixo dos saberes acadêmicos. A, B, C, D: disciplinas.

forma de validação, pela qual os vínculos entre valores e atividades não sejam uma preocupação pertinente, corre este risco.

Portanto, o primeiro estado de reflexão conduziria à exigência de um dispositivo com dois pólos, que pudéssemos colocar em duas dimensões: um eixo vertical seria o dos saberes acadêmicos disponíveis e/ou trabalhando com as atividades humanas. O eixo horizontal remeteria ao espectro diversificado das forças de apelo, recordação e de saberes (*FARS - Forces d´appel, rappel et des savoirs*), os protagonistas das atividades em pauta.

Os "saberes" são apresentados em dois pólos: num caso trata-se de saberes acadêmicos, objetos de um esforço permanente de estabelecimento de uma ordem teórica, de explicitação metódica e crítica, de retrabalho contínuo; no outro pólo estão os saberes imanentes às atividades e retrabalhados por estas atividades, os mesmos que a ergonomia da atividade fez emergir como momentos de escolhas e de comprometimentos (cf. anteriormente "valores, saberes, atividades", primeira proposição). Poderíamos chamá-los de saberes investidos (na atividade). Neste pólo, as atividades são "cadinhos"* da organização dos saberes, estruturando sobre uma base histórica seus desdobramentos sobre seus apelos aos saberes formalmente organizados.

Entre estas duas formas de saberes, a distinção não é natural, mas apenas uma tendência. As evoluções recentes produziram um espectro de situações intermediárias cada vez mais densas. Como exemplo, poderíamos citar os casos de muitos executivos que demonstram grande competência profissional como gestores, operadores de reconfigurações sociais e que são também solicitados a atuar como formadores e instrutores, seja segundo modelos formais (estágios, formação continuada...), seja nas atividades quotidianas. E nesta segunda situação devem lidar com os saberes de maneira próxima ao eixo vertical ou dos saberes acadêmicos. O mesmo ocorre com assalariados que são mais "executantes" do que executivos e que se tornam formadores em função de trabalhos junto a sindicatos ou outras associações. Estes dois eixos transversais não constituem uma matriz evidente para a determinação das categorias sócio-profissionais. Lembremos que tanto os que ensinam, pesquisam e conceituam, como os executivos "trabalham".

---

* N. T. O cadinho é usado nas fundições, como recipiente para transporte do material em estado de fusão.

Se considerarmos suas atividades como enigmas a penetrar, elas se relacionam com o mesmo dispositivo biaxial de produção de conhecimentos sobre a própria atividade.

Por que forças de recordação e de memória? Para indicar que os protagonistas deste regime de produção de conhecimentos estão vocacionados a requerer e a confrontar nas situações reais os saberes e os procedimentos indicados no eixo vertical. O eixo horizontal é o do apelo, da demanda, do sentimento dos limites ou das derivações possíveis das ligações atividades/valores e dos saberes imersos no histórico e por outro lado a da colocação à prova das análises e diagnósticos teóricos. Todo apelo, se seguido de um trabalho em comum — cerne do dispositivo — é também uma reformulação das questões, o alargamento dos horizontes culturais, o retrabalho dos valores pelos protagonistas do apelo.

Um exemplo circunstancial e freqüentemente evocado[71] é o de um coletivo de operárias da confecção, cuja dirigente sindical solicita em 1983 ajuda a um grupo de ergonomistas do CNAM - *Conservatoire National des Arts et Métiers*. A demanda era que elas próprias pudessem medir seu "ser industrioso", pois reduzir suas competências a "apertar botões", o que a dirigente sindical percebia intuitivamente como inconveniente, seria colocar-se numa posição pouco valorizada na negociação sobre as re-classificações de cargos. Forças de apelo, aqui muito claramente colocadas, apoiadas num "saber na penumbra" pouco seguro de seus fundamentos e fraco em sua argumentação sobre questões sociais. Forças da memória confrontando os recursos intelectuais dos saberes organizados com suas formas próprias de saber, avaliando sua pertinência face às múltiplas gestões de normas requeridas pela vida lábil dos meios de trabalho.

Este movimento duplo atinge também o outro pólo. As normas intelectuais, a disciplina dos conceitos produz a reavaliação dos saberes e dos valores do lado das "forças de apelo..." As situações de trabalho são convocadas a comparecer perante o tribunal dos recursos científicos. Mas elas não passam pela prova ilesas. No exemplo das confecções, buscar competências não reveladas (na penumbra) implica articular a definição de problemas e métodos, a ergonomia e a lingüística, porque a superação dos limites estreitos da qualificação passa pela grande atenção dedicada às trocas, verbais e não verbais, entre operárias. Uma das fontes da eficácia e do desempenho depende deste mundo de inteligência e de valores "investido" nos gestos do quotidiano e é difícil pensar que o economista, também convocado e confrontado com a penumbra, não se questione sobre certas posturas de sua disciplina e especialmente sobre sua impermeabilidade a toda abordagem feita com lentes de aumento *(à la loupe)* do fator humano. Um exemplo ilustrativo que conhecemos em outras configurações com estivadores, ferroviários e executivos..., interrogando universitários e conversando com eles sobre o grau de anulação de patrimônios antigos, devido às chamadas "mutações técnicas" sobre a verbalização de práticas e de competências, sobre a segurança ou as novas formas de organização do traba-

[71] Conforme a *op.cit.* Anteriormente, nota 49.

lho. Estas investigações "em parceria" delineiam um diagnóstico mais complicado e contraditório do momento atual e de seu grau de ruptura ou de continuidade num quadro de periodização em elaboração.

Um processo socrático com duplo sentido

Podemos caracterizar esta dinâmica de trabalho sobre o saber tanto como uma tarefa em comum das formas particulares de cultura próprias a cada parceiro, seja como um movimento de dupla antecipação cruzada[72]. Os saberes organizados, os localizados no eixo vertical, antecipam a tendência do entendimento de situações reais como a distinção entre trabalho prescrito/trabalho real; os trabalhos sobre indústrias de processos que antecipam eficazmente as formas, disputas e tensões das sinergias industriosas que se darão no lugar ou no *site*. Mas inversamente o que chamamos de FARS virtuais, no encontro com situações sempre históricas e cuja historicidade se realimenta por meio de sua gestão parcialmente renormalizadora e resingularizadora, antecipam de outra forma configurações tecno-organizacionais cujos saberes disciplinares deverão ser apreendidos para re-trabalhar suas generalizações. Processo que poderíamos denominar "socratismo com sentido duplo", porque o "corpo em si" (cf. vimos anteriormente ao tratar de valores, saberes e atividades e na 2ª proposição, *in fine*) está em jogo porque cada protagonista, saberes, valores e atividades possui aderências profundas com sua maneira de conceber a saúde, toda a reapropriação crítica de sua própria experiência de vida entre penumbra e expressões de linguagem demandam tempo, maturação, espaços de confiança e perspectivas. No pólo das FARS há um caminhar difícil: o da ordem da reminiscência. No pólo dos profissionais do saber há, mesmo nas margens, experiência renovada do estatuto das tendências dos conceitos e grades de análise, recolocada como tarefa do universo intelectual e profissional.

A pluridisciplinaridade é um dispositivo biaxial necessário para dar à cooperação entre disciplinas um estatuto que não seja apenas uma troca heteróclita. O eixo horizontal é o único operador da pluridisciplinaridade porque o triângulo atividades/valores/saberes que transita neste eixo não é monopolizável por nenhuma disciplina em particular. Apenas os dispositivos de convocação mútuos podem auxiliar na superação da rigidez no reenvio da avaliação das tarefas e carreiras aos pares de suas disciplinas respectivas. Avaliação que é não só positiva, mas indispensável, porque necessária à aprendizagem dos conceitos, e que ainda contém os riscos da miopia ao olhar seus semelhantes.

---

[72] Para a primeira formulação remetemos a SCHWARTZ, 1980 (*op.cit.* p. 34); para a segunda a SCHWARTZ, 1983.

Presença necessária de um terceiro pólo, ou exige-se a presença da filosofia

Porque este dispositivo bipolar ainda não nos parece suficiente para atender a um regime de produção de saber assumindo os limites impostos pelo triângulo atividades/valores/saberes? Dizer que este sistema de dois eixos só pode funcionar efetivamente com um dispositivo com três pólos, um pólo filosófico necessariamente colocado com vistas aos saberes organizados (eixo horizontal) e com relação às forças de apelo, de memória e dos saberes investidos, poderia parecer provocativo e suscitar reservas inúteis, porque a idéia de dois eixos já as produz em quantidade suficiente. Portanto, prossigamos.[73]

Se perguntarmos como estes locais se estabeleceram, devemos conceder que só poderia ser a partir da recusa dos pressupostos da exterritorialidade, o que constitui uma tese filosófica e epistemológica sólida. Mas nos encontraremos diante de um paradoxo, uma versão local da idéia de uma humanidade irrealizada, uma exigência transformadora que faz surgir virtualidades de situações atuais, uma espécie de tarefa civilizadora orientada por um bem comum possível. Sem estes pressupostos não se formam adequadamente estes espaços de confiança onde os valores "marginalizados" e os valores universais possam imaginar trajetórias que os uniriam. Por esta razão, a idéia de uma humanidade realizada não possui nenhum contorno preciso. E quem pretendesse de início esboçar as figuras e os meios de acesso romperia o processo[74]. Por isto nossa tendência a chamar de "humanismo enigmático" este valor fluido partilhado que parece estar organicamente ligado a este regime de produção de saberes. Mas não estamos ainda a convocar o concurso da filosofia?

Colocar em evidência a inteligência dos trabalhadores é para mim muito importante. Deve relacionar-se com posições filosóficas fundamentais como as expressas no artigo I da Declaração dos Direitos do Homem e do Cidadão de 1789 que afirma "os homens nascem livres e livres permanecem e com direitos iguais". Àquilo que possuía um conteúdo puramente ideológico há duzentos anos, a psicologia cognitiva conferiu um conteúdo científico. O sentimento de poder provar uma tese filosófica aqui enunciada nas suas "*Refléxions sur l'Ergonomie*" Reflexões sobre a ergonomia (1995, p. 3), foi manifestado com frequência por Wisner. "Na perspectiva adotada, o indivíduo não é redutível a um sujeito passivo cujo comportamento estaria estritamente regulamentado pelos determinismos sociais... A perspectiva retida afasta-se da abordagem em que o trabalhador é apenas um ator privado de qualquer iniciativa, curvado sob o peso das pressões." Nesta passagem da *Autonomie dans le Travail* Autonomia no trabalho (1992), o que faz Terssac, senão anunciar uma abordagem do humano que uma determinada sociologia pode fortalecer mas não demonstrar e que, portanto, permite compreender sua maneira de abordar as dinâmicas de regulação nos sistemas industriais estudados? Quando ele se questiona sobre o "tipo de

[73] Conforme esquema 2.

[74] Por esta razão, as filosofias e/ou políticas de emancipação humana, por serem escatológicas e dogmaticamente humanistas, serviram apenas em parte como matrizes diretas de tais dispositivos.

comunidade científica à qual deve retornar a definição dos modelos teóricos, Oddone (1981) critica os preconceitos filosóficos que bloqueiam os horizontes: "A cultura dominante (inclusive a concepção marxista) não apresenta nenhum modelo positivo de trabalhador, como produtor atual, não futuro, capaz e que reflita sobre sua condição de explorado e de alienado, e produtor de respostas no nível da consciência individual ou no nível da consciência do pequeno grupo"(p. 53 e 47).

Mas esta filosofia está presente de maneira mais ou menos explícita no pólo das "Forças de apelo e de recordação e dos saberes voltados à ação". Exemplos podem ser encontrados no caso de Michele Doussineau, a sindicalista da indústria de confecção ao afirmar que não se poderia pensar que os operários deveriam simplesmente apertar botões; ou de P. Espósito, mecânico ajustador, ao afirmar que nunca um operário fica pensando diante de sua máquina, mas fazendo o que lhe mandam fazer (cf. Schwartz e outros, 1985, *op. cit.*, p. 233); e como um executivo da SNCF[*], após algumas semanas de trabalho, sendo chamado a se manifestar diante da disposição espontânea ou mesmo mesquinha de considerar "empobrecido" o trabalho de outrem, ou seja, reduzir sua atividade à realização do que havia sido prescrito (cf. Schwartz, 1988, *op. cit.,* nota 32, p. 677); censurou seu semelhante pouco propenso ao debate dos valores de um possível "mundo comum".

Enquanto nos questionamos sobre o que torna possível a troca nestes dispositivos de três pólos, uma outra maneira de nos darmos conta fosse, talvez, evitar que o que chamamos de valores "não dimensionados", ou seja, não definíveis e não quantificáveis por meio de unidades de medição[75] sejam recobertos ou mascarados por outros valores quantificáveis e/ou mercantis que postulem à sua maneira uma exterritorialidade bem fundamentada. Quem confere prioridade, em quaisquer circunstâncias, a estas últimas não pode progredir no aprofundamento das relações valores/saberes/atividades e, além do mais, só tratará dos valores corporificados na atividade a partir da perspectiva de sua instrumentalidade. Não se trata de eliminar do horizonte estes segundos tipos de valor mas de reequilibrar as relações habituais de subordinação entre eles. Deste fato, nas sociedades onde predomina a regulação pelos valores de mercado, onde o assalariado ainda é predominante[76], onde o estatuto do trabalho ainda é adotado nas relações jurídicas de subordinação que buscam estabilizar num estado de direito esta regulamentação, a exigência científica de um dispositivo de três pólos pode parecer contraditória com esta onipotência política da economia de mercado e obstaculizar o seu funcionamento.

Mas as coisas não são tão simples. Valores de mercado e valores sem dimensão não se excluem como dois mundos distintos. Inicialmente, na realidade quotidiana, os valores de mercado devem servir à negociação de compromissos com os valores sem dimensão. Elaboramos amplamente este ponto na primeira parte. Nenhuma

---

[*] SNCF - Societé National des Chemins de Fer (Socieade Nacional de Ferrovias).

[75] Como, por exemplo, a aspiração à saúde, em todos os sentidos do termo.

[76] Mesmo que haja uma tendência a diminuir ligeiramente. Mas as novas relações, que eventualmente passam a aumentar, que o Direito consideraria como a passagem do Direito do Trabalho ao Direito Comercial, não mudariam substantivamente as regulamentações econômicas dominantes.

entidade produtora de bens ou de serviços pode perdurar sem tal compromisso (cf. Schwartz, 1995a, p. 114-115). Porque por outro lado não há prova[77] da capacidade da humanidade, parcialmente ou sem sua totalidade, de se auto-governar em condições em que se desfaça do mercado e subordine unilateralmente aos valores do bem público todo valor dimensionado. Por isto assinalamos que se tratava de reequilibrar as formas de valores e não eliminar a perspectiva do dimensionamento ou da confrontação com o mercado. Porque ao final, mesmo aqueles cuja atividade desenvolve-se mais precisamente no pólo da valorização mercantil e capitalista, têm de gerar "situações de trabalho", nunca rompendo a comensurabilidade, mesmo se a área for estreita com relação aos outros e com aqueles que claramente buscam dar corpo a seus valores sem dimensão sob o regime da subordinação jurídica e da rentabilidade econômica, e sob as pressões sutis ou violentas dos primeiros, aqui incluídos aqueles cujo rigor dos critérios de lucro eliminaram do acesso aos trabalhos remunerados. Tais dispositivos não constituem de maneira alguma corpos estranhos nas sociedades modernas permeadas por interrogações e contradições. O que justifica que na intervenção ergonômica o ergonomista esteja "com" a empresa e não "contra" ela[78] (Daniellou, texto citado, 1995). Pelas mesmas razões se legitimam plenamente os dispositivos de produção de saber nos três pólos nos nódulos das articulações entre formação, pesquisa e gestões da transformação social. E sem que se tenha a mínima razão para que se impute qualquer etiqueta social ou política. Dispositivos que, sem dúvida, repousam sobre o "fio da navalha", supondo a rejeição de todos os sectarismos e certezas simplistas, para conquistar contra os ventos dominantes, mas que devem ser reconhecidos e respeitados como utensílios do saber que a todos beneficia.

Mesmo se, às vezes, referência explícita foi feita ao patrimônio intelectual representado pela filosofia, até o momento a contribuição do profissionalismo filosófico não foi significativa. Mas surgiram temáticas e teses, sustentáculos necessários a estas práticas e sinergias do saber: modelos de humanidade, comunidade ou comensurabilidade, valores e bem comum, humanismo enigmático, recusa a exterritorialidade, labilidade das relações humanas e dos determinismos sociais ou técnicos... Ora, estes registros intelectuais, estas teses não pertencem a nenhuma das disciplinas operantes (as do eixo vertical do dispositivo biaxial). Na verdade, antecipam, com as devidas reservas, as maneiras de tratar o seu semelhante e as situações da vida social. É neste sentido que acreditamos que não pode haver trabalho fecundo no espaço saberes/valores/atividades sem a presença eficaz de um pólo significativo de exigência filosófica.

Entre os saberes organizados e disponíveis, a ergonomia ficaria um pouco à parte se fosse verdade que ela valeria como "paradigma" destes dispositivos.

A experiência histórica demonstra a existência de um primeiro pólo que independe da presença do profissionalismo filosófico. Simultaneamente, acabamos de

[77] O que não quer dizer que seja impossível. Mas todo profetismo, num ou noutro sentido, nos parece pouco aceitável.

[78] Com reservas de que a tensão entre os diferentes valores próprios aos diversos protagonistas seja mantida ao longo da intervenção e permita "alterar" os compromissos.

lembrar quais são os ventos dominantes que enfraquecem tentativas sempre no fio da navalha. Poderíamos deixar os grandes temas filosóficos em sua condição de teses sem questioná-los? Não deveríamos confrontá-los com a tradição filosófica no interior da qual eles foram tratados, criticados e retrabalhados? Afinal, quem usa de maneira recorrente a expressão "modelo de humanidade" não deve buscar a maneira como as filosofias trataram ou anularam esta problemática? As teses epistemológicas pesadas ligadas a este dispositivo de três pólos que evocamos ao longo do percurso percorrido não devem ser confrontadas com as definições e práticas existentes da epistemologia (cf. o primeiro capítulo)? A filosofia pode se desinteressar e até mesmo zombar dos apelos que lhe são feitos pelas práticas industriosas. Isto em geral acontece. Mas ela também pode pedir satisfações e exigir que se justifiquem em bons termos, ou seja, em termos filosóficos, o uso de um patrimônio que é seu e que ela pode, pelo menos, julgar mal utilizado. É uma convocação que se produz de outra forma, onde todos e cada um correm risco e enfrentam perigos.

Sem estas convocações recíprocas entre os exatos rigores da disciplina filosófica do conceito e as justas exigências do socratismo ambíguo poderíamos estar seguros de enfrentar culturalmente os perigos que atendem pelos seguintes nomes: a autolegitimação da postura epistemológica, o recorte em cada disciplina dos problemas da atividade, a boa consciência categorizante e classificatória, a manipulação das

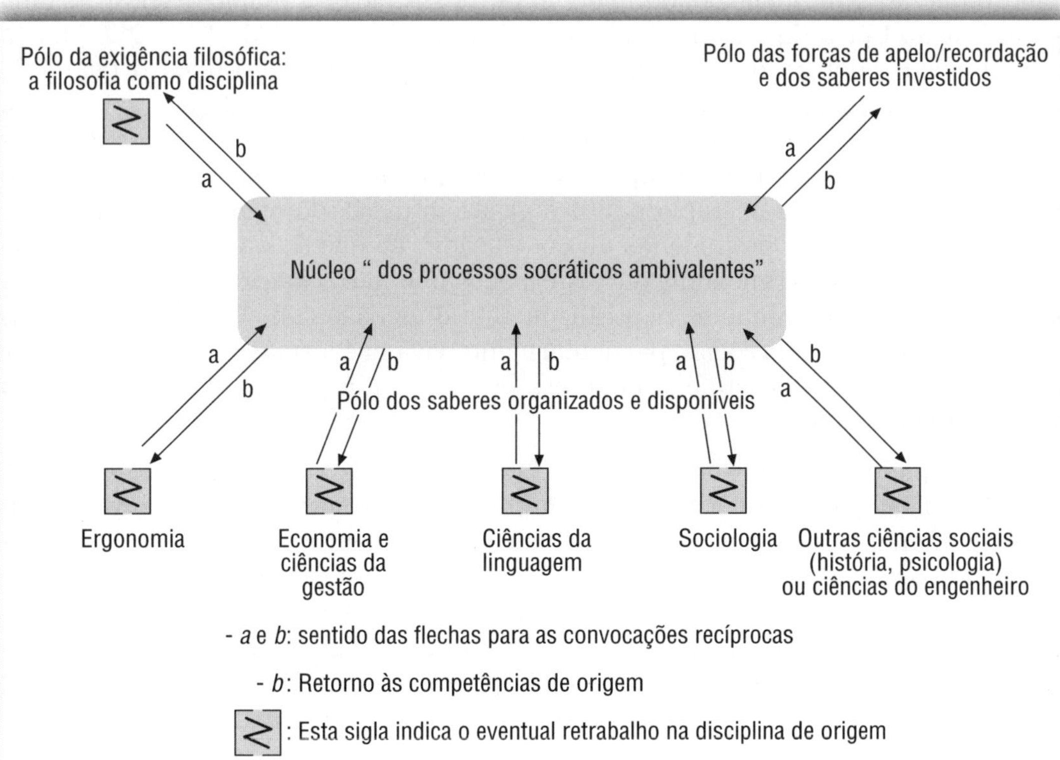

Esquema 2

grades conceituais em benefício exclusivo dos valores dimensionáveis e/ou mercantis, a negação pragmática da comensurabilidade? Para ser fecundo e eficaz a polaridade filosófica deve, como as outras disciplinas, não se subtrair ao profissionalismo que lhe serve de referência.

Três Pólos Requeridos para Verdadeiras Convocações Recíprocas

Certamente o profissionalismo filosófico é requerido, mas no seio deste dispositivo de três pólos, sob a condição de que se deixe convocar, interpelar e imergir no movimento em espiral que circula em seu seio. Sob a condição de que ela se envolva no processo socrático que a faz de um lado redescobrir a sua própria vocação. Senão o dogmatismo passa a ameaçar, pois se reativa a propensão à crença de que o exercício filosófico conferiria especial privilégio à exterritoralidade.

É preciso entender que se faltar um pólo com a força específica de sua memória, o dispositivo se desfaz e temos uma situação diversa. Meda (1995) mostra que a "análise crítica e reflexiva desenvolvida pela filosofia é absolutamente necessária em nossos dias" e deve exercer sua função crítica sobre as chamadas questões "de sociedade" (p. 9-10). Mas este apelo à filosofia, mesmo feito por uma pessoa competente, para que exerça seu magistério fora de um sistema de interpelação como o que aqui foi mencionado, merece de nossa parte a maior reserva. É uma reivindicação típica da exterritorialidade. O desenvolvimento deste ensaio na sua conceituação redutora do trabalho deixa claro que não adentramos o triângulo atividades/valores/saberes, que não tocamos a unidade do mundo dos valores e a questão de sua marginalização, nem o problema das circulações entre os diversos aspectos da vida social que enfraquece a concepção das duas esferas, a do trabalho e de seu outro (cf. por exemplo p. 301 sq.). Além disso, de onde poderiam surgir algumas contradições, assinaladas na conclusão[79], se não da vara mágica de uma fada, a "capacidade de encantar outros espaços que não o da produção"(p. 309), a partir do momento em que se neutralizou esta dimensão transversal nos diversos compartimentos da vida social, particularmente viva nas formas atuais do trabalho, mas sem exclusão, pois esta é a tendência de todo ser, a saber, o de estar sujeito a suas próprias normas.

Ainda poder-se-ia observar este paradoxo ou pelo menos algo tão estranho como filosofias que, tendo ascendido à notoriedade, passem a dialogar com as ciências humanas nos termos destas ciências. Estas se sentiram honradas, até lisonjeadas. Foi o caso da obra de Foucault. Mas desde que se permaneça no quadro de um sistema com dois pólos (filosofia/saberes organizados). A questão das formas de inserção no ciclo do saber do terceiro pólo (as forças de apelo e de memória) nunca é apresentada, mesmo quando há inquietação, como no caso de Habermas, a propósito das patologias sociais oriundas da separação entre a cultura dos especialistas e a vida quotidiana ou os contextos do agir comunicativo corrente (cf.

[79] Vide SUPIOT, 1995.

1981, *op. cit.*, t. 2, p. 364, 1993, p. 25-6); e que se peça à filosofia que providencie as rupturas. Ao final do "Agir Comunicativo", o cuidado de Habermas é de tomar as derradeiras precauções para que se aceite a presença da (sua) filosofia neste sistema de dois pólos sem que a suscetibilidade das ciências humanas seja afetada (*ibid.*, p. 437 sq.).

Mas que a filosofia deixe-se convocar e interpelar pelo quotidiano, pelo terceiro pólo (em nossa linguagem), onde ela pretende defender os direitos de se submeter às forças da memória, elaborados longa e pacientemente, então o jogo não será mais possível.

Este dispositivo torna-se a sede de um movimento duplo, no seu centro, misturam-se e operam culturas contraditórias, patrimônios tendencialmente definidos pelos três pólos [filosófico (1), saberes disponíveis organizados (2), forças de apelo e de recordação...(3)], e mantém-se coeso por causa de seu movimento interno em espiral. Mas ao mesmo tempo, como sob o efeito de uma força centrífuga, ele remete os três parceiros de cada pólo ao exercício de suas próprias responsabilidades profissionais. Os que são "ativos" são remetidos às urgências da vida social. Seu movimento de retorno é, em parte, para avaliar a pertinência do trabalho realizado no interior do dispositivo, com uma eventual vocação para o retorno, redesenhando os recursos do saber e desenvolvendo novas forças de apelo. Quanto aos "profissionais do conceito", tanto no pólo filosófico (pólo 1) como no dos saberes disponíveis organizados (pólo 2), são enviados às suas disciplinas de origem, a fim de que participem, agora devidamente equipados, do debate científico que lhes é próprio.

O retorno às competências de origem (responsabilidades profissionais, disciplina científica)

O retorno de cada um ao seu ponto de partida tem duplo sentido.

De um lado, é a independência de cada parceiro no uso que julgar útil dos recursos adquiridos num dispositivo. Este regime de produção de saber deve articular um verdadeiro trabalho em comum das formas da cultura e da incultura com uma deontologia filosoficamente fundamentada que deseja que, no exercício de suas responsabilidades profissionais ou sociais, cada um aprecie e negocie estes recursos segundo a história em que está envolvido e em função dos projetos sob sua responsabilidade ou que aspire desenvolver. (Podem ser considerados no que concerne ao pólo 3 — as forças de apelo — empresas, um serviço, uma equipe clínica, uma organização sindical, uma associação, uma coordenação de projeto que reúna diversos parceiros, um centro social,um dispositivo de prevenção ao uso de drogas, uma agência local de empregos...). Por conseguinte, o dispositivo não implica nenhum uso canônico ou etiquetado do que se construirá em seu interior.

Por outro lado, é preciso retornar a seus compromissos profissionais e especialmente (pólos 1 e 2) à sua disciplina, porque não poderíamos nem privar os envolvidos dos benefícios eventuais deste trabalho, nem eliminar as normas que lhe são próprias. É a lógica destas convicções recíprocas que se evocam para a filosofia. Se este dispositivo mostrou-se útil foi porque exibiu simultaneamente um processo socrático ambíguo entre os pólos 1 e 2 e também envolvendo o pólo 3, e manteve uma abertura às maneiras de outras disciplinas atuarem. Portanto, estas são requestionadas, mesmo que em níveis muito variáveis. A experiência deste dispositivo sugere o que em cada disciplina ou pensamento organizado é mais inerte, pouco compatível com reajustes mais importantes e com o que emerge de um trabalho em comum. Ou, ao contrário, o que está disponível em sua estrutura conceitual a um retrabalho, fazendo uso da estrutura de outros saberes que também se questionam sobre o dispositivo. A distinção entre trabalho prescrito e trabalho real une confrarias ambíguas com o doblete norma/uso dos lingüistas, com a análise da produtividade dos economistas, com a sociologia das regulamentações industriosas[80]. Reintegrar o linguajar na esfera mais envolvente da atividade, como incitado pela experiência de tal dispositivo, seria colocar o linguista à disposição de todos os remanejamentos metodológicos e conceituais (Faita, 1996, texto citado, p. 9). Como separar os corpos de linguajar, dos dados, analisar suas regularidades e seus desvios separados dos acontecimentos, ou seja, das configurações históricas de atividade humana de onde foram extraídos (*ibid.* p. 3)? Como e onde localizar a criatividade do linguajar? Estas interrogações desencadeiam processos de re-leitura dos clássicos reinterpretando-os, como é o caso de Vygotski ou de Bakthine para a linguagem. A esperança de um retorno sobre o conhecimento da própria linguagem, este retorno fecundo à disciplina que exprime o desejo de Faita para as ciências da linguagem (*ibid.*, p. 4), deveria ser a perspectiva natural de todos os profissionais dos saberes organizados dos pólos 1 e 2.

A lista de disponibilidades virtuais permanece indefinida. O especialista das ciências políticas ou jurídicas não disporia de material para ampliar o campo onde a questão do bem comum e da relação entre a lei e o direito fosse pertinente a atuante? Por que um ergonomista e um historiador, sensíveis aos efeitos da contaminação recíproca[81] entre valores imanentes às formas de trabalhar em conjunto e às maneiras de se situar e de agir nos quadros sociais, não cooperariam na construção de configurações históricas passadas de hipóteses de conexões entre estes dois níveis de análise? Por que não pensar a respeito de sinergias intelectuais entre ergonomistas e antropólogos ao redor de ligações entre culturas e micro-variações do trabalho em sociedades abordadas frequentemente apenas por meio de arquivos materiais, formas de utensílios e produtos que nos deixaram?

A epistemologia associada a este gênero de dispositivo requer que se confronte rotineiramente as normas que lhe são próprias — o socratismo ambíguo e a disponibilidade a outras estruturas conceituais — e as normas vigentes na comunidade científica de referência. Mesmo que estas não possuam o mesmo estatuto segundo as regiões do saber, elas são a garantia de uma reapropriação crítica e de uma vigilância específica quanto ao patrimônio acumulado no seio da disciplina. Esta condi-

---

[80] Vide SCHWARTZ, 1980, *op. cit.* p. 845 sq.

[81] Vide SCHWARTZ, 1992, *op. cit.* p. 5-8.

ção de dupla normalidade é, indiscutivelmente, o que há de mais difícil de agenciar, de aceitar e fazer com que se aceite, nos quadros institucionais e políticos de nossas sociedades. Por isto nos parece adequada para que se defina satisfatoriamente uma vocação de verdadeiro serviço público [82].

Um Derradeiro Exemplo

Daremos um derradeiro exemplo para ilustrar este funcionamento intelectual em espiral entre os três pólos e o retorno ao profissionalismo disciplinar. O que evocamos anteriormente como a reconsideração *in situ* dos princípios do taylorismo, de que nenhum trabalho é simples, incluindo-se o do(a) operário(a), chamado(a) de "especializado(a)" (eufemismo para "não qualificado", *nota do tradutor*), deveria estar no cerne de todo dispositivo que buscasse convencer, por uma espécie de raciocínio *a fortiori* a generalidade do elo valores/atividades. Se é uma verdade da OCT- Organização Científica do Trabalho, então deve ocorrer sempre. No início da experiência da APST - Análise Pluridisciplinar de Situações de Trabalho, que mencionamos anteriormente, após algumas semanas de trabalho em comum, surge a citação da seguinte frase, freqüentemente retomada desde então, de um mecânico: "Um operário nunca pensa diante de sua máquina, eu faço o que me mandam".

Como em todo processo dialético não há começo. Se esta frase tão forte pode ter sido enunciada é porque os três pólos já pré-existiam no movimento que procurava cristalizá-los e fixá-los institucionalmente. Esta frase emerge na confluência de uma trajetória operária individual, atenta aos fatos da penumbra que povoam densamente os meios de trabalho, fatos concebidos como pontos de apoio para uma tentativa coletiva de transformar estes meios em torno de normas trazidas por estes fatos. Emerge ainda de um projeto filosófico coletivo, que preside o posicionamento do dispositivo onde esta frase se exprime, ordenando os modos de operação. Ainda a considerar o fato de colocar em circulação, por um ergonomista (Duraffourg), um determinado número de hipóteses maiores, e especialmente a distinção do trabalho real e do trabalho prescrito.

---

[82] Este problema da dupla validação é parcialmente evocado por GIRIN (1990) num texto interessante e útil sobre a metodologia e a epistemologia da intervenção de pesquisadores sobre as "situações de gestão"; onde a própria intervenção cria uma situação nova de gestão que deve ser analisada e conduzida em seus desenvolvimentos. A descrição de GIRIN está atenta às dificuldades do real, contendo uma espécie de dispositivo de dois eixos (cf. anteriormente apresentado no Esquema 1) e adotaríamos como nossas várias de suas observações. Mas parece-nos que a epistemologia associada não pode chegar a um equilíbrio claro na medida em que este dispositivo biaxial, mesmo codificado por longas intervenções, sempre conjuntural, fragmentado, desarticulado com relação a um dispositivo de três pólos onde poderiam se manifestar processos socráticos de duplo sentido, os liames valores/atividades; e inserir então as situações de gestão nos espaços gestionários mais vastos, em que são questionados, independentemente da exterritoralidade, valores do bem comum, que transcedem todos os parceiros. Em nossa linguagem, parece-nos necessário organizar um tecido, uma rede de dialéticas entre "encontros do 3° tipo" (como os descritos no texto de GIRIN) e "encontros do 1° tipo", em que poder-se-ia capitalizar e trabalhar, indo e vindo, os conceitos e os valores da vida social (SCHWARTZ, 1994a. p. 19-20).

Mas que estatuto conferir a esta fórmula? O que significa este "nunca"? É necessário ligar este "nunca" à generalidade do trabalho operário, aos quadros históricos das organizações *tayloristas*, em que a prescrição é explícita, pressionadora, onde o que se diz é uma realidade de fato palpável? Ou trata-se de uma afirmação de um nível mais elevado de generalização, mas neste caso, até que ponto? A fórmula é válida dentro dos limites de todo trabalho humano realizado sob pressão hierárquica e subordinação jurídica sob a forma de emprego? Ou é uma constante que faria ruir as fronteiras históricas, com pertinência para outras atividades industriosas, incluindo aquelas em que esteja ausente a relação de emprego? Neste caso não nos encontraríamos no terreno da atividade "em geral"? Mas se este for o caso como fazer variar o conceito "prescrito/real" do "me mandaram" para manter um sentido para a fórmula independentemente de suas circunstâncias históricas de enunciação?

Estas questões, cujas dimensões múltiplas podem ser logo inferidas, remetem aos debates que permeiam a ergonomia há duas décadas, envolvendo a teoria dos *human factors* e a batalha do trabalho real, entre a concepção da ergonomia como ciência aplicada ou como arte confrontada pelas pressões da clínica e das subjetividades industriosas. Continuamente alimentada pela verbalização de experiências de trabalho, pelas forças de apelo/recordação, este retorno à disciplina constitui inevitável tomada de posição.

Quanto ao retorno à filosofia, a registrar que a virulência provém do fato de que gerações sucessivas de interlocutores do dispositivo, oriundos de atividades sociais as mais diversas, obrigam a medir a generalidade da relação atividades/valores, suas características, seus efeitos historicamente variáveis de "contaminação", suas implicações epistemológicas em termos de construção de saberes. Além da oficina de trabalho, da fábrica, nas atividades de serviço e provavelmente de maneira geral, toda atividade de trabalho parece gerar "dramáticos usos de si mesmo", negociações sempre aleatórias entre o uso de si por si mesmo e o uso de si pelos outros, outros e si mesmo devendo ser problematizados em situações sempre históricas (cf. Schwartz, 1995a, p. 117-127). Por detrás da distância prescrito/real não existiria o que tenderíamos a chamar de "dialética antropológica" (cf. *ibid.*, p. 108-111), a mesma evocada por Seris comentando acima a filosofia biológica de Canguilhem? Então não se poderia, *mutatis mutandis*, transformar a frase de Espósito: "Um homem nunca descansa em sua situação de vida, afirmando: faço o que meu meio me impõe?" [83]

Se adotarmos esta via é necessário argumentar filosoficamente. Mas supondo, o que não é mais do que uma possibilidade entre outras, que retomemos certas distinções mais importantes da filosofia de Canguilhem, como fizemos, não poderíamos mais parar. Esta filosofia deve dar conta de sua maneira de tratar o ser vivo, portanto, de vigiar e manter-se em vigília diante dos desenvolvimentos das ciências que envolvem o ser vivo, para eventuais confirmações ou invalidações. E como o vivente

[83] E encontraríamos um propósito bem próximo do de TERSSAC que foi lembrado anteriormente.

não é sinônimo do humano se impõe a especificação, a diferenciação de termos como "meio", 'normas" e compreender como podem articular-se com esta herança a cultura, a história, as relações sociais e os modos de produção numa construção conceitual que herda sem reproduzir. E também sugerir o que possa ser a noção ativa de **"herança"** (*mise en patrimoine*) que estaria presente transformando as relações parcialmente lábeis entre as espécies animais e seu meio ambiente. Na encruzilhada entre a filosofia e as ciências humanas, sob a pressão continuamente realimentada das redescobertas multiformes do trabalho e da atividade, questões fundamentais tornam-se o horizonte de um trabalho que não teme o microscópico. O que fazer da questão necessária dos limiares perdidos? Como articular as comensurabilidades diacrônicas e sincrônicas com as descontinuidades revolucionárias e as fragmentações sociais? Como conciliar as origens do trabalho, diversas, dependendo de quem ouçamos, se o pré-historiador dos hominídeos ou do *homo habilis*, o especialista no neolítico, o economista, o historiador da revolução industrial ou o sociólogo do assalariado, com a tese de uma legitimidade parcial a falar do "trabalho em geral"?

Estas são, entre outras, as tarefas que levanta a interpretação da frase "Um operário nunca...", se pelo menos cogitarmos que ela capitaliza lucidamente uma experiência instruída de vida [84].

CONCLUSÃO

1. Hubault salientava, quando nos ouvia, em 1994, expor nosso dispositivo de três pólos, que ele descrevia bastante bem a prática da ergonomia. Era uma maneira de dizer o que havíamos procurado exprimir, que uma certa ergonomia, a ergonomia da atividade[85], poderia constituir-se num novo paradigma — para empregar uma palavra usada e sempre em moda — da construção de saberes, como a lingüística estrutural o foi nos anos sessenta.

Certamente, um paradigma paradoxal que desenvolveu seus conceitos, seus procedimentos metodológicos, suas instituições científicas num período histórico de pleno emprego, apogeu do trabalho fabril e *taylorista*, com os confrontos políticos e culturais ligados aos processos produtivos e às forças sociais definidas a partir destes, uma força assalariada relativamente homogênea, um "movimento operário" portador de uma densa herança. Hoje fala-se em esgotamento do "modelo salarial". As mutações técnicas teriam eliminado estas figuras antigas. Dora em diante, com o terciário tendo se tornado o setor determinante da produção de valor agregado,

---

[84] Vemos que é intelectualmente mais simples laborar com a hipótese contrária, como é mais repousante não se colocar a construir contra os ventos e marés dos dispositivos deste tipo. Mas geralmente nos abrigamos sob a defesa da "verdadeira" ciência ou da "verdadeira" filosofia para maldizer estas duras exigências e poupar-nos das pressões da dupla validação.

[85] No interior da qual há condições para reunir a corrente oriunda do CNAM (WISNER, que foi um sucessor de OMBREDANE e de FAVERGE, LEPLAT, LAVILLE...), freqüentemente aqui citada e a corrente iniciada e animada por CAZAMIAN.

relegando a segundo plano o "paradigma do trabalho". O crescimento de formas atípicas de emprego, as desregulamentações, o desemprego em massa e de longa duração deveriam fazer passar a segundo plano o interesse pelas situações de trabalho. Os sindicatos, parceiros necessários para toda intervenção ergonômica como articuladores dos diferentes pontos de vista, teriam-se enfraquecido e estão em busca de si mesmos. O emprego, mas não o trabalho, seria agora o parâmetro dominante do político. Mas a política teria sido desorientada pela crise, pelo declínio dos confrontos sobre os ideais e sobre o bem comum, pela prosperidade e pela emancipação. Com o peso dos mercados financeiros, com taxas de juros estabelecidas em instâncias tão distantes das esferas de trabalho, a direção política, econômica, industriosa pareceria de agora em diante domínio de especialistas que auditam, diagnosticam e prescrevem.

Em trinta anos, houve transformações profundas e não podemos ignorar as questões levantadas pelo tempo presente. Isto permite diversas leituras. Várias leituras podem ser feitas. Mas isto em nada muda a condição paradigmática da ergonomia da atividade[86]. Se nossos propósitos precedentes não foram suficientemente explícitos, lembremos brevemente os três pontos seguintes:

- Por mais que a Organização Científica do Trabalho e as concentrações fabris tenham eliminado a sincronia e as múltiplas formas de uso do eu industrioso, as transformações atuais não eliminaram as formas e usos *tayloristas* que, à medida que recuam nos locais em que aparecem, freqüentemente ganham, subrepticiamente ou oficialmente, de maneira imperceptível, outros espaços de trabalho[87].
- Se é verdade, como temos sustentado, que a passagem crítica pelo momento *taylorista* não era o ponto de partida obrigatório de um raciocínio *a fortiori* isto significa que as relações valores/atividades deslocam-se, que certas dimensões dos fenômenos ampliam-se às expensas de outros, sem que possamos cessar, em parte legitimamente, de falar do trabalho "em geral"[88]. Chegamos a experimentar a propósito de uma pesquisa sobre *A avaliação econômica em face dos serviços* (1992b, *op. cit.*) e o desenvolvimento da competência ergonômica, de há muito nas indústrias de processo, mais recentemente na execução de projetos, manifesta claramente a fecundidade das conceituações e das maneiras de intervenção no campo da atividade industriosa. Este paradigma está tão pouco ligado a uma forma particular de trabalho que, ao contrário, ele obriga a que se pensem as comensurabilidades entre o trabalho sob sua configuração de emprego e as formas mais fluidas de atividade.

---

[86] A revista *Relations Industrielles* da Universidade de Laval (Quebec) consagra, "pela primeira vez", um número à ergonomia (da atividade), "primeiro contato com esta disciplina em pleno desenvolvimento" (nº 50-4, Outono de 1995, cf. p. 696).
[87] Para ficar no espaço geográfico da nota precedente poderíamos citar o artigo de VEZINA, COURVILLE, GEOFFRION e CHATIGNY (1995) e a tese recente de BELLEMARE (1995), tratando das unidades *taylorizadas* nos locais de abate e evisceração de aves.
[88] Vide SCHWARTZ, 1993.

Chegamos à tentação de pensar que caberia na abordagem atual das questões de emprego (volume, tempo, parceria, estatuto do trabalho). Não somente porque o processo de exclusão interna (se fizermos uso deste termo) prepara muitas vezes a exclusão externa. Mais adiante, se o tratamento do desemprego só é feito por equipes de especialistas, os efeitos parecem ser limitados. Recentemente foi possível medir, por ocasião dos movimentos sociais de dezembro de 1995, as fortes resistências ao governo de especialistas e o perigo de não repensar a esfera do que é político. Ao contrário, a partir de dispositivos evocados neste capítulo, disseminados em diversos tipos de estruturas, podem ser re-avaliados os conceitos que servem de base a políticas econômicas (por exemplo, a eficácia) e podem ser deslocados os compromissos entre valores mercantis e valores sem dimensão, dos quais dependem em grande medida a maneira de tratar a questão.

- Se estes dispositivos, originados majoritariamente neste paradigma, questionam a reivindicação de exterritorialidade do saber, seu jogo epistemológico ultrapassa amplamente qualquer configuração particular da atividade industriosa. A confrontação das exigências deste paradigma com os debates internos da epistemologia nos levaram a propor uma idéia epistemológica diferencial, ligando e diferenciando simultaneamente o trabalho conceitual no pólo das ciências matemáticas e físico-químicas e o trabalho conceitual no pólo do saber das atividades humanas, um sendo o instrutor privilegiado da “disciplina dos conceitos” e o outro o instrutor privilegiado do inelutável “desconforto intelectual”[89].

Tanto por sua pertinência na abordagem dos pontos críticos do presente como por suas sugestões epistemológicas, este paradigma proveniente da ergonomia da atividade não nos parece relativizado pelo momento de sua emergência.

2. Mas como foi anunciado na introdução, este paradigma geral inclui também a ergonomia em seu seio. Deste ponto de vista, como todas as outras disciplinas organizadas e disponíveis, ela submete-se ao princípio das convocações recíprocas. A espiral industriosa do dispositivo infiltra-se nos seus debates internos. Para ir direto ao cerne da questão, toda definição da ergonomia — como o que pode ser construído sobre o trabalho humano, unicamente a partir de uma posição de exterritorialidade, que ocorre a partir de situações padronizadas, mais ou menos formalizadas em protocolos — seria pouco compatível com o avanço do saber neste dispositivo[90]. Sem dúvida, a ergonomia poderia ganhar por definir seus limites enquanto disciplina, mas intercambiaria com outros saberes apenas artificialmente, o que faria do ergonomista um especialista, substituindo sua perspectiva pelas visões sempre históricas do que os protagonistas industriosos consideram a saúde e a vida.

---

[89] Vide relatório de uma atividade e a solicitação de criação da UMR, URA CNRS 1084, junho de 1995, Aix-en-Provence.

[90] Para a mesma idéia a respeito das ciências da linguagem, ver FAITA, (1996).

A partir daqui surgiria um debate animado sobre as relações entre ciências cognitivas e ergonomia. Todas as modelações cognitivas, na medida em que situarem sua fecundidade em suas capacidades de neutralizar o histórico das situações, poderiam ser diagnosticadas como uma *hubris* perigosa do profissionalismo conceitual. Wisner mostrou seus limites (cf. 1995, p. 146 sq.); mas podemos perguntar se o pressuposto dele de uma cognição "situada" não é um compromisso equivocado. Que todo trabalho e toda atividade impliquem "cognição" parece-nos próprio do industrioso humano. Mas a referência a ver a *"captatio benevolentiae"* da orientação das pesquisas, que não lidam adequadamente com os meios de medir o caráter tendencial de seus modelos, deixam-nos perplexos.

3. Caráter tendencial porque não se trata de recusar a prática de formalizar protocolos ou de produzir conceitos de antecipação possível, num certo grau de generalidade, de situações a serem encontradas. Como, apesar das diferenças, há poucos pontos comuns no desenvolvimento econômico dos países em vias de desenvolvimento industrial para que se negligenciem os importantes fatores sócio-econômicos que os caracterizam e justificam conselhos amplos sobre transferência de tecnologia (cf. Wisner, *ibid.*, p. 151), igualmente há dados apenas relativamente gerais sobre os ritmos circadianos e estatísticas de tolerância média ao trabalho noturno, que devam integrar a cultura de todo ergonomista que atue como interventor nos problemas dos turnos de trabalho. Para que se construam estes conhecimentos, são necessários protocolos científicos com a neutralização de algumas variáveis. Esta neutralização implica que se eliminem questões de valores. Mas esta é, enfim, a regra do jogo.

A ergonomia seria, então, uma ciência? A questão foi debatida por Quéinnec e por Curie neste livro. Mas tudo depende do grau de proximidade do profissionalismo ergonômico com as funções de diagnóstico e de intervenção. Tudo depende do grau de singularidade das situações onde a ergonomia deva ser exercida. Há situações mais ou menos genéricas ou mais ou menos históricas. Mais a ergonomia se torna ciência, menos pertinente ela se torna como interlocutora imediata de sujeitos históricos. Quanto mais a competência ergonômica se aproxima das pressões da transformação *in situ*, mais ela deve posicionar-se para a aprendizagem no triângulo atividades/valores/saberes; e menos se justifica a eliminação dos protagonistas ou forças de apelo-memória, compreendendo-se o ponto de vista científico.

Portanto, a capacidade de mover-se no triângulo, instaurando grupos cooperativos, fazendo emergir questionamentos pertinentes, é apoiada por uma ampla cultura adquirida sobre as atividades e especialmente sobre o que se pôde capitalizar no pólo mais regulamentado cientificamente, no sentido tradicional da ergonomia. Há um trabalho de ergonomista, exigindo um profissionalismo que lhe é próprio, mesmo que ele não creia poder avaliar seus semelhantes no local de trabalho. A este respeito o livro *"Repères pour négocier le travail posté* (Quéinnec, Teiger e de Terssac, 1992) parece-nos notável pela articulação dos saberes gerais, oriundos de protocolos experimentais regulamentados, contendo um excesso de precauções quanto à sua utilização *in situ*: simples "referências" para escolhas que devem ser feitas, porque não há nenhum modo de organização único que satisfaça todas as dificuldades e dispense os protagonistas da necessidade de redescobrir suas experiências e negociar seus compromissos.

4. Estabelecer como paradigma a ergonomia da atividade pode ser um privilégio inquietante, um presente de grego, principalmente quando a amplidão dos saberes a convocar se estende à medida que o ergonomista aproxima-se de seus sujeitos históricos concretos. As situações protocolares em laboratório limitam drasticamente os horizontes a serem considerados. A imersão plena na história é a própria intervenção. Com relação ao trabalho de laboratório, ela é muito mais diretamente afrontada pelas urgências da vida econômica, deve negociar e agir sob pressão do tempo e dos custos. Ela atraiçoaria suas promessas para negociar os compromissos que a viabilizam?

Não se trata de tudo ou nada. Muito poucas intervenções ergonômicas acabam por instituir um dispositivo de três pólos. Esta não nos parece ser a questão. Mas o que se questiona é o funcionamento de uma rede que permita, segundo as temporalidades variáveis, a manutenção de vínculos, a circulação entre intervenções de ciclo curto que a vida social exige, e a participação em intervenções mais longas, e que sejam mais exigentes, do ponto de vista epistemológico e deontológico, em atividades de ensino e pesquisa[91]. Esta mobilidade das práticas profissionais do ergonomista nos parece compatível com o exercício de uma profissão que por si mesma não pode reinventar as relações sociais e os modos de regulamentação econômica, mas que preserva o essencial da instabilidade epistemológica que ela pode levar aos outros saberes.

Afinal, tenderíamos cada vez mais, em vista dos benefícios trazidos por este paradigma, a nos demandar, face aos conjuntos teóricos que afirmam como devemos pensar os nossos semelhantes, onde estão as "bifurcações" que os impedem de pedir, como se fosse uma lacuna a ser preenchida, os dispositivos de saber irmãos ou primos distantes daqueles que aqui descrevemos. E à vista dos comportamentos corteses ou violentos que tentam negar tais dispositivos, tenderíamos a perguntar: Diga-me o que fazem em matéria de produção de saber e eu lhes direi que afrontas encontrarão em suas vidas profissionais.

BIBLIOGRAFIA

BARTOLI M., BORZEIX A., DURAFFOURG J., LOCHOUARN D. *Le travail des ouvrières de l'habillement. Conditions de travail et qualifications.* Études et Documents Économiques, CCE CGT, 1984.

BELLEMARE M. *Action ergonomigue et projets industriels : de la coopération dans le travail à la coopération pour la transformation du travail.* CNAM-LENET, 1995.

---

[91] Remetemos ainda à nossa "Teoria dos Encontros", cf. SCHWARTZ, 1994a, *op. cit.* Esta circulação nos parece importante na aprendizagem, evocada no ponto precedente, da "profissão" de ergonomista. Pode ler-se, igualmente, a interessante entrevista de CHRISTOL, 1995.

BENARROSH Y. *Réinsertion d'adultes non qualifiés : repérage des compétences mobilisées et transférées. Paris*, CEREQ, 1994.

BOUTET J. *Construire le sens.* Neufchâtel, Peter Lang, 1994.

BOUTET J. *Paroles au travail.* Paris, L'Harmattan, 1995.

BRUN J.P. *Les Hommes de ligne : Analyse des phénomènes sociaux et subjectifs dans l'activité de travail des monteurs de lignes électriques.* Thèse d'Ergonomie, EPHE, 1992.

CANGUILHEM G. Qu'est-ce que la Psychologie? repris dans *Études d'Histoire de la Pensée Scientifique,* Paris, Vrin,1968, 1956.

CANGUILHEM G. *La connaissance de la vie.* Paris, Vrin, 1965.

CANGUILHEM G. *Le Normal et le Pathologique.* Paris, PUF, 1966.

CHARRIAUX M. M. (s/d), *Qualifications en procès ; situations de travail qualifiantes à Péchiney-Gardanne.* APST-Recherche (URA CNRS) et document audiovisuel produit à l'occasion de cette recherche, 1984.

CHRISTOL J. L'ergonomie avec ceux qui la font. *Bulletin de la SELF,* 92, 1112, 1995.

CLOT Y. Le tra*vail entre activité et subjectivité.* Thèse. Université de Provence, 1992.

CLOT Y. *Le Travail sans l'Homme.* Paris, La Découverte, 1995.

DANIELLOU F. *Le statut de la pratique et des connaissances dans l'intervention ergonomique de conception.* Document de synthèse habilitation à diriger les recherches. Toulouse, Université Le Mirail, 1992.

DANIELLOU F. L'ergonome et les compromis. In V. CHAPAT (s/d) *La Pratique de l'Ergonomie. Actes des Journées de Bordeaux,* Université de Bordeaux II, 1995a.

DANIELLOU F. La construction sociale de et par l'analyse du travail. *Performances Humaines et Techniques,* Sept. 1995, 25-29, 1995b.

DANIELLOU F., GARRIGOU A. L'ergonome, l'activité et la parole des travailleurs. In J. BOUTET (s/d), *Paroles au travail.* Paris, L'Harmattan, 1995.

DEJOURS C. Intelligence ouvrière et organisation du travail (à propos du modèle japonais de production). In H. HIRATA (s/d), *Autour du "modèle" japonais*, Paris, L'Harmattan, 1993.

DEJOURS C. Le Facteur Humain. Paris, PUF, 1995.

DUPONT F., DURAFFOURG J. L'analyse de l'activité pour travailler le point de vue du travail, *Performances Humaines et Techniques*, Sept. 1995, 41-44, 1995.

DURAFFOURG J., GUERIN F. L'ergonomiste, les travailleurs et la connaissance du travail. *Société Française*, 10, 1985.

FAITA D. *A la recherche d'un point d'équilibre*, texte d'habilitation à diriger des recherches, Université de Provence, APST, 1996.

FAITA D., SCHWARTZ Y. Temporalité, sens et valeurs *Performances Humaines et Techniques*, Sept. 1995, 69-73, 1995.

FRIEDBERG E. Le pouvoir et la règle. Paris, Le Seuil, 1993.

GIDE A. *Les Caves du Vatican*. Paris, Gallimard, 1922.

GIRIN J. Analyse empirique des situations de gestion : éléments de théorie et de méthode. In *Épistémologie et Sciences de Gestion*, Paris, Economica, 1990.

GRANGER G.G. *La Vérification*. Paris, Odile Jacob, 1992.

GUERIN F., LAVIILE A., DANIELLOU F., DURAFFOURG J., KERGUELEN A. *Comprendre le travail pour le transformer.* Montrouge, ANACT, 1991.

GUERIN F., LAVIILE A., DANIELLOU F., DURAFFOURG J., KERGUELEN A. *Compreender o trabalho para transformá-lo, A prática da ergoomia.* São Paulo, Edgard Blücher, 2001.

HABERMAS J. *Théorie de l'Agir Communicationnel.* Paris, Fayard, 1981.

HABERMAS J. *L'Espace Public.* Paris, Payot. (Préface), 1992.

HABERMAS J. *La Pensée Post Métaphysique.* Paris, A. Colin, 1993.

HUBAULT F. Entre travail et emploi, l'ergonomie défiée. In V. CHAPAT (s/d), *La Pratique de l'Ergonomie. Actes des journées de Bordeaux*, Université de Bordeaux II, 1995.

HUME D. *Dialogues sur la Religion Naturelle.* 5e partie. Paris, Édition J.J. Pauvert, 1751.

JOANNEAUX M. L'ambivalence du travail du pilote de ligne. *Le Transpondeur*, 10, 1993.

LIMA F. *Les contraintes au travail et la dimension éthiqué de l'activité.* Thèse CNAM, 1995.

MEDA D. *Le travail, une valeur en voie de disparition*, Paris, Aubier, 1995.

MERLEAU-PONTY M. *Phénoménologie de la perception.* Paris, NRF, 1945.

ODDONE I., *Redécouvrir l'expérience ouvrière.* Paris, Éditions Sociales, 1981.

QUEINNEC Y., TEIGER C., TERSSAC G. de *Repères pour négocier le travail posté.* Toulouse, Octarès Éditions (2e éd., 1994), 1992.

Revue *Performances Humaines et Techniques.* "Au centre des hypothèses: l'activité". p. 13, septembre 1994,

Revue *Relations Industrielles*, n° 50-4, Automne cf. p. 696, 1995.

RIEU M.A. *Recomposition de l'être socia*l. Thèse Aix-en-Provence, 1995.

SCHWARTZ Y. La Formation Professionnelle : l'affaire de qui? *Société Française*, 9-10, 1983.

SCHWARTZ Y. *Experience et Connaissance du Travail.* Paris, Messidor, chapitre 20, 1988[1980].

SCHWARTZ Y. C´est compliqué, activité symbolique et activité industrieuse. In *Travail et Philosophie, convocations mutuelles,* Toulouse, Octarès Editions (2ème ed. 1994), 1992a.

SCHWARTZ Y. *L'Évaluation économique à l´épreuve des services,* Rapport de recherche, APST-Recherche, URA CNRS 1084, 1992b.

SCHWARTZ Y. *Travail et Philosophie, convocations mutuelles,* Toulouse, Octarès Editions (2ème ed. 1994), 1992c.

SCHWARTZ Y. Peut-on parler «en géneral» de l´activité de travail? In *Futur Antérieur*, 16,2, 1993.

SCHWARTZ Y. Intervention au XXIXème Congrès de la SELF. *Ergonomie et Ingénierie.* Paris, Eyrolles. T.1, 1994a.

SCHWARTZ Y. Travail et gestions : niveaux, critères, instances. *Performances Humaines et Tecniques,* septembre 1994, 1994b.

SCHWARTZ Y. L'incorfort intellectuel, ou : comment penser les activités humaines? In P. COURS-SALIES (s/d) *La liberté du travail,* Paris, Syllepse, 1995a.

SCHWARTZ Y. «Le Juridique et l'Industrieux», Actes du Colloque *L'Amour des Lois,* UQAM, Montréal, Avril 1995, à paraître, 1995b.

SCHWARTZ Y. FAITA D., VUILLON B. *L'Homme Producteur.* Paris, Éditions Sociales, 1985.

SERIS J. P. *G. CANGUILHEM, Historien et philosophe des Sciences.* Paris, Albin Michel, 1993.

SEVE L. *Marxisme et Théorie de la Personnalité.* Paris, Éditions Sociales, 1975.

SUPIOT A. Regards sur les ouvrages. *Revue Française des Affaires Sociales,* 4, 243-246, 1995.

TEIGER C., LAVILLE A. L'Apprentissage de l'analyse ergonomique du travail, outil d'une formation pour l'action. *Travail et Emploi,* 47, 53-62, 1991.

TEIGER C., MONTREUIL S. (coordinateurs) L'Ergonomie, la formation et le travail. *Éducation Permanente, 124.*

TERSSAC G. de *Analyse du travail, enjeux et formes.* Paris, CEREQ, 1990.

TERSSAC G. De *Autonomie dans le Travail.* Paris, PUF, 1992.

THOMPSON E. P., et coll., *La guerre du blé au XVIIIème siècle.* Paris, Les Éditions de la Passion, 1971.

VEZINA N., COURVILLE J., GEOFFRION L., CHATIGNY C. Analyse du travail répétitif dans le secteur agro-alimentaire : apport de la démarche ergonomique. *Relations Industrielles*, 50-4, 1995.

WEBER M. *Le Savant et le Politique.* Paris, 10-18, 1919.

WISNER A. *Réflexions sur l'Ergonomie* (1962-1995). Toulouse, Octarès Éditions, 1995.

QUESTÕES APISTEMOLÓGICAS LEVANTADAS PELA ERGONOMIA DE PROJETO[92]

FRANÇOIS DANIELLOU
Ergonomista
Professor na Universidade Bordeaux 2 Victor Segalen

Tradução de
JOSÉ MARÇAL JACKSON FILHO
Engenheiro de Minas EPUSP
Doutor em Ergonomia pelo CNAM
Pesquisador FUNDACENTRO/SC

[92] N.T.: O termo "projeto" parece-me mais adequado que o termo "concepção" (ver Houaiss, 2001).

Qualquer reflexão epistemológica sobre a ergonomia comporta múltiplas dimensões. A interrogação sobre o estatuto dos conhecimentos em ergonomia significa saber se conhecimentos científicos podem ser produzidos:

- Sobre o funcionamento humano no trabalho,
- Sobre o trabalho ou,
- Que sejam úteis para sua transformação positiva.

Além dessa interrogação, uma questão fundamental se impõe:

- Qual seria o estatuto dos conhecimentos sobre o trabalho que não serviriam — hoje ou amanhã — para melhorá-lo?

FUNCIONAMENTO DO HOMEM OU O TRABALHO?

"*Comprendre le travail pour le transformer*" (Guérin *et al.*, 2001) é o objetivo comum para todos os ergonomistas formados na escola francofônica[93]. Mas, por trás dessa formula, a temível questão da relação entre a produção de conhecimentos sobre o trabalho e seus processos de transformação, ou de seus determinantes, dissimula-se. Assim, será que a continuidade aparente entre a produção de conhecimentos sobre o trabalho e a transformação das situações de trabalho não merece ser discutida em profundidade?

A ergonomia, como lembra Wisner nesta obra, foi construída nos países anglo-saxônicos dentro do paradigma da aplicação de conhecimentos científicos sobre o funcionamento do homem no projeto dos meios de trabalho. A constatação de base era a seguinte: os projetistas, que se utilizam, na definição dos meios de trabalho, de vastos conhecimentos sobre os fenômenos físico-químicos relativos à matéria inerte, não possuem conhecimentos equivalentes sobre a matéria viva, sobre o funcionamento humano. Tomam decisões que resultam em danos à saúde dos trabalhadores, à confiabilidade e à eficácia do sistema de produção. O papel da ergonomia seria, assim, o de preencher esse déficit, fornecendo aos especialistas dos projetos os conhecimentos pertinentes sobre o funcionamento humano produzidos, sobretudo, pela fisiologia e pela psicologia. Esse paradigma, que domina amplamente as pesquisas mundiais em ergonomia, está na origem da produção de um conjunto de conhecimentos que ainda continuam úteis.

Mas, se os ergonomistas de língua francesa reivindicaram, também, esse paradigma, tinham, no entanto, desde o início, se lançado sobre outra pista, aquela que os levou à descoberta do **trabalho**. A prática da análise ergonômica do trabalho e a confrontação com outras disciplinas (psicologia do trabalho, sociologia, psicodinâmica do trabalho, antropologia, filosofia) os conduziu a um conjunto de constatações que, pouco a pouco, tornou o paradigma inicial enfraquecido. Entre elas, podem ser citadas:

[93] Ou melhor, da "Ergonomia da Atividade". Ver nota 18.

- A diferença entre trabalho prescrito e trabalho real.
- O fato de evidenciar a atividade cognitiva e a competência dos operários.
- A complexidade dos raciocínios em inúmeras situações.
- A dimensão dos determinantes da atividade — mostrada, sobretudo, pela antropotecnologia.
- A complexidade dos compromissos elaborados pelos trabalhadores e seus efeitos em termos de desempenho e de custo.
- A complexidade dos fatores de natureza coletiva que entram em jogo na elaboração de estratégias dos trabalhadores: produção de regras coletivas, dimensões éticas, ideologias coletivas de defesa.
- A complexidade dos mecanismos de dano à saúde e o papel positivo, que pode ter o trabalho, na construção da saúde.

O conjunto dessas descobertas contribuiu para reforçar o estatuto do objeto de pesquisa — o trabalho propriamente dito (Teiger, 1993; Freissenet, 1992) — e o interesse pela análise da atividade como método de descoberta que permitiu não desvendar totalmente o enigma que constitui todo trabalho, mas progredir em sua compreensão. Diversos aperfeiçoamentos metodológicos (Theureau, 1992 e Pinsky, 1992, entre outros) permitiram que, progressivamente, a análise da atividade pudesse ser aplicada à quase totalidade das atividades profissionais.

Paralelamente a esses progressos, a demanda endereçada aos ergonomistas evoluiu, sobretudo a partir do início dos anos oitenta. As dificuldades da indústria francesa, devido à automatização impensada, trouxeram os ergonomistas progressivamente a participarem, desde o início, dos processos de projeto. O reconhecimento social das dificuldades sociais associadas ao trabalho em turnos (Wisner e Carpentier, 1976) os obrigou a intervir na escolha dos sistemas de horário (Quéinnec, Teiger e Carpentier, 1976). Devido às preocupações relativas à confiabilidade dos grandes sistemas industriais, passaram a ser solicitados a intervir em sistemas organizacionais e na determinação de seus efetivos.

Os ergonomistas consultores[94] tentam responder essas necessidades sociais. Mas, o que aparece de modo claro é que sua atividade não pode ser descrita como a simples aplicação de conhecimentos, nos processos de projeto, sobre o funcionamento do homem. Não pode também ser reduzida à análise de situações existentes para elucidar o futuro, devido ao terrível paradoxo da ergonomia de projeto (Pinsky e Theureau, 1987). Assim, quanto mais precoce sua participação nos projetos, mais questões são apontadas:

- Quais são os critérios para considerar uma situação de trabalho como sendo aceitável, positiva para a saúde dos trabalhadores? (Quais situações de trabalho queremos?)

[94] N.T.: A palavra "praticien" é de difícil tradução. Optamos, neste texto, em traduzi-la pela palavra "consultor", o que permite distinguir os ergonomistas consultores dos pesquisadores (como faz Daniellou), que distingue atividade do consultor e atividade como pesquisador, como posturas, e não como estatuto social. Em certos momentos, pode-se agir como consultor e, em outros, como pesquisador.

- Quais são os mecanismos empregados pelos ergonomistas para influenciar a concepção das situações de trabalho?

Portanto, parece-nos que, a partir das questões apontadas aos ergonomistas em ação, é preciso discutir o estatuto dos conhecimentos que ele utiliza na ação e dos conhecimentos que eles podem contribuir a produzir.

A ANÁLISE DO TRABALHO, FERRAMENTA DE CONHECIMENTO PARA A AÇÃO

Antes de poder participar do projeto de sistemas de produção completos, os ergonomistas desenvolveram uma metodologia de intervenção para as situações existentes (Wisner, Guérin, Duraffourg etc.), que possui a análise da atividade no seu centro e que se compõe de:

- Análise da demanda.
- Análise da situação global e a escolha das situações a analisar.
- Análise do processo técnico e das tarefas.
- **Análise da atividade.**
- A formulação e difusão do diagnóstico.
- A formulação de recomendações.

Designamos por **análise da atividade** aquela dos comportamentos, condutas, processos cognitivos e interações realizados por um operador ou uma operadora durante as observações. Denominamos **análise do trabalho** a abordagem mais global, na qual se insere a análise da atividade, e que se compõe da análise dos fatores econômicos, técnicos e sociais e da análise dos efeitos do funcionamento da empresa sobre a população de trabalhadores envolvida e da eficácia econômica (Daniellou, 1992).

A diferença entre elas é essencial na discussão sobre o estatuto dos conhecimentos em ergonomia (Daniellou, 1992; p. 27): a análise da atividade é uma ferramenta de conhecimento do comportamento humano que não é exclusiva à ergonomia, podendo ser utilizada por outras disciplinas. A análise do trabalho está no âmago da ação dos ergonomistas, desenvolvida nos países de língua francesa.

Se um observador situa-se na perspectiva da produção de conhecimentos científicos, desvinculado da ação, ele pode, dentro dos mesmos padrões de validade, utilizar a análise da atividade para produzir conhecimentos sobre inúmeros aspectos do comportamento humano.

Quanto ao ergonomista, ele não pode escolher, de forma aleatória, o aspecto do comportamento que deseja estudar (Wisner, 1972). Uma conjunção social de demandas o conduz a um determinado posto de trabalho. O conjunto de suas análises estará sob a tensão entre tais demandas e as possibilidades de ação, reavaliadas permanentemente.

Essa diferença essencial entre a análise da atividade (quando praticada por outros profissionais) e a análise ergonômica do trabalho fornece pistas para esta discussão epistemológica: ambas produzem conhecimentos, a partir da elaboração de um modelo e da verificação de sua validade. A forma canônica da análise ergonômica da atividade (Guérin *et al*, 2001) contém a formulação de um pré-diagnóstico (a construção do modelo), a construção de um plano de observações e a condução de observações sistemáticas (a validação do modelo). Essa estrutura é o sinal da vontade dos ergonomistas em produzir conhecimentos **verificáveis** sobre a situação estudada.

Mas, como os conhecimentos produzidos a partir da análise ergonômica da atividade estão a serviço da ação, as exigências para sua validação são mais fortes do que as consideradas na validação dos conhecimentos, que são objeto central de uma busca científica, produzidos sobre dada situação de trabalho: o modelo construído pelo ergonomista deve ser **operante** (Wisner, 1972). Sua própria estrutura reflete a ambição de agir para transformar as condições de trabalho.

Quais seriam, então, os mecanismos que permitem a uma simples modelagem da situação de trabalho poder iniciar sua transformação? Havíamos proposto a seguinte hipótese: a demanda endereçada ao ergonomista traduziria o fato que as representações do trabalho, existentes na empresa antes de sua intervenção, não permitem aos atores sociais explicar as dificuldades encontradas e construir um plano de ação eficaz para tratá-las. Após realizar a AET, o ergonomista restituirá aos atores uma nova interpretação das dificuldades encontradas, interpretação baseada na atividade de trabalho e de seus determinantes. De modo geral, o diagnóstico ergonômico tem, implicitamente, uma estrutura da seguinte forma: "Contrariamente às descrições socialmente compartilhadas que existiam antes de nossa intervenção, as atividades dos operadores [não consistem somente de ...]. O " novo olhar", proposto pelos ergonomistas após sua análise, explica melhor que as "descrições" anteriores, as razões das dificuldades encontradas nessa situação de trabalho e sua relação com a produção e a saúde dos operadores.

Essa interpretação dos modos de ação da análise do trabalho traduz-se pelas conseqüências, relativas à validade operacional dos conhecimentos que ela produz, os quais são os seguintes:

1. Para poder construir um diagnóstico que se distancie das descrições anteriores, o ergonomista deve, desde o início de sua intervenção, estar aberto aos pontos de vista, às "representações" expressas (ou não) sobre a situação ou sobre o problema a ser estudado. A análise da demanda e a análise da situação global não são somente análises de dados (fatos), mas são, também, análises das representações envolvidas.
2. A diferença entre o conjunto de representações percebidas pelo ergonomista e os resultados de suas observações iniciais, baseadas em seus conhecimentos e sua experiência, conduzi-lo-á a formular as hipóteses, a construir seu pré-diagnóstico e seu plano de observações.

3. Os resultados da análise não têm apenas efeito enquanto "valor de verdade". As formas de difusão social na empresa constituem seu poder de transformação. Pôr em discussão, junto aos atores pertinentes, os resultados da análise do trabalho, que inicia o processo de transformação de representações, pode viabilizar interações que levarão à transformação da situação de trabalho (Daniellou, 1995a).

Se o ergonomista submete seus resultados à discussão entre os atores sociais, ele não o faz para verificar a congruência dos fatos, pois é responsável pela utilização de métodos que o assegurem. A validação dos resultados permite aos atores demandantes da intervenção melhor **visualizar** a situação. Podem, dessa forma, manifestar que o ponto de vista (no sentido geográfico) proposto pelo ergonomista, para observar a situação de trabalho, lhes revele um novo conjunto de fatos e relações, que podem ajudá-los a atribuir novo sentido para as dificuldades encontradas.

Por outro lado, nada garante que essa "revelação" se produza com a mesma rapidez e profundidade entre o conjunto de atores envolvidos. Os resultados da análise do trabalho, construídos para substituir as descrições socialmente compartilhadas, não se tornam de imediato a nova representação socialmente compartilhada, mas podem tornar as descrições do trabalho em objetos de negociação: "[a análise do trabalho] é um meio de confrontação, pois obriga os atores envolvidos a discutir a representação do trabalho produzida, a partir da explicitação de seus próprios pontos de vista sobre o trabalho" (de Terssac, 1990).

Portanto, o dispositivo de validação de conhecimentos produzido pela análise do trabalho é duplo:

- De um lado, fundamenta-se em métodos que asseguram a congruência do modelo interpretativo e dos fatos, que constituem a **construção técnica** da intervenção ergonômica.
- De outro, baseia-se em formas de difusão e discussão, junto aos atores sociais, das descrições produzidas, que fundamentam a **construção social** da intervenção. Tal construção não se inicia após a obtenção de resultados, mas desde a entrada em cena do ergonomista.

Essa dupla construção, técnica e social, da intervenção, é a condição necessária para que os resultados da análise do trabalho conduzam os atores da empresa a transformar suas representações do trabalho, requisito para a transformação dos seus determinantes.

"ÁRVORE DE CAUSAS" E INTERDISCIPLINARIDADE

A atividade de um operador ou de uma operadora é uma construção original submetida à um conjunto de determinantes, alguns próprios à pessoa, outros definidos socialmente. A menor componente da atividade — uma tomada de informação, um gesto — pode encontrar-se associada a fatores como: a escolha dos fornecedores da empresa, a política de entregas, as exigências dos clientes etc. (Guérin *et al*, 2001).

As condutas observadas podem ser explicadas igualmente pelas defesas utilizadas pelos trabalhadores, pelos valores compartilhados em um grupo, pelos compromissos entre vida no trabalho e vida fora do trabalho etc.

Qualquer operador ou operadora, em sua atividade, mobiliza seu organismo, sua inteligência, sua personalidade, sua história social. Constrói em permanência compromissos originais entre fatores, muitos deles descritos pela ciência em vários campos: biologia, psicologia cognitiva, psicologia do sujeito, sociologia.

Toda análise do trabalho pode, portanto, levar a um grande número de fatores explicativos das condutas observadas e das dificuldades encontradas, associadas às decisões tomadas nos diversos níveis da empresa ou que necessitam de explicações sobre o funcionamento humano.

O ergonomista não sabe *a priori* de qual *Caixa de Pandora* erguerá a tampa quando se esforça em compreender a atividade realizada por um operador. O conjunto conceitual que irá mobilizar para construir sua interpretação da atividade observada depende:

- Do estado de conhecimentos disponíveis em dado momento;
- Do estado de seus próprios conhecimentos;
- Dos objetivos de sua análise;
- Dos seus interesses e orientações próprios.

Esses diferentes conhecimentos foram produzidos por uma diversidade de disciplinas. O exemplo da antropotecnologia, que utiliza fatores explicativos originados pela história, geografia, antropologia, economia etc., mostra que não há limite nos conhecimentos das disciplinas, que podem ser recrutados para a interpretação de uma atividade de trabalho.

A fronteira dos conhecimentos pertinentes para contribuir na interpretação da atividade em uma situação de trabalho só pode ser traçada referenciando-a ao caráter **operante** de sua interpretação. O ergonomista que deve intervir porque um operador tem sua visão ofuscada em seu posto de trabalho não precisa mobilizar conhecimentos da psicodinâmica do trabalho para resolver o problema. Por outro lado, o ergonomista que é confrontado a observar comportamentos "arriscados" em instalações perigosas corre o risco de produzir análises pouco pertinentes, caso se contente em usar modelos originados pela psicologia do tratamento da informação simbólica.

De qualquer forma, independentemente da abrangência e da profundidade dos conhecimentos que irá mobilizar para construir uma descrição do trabalho, o ergonomista não pode pretender esgotar as interpretações possíveis da atividade observada. Ele propõe **uma** interpretação (para a ação), congruente com os fatos observados que reteve, e submete sua interpretação à discussão (para a ação).

No caso da análise de situação que existe, a atividade de diagnóstico, — que Wisner compara à construção de uma árvore de causas parte do presente (um conjunto de problemas enunciados) e tenta reconstituir o conjunto de fatores que lhe confere sentido. O ergonomista pode suspender sua busca, ou solicitar assistência de especialistas de outras disciplinas, quando atinge seus limites de conhecimento. Essa interrupção da cadeia causal, ou seja, o fato de suspender em dado momento a busca de causas à montante, não contribui para agravar a situação existente, se não dispõe de propostas de soluções.

A participação do ergonomista na transformação do existente ou no projeto de novas instalações é completamente diferente. O próprio de um sistema não linear, como as fábricas ou as empresas, é que qualquer modificação (visando a um resultado local em um subsistema) pode ter efeitos, nada proporcionais, em outros subsistemas. O ergonomista encontra-se, então, em situação mais próxima a uma árvore de falhas[95]: teria idealmente que antecipar todas as conseqüências (sobre a saúde dos trabalhadores ou eficácia da produção), originadas nas decisões tomadas durante o processo de projeto. Os limites de seus conhecimentos, ou dos domínios de decisão que se absteve de participar, traduzir-se-ão por realizações concretas, fontes eventuais de dificuldades para os trabalhadores ou para a empresa.

A diferença entre a utilização de conhecimentos no caso do diagnóstico e no caso do prognóstico é essencial para abordar as questões epistemológicas em ergonomia. Parte das dificuldades do desenvolvimento da disciplina e parte das dificuldades dos consultores provêm, provavelmente, da idéia implícita da continuidade entre o diagnóstico e a prescrição de recomendações.

AS ESPECIFICIDADES DA AÇÃO NOS PROJETOS

Quando intervém em um processo de projeto empresarial[96], o ergonomista contribui na **orientação do processo decisório**[97] que o constitui. Projetar não é somente resolver problemas, mas antes de tudo e, essencialmente, sua construção (ver o texto de Wisner nesta obra e Daniellou, 1994).

Um plano de investimento é a ocasião de uma definição de objetivos, que não traduzem apenas a realidade que já existe, mas que manifesta uma falta de vontade política. O representante da empresa e, ao seu lado, os gerentes dos diversos departamentos da empresa precisam construir, negociar a expressão de uma vontade relativa ao futuro, que se traduzirá, por exemplo, na redação de um programa arquitetural, no início de uma reflexão organizacional, na escolha de novas tecnologias etc.. Emprestando um termo da sociologia da ética, o início de um processo de projeto comporta uma "visão da vida boa"[98] a respeito do futuro sistema de produção, do futuro hospital etc.

---

[95] N.T.: Método utilizado na prevenção de acidentes a partir de análise probabilística.

[96] O adjetivo "indutrial" ("industriel") é utilizado para designar todo sistema de produção ou de serviços, pois em francês, não há adjetivo para o nome da empresa.

[97] N.T.: Prefiro usar orientação do processo decisório que a expressão usada por Daniellou, que se traduziria literalmente por "instrução de escolhas" ("instruction des choix").

[98] Segundo Daniellou a expressão "vision de la via bonne" é originária das teorias da ética cujo significado seria: "aquilo que cada um considera como o que seria uma boa vida", "o tipo de vida que se poderia desejar", não seria a bondade, mas o fato que a vida seja, às vezes certa, e provavelmente, boa.

Esta "visão da vida boa" não é a mesma segundo os diferentes componentes da empresa, cujos interesses não são os mesmos. Como conseqüência, e de acordo com as relações sociais presentes, um compromisso surgirá a partir de negociações explicitas ou independentemente delas.

Como, então, os conhecimentos em ergonomia se legitimam dentro desse tipo de processo? A ciência, dizia Einstein, não deve definir os objetivos das pessoas ou grupos sociais. Os conhecimentos científicos podem contribuir para elucidar as dinâmicas seguintes:

- "Se você faz tal coisa, tais resultados são previsíveis."
- "Se você quer obter tal resultado, tais métodos são pertinentes mas podem, também, levar a outros efeitos secundários".

O ergonomista não tem a obrigação de definir os objetivos de um projeto, porém, caso uma demanda social lhe tenha sido endereçada, poderá contribuir esclarecendo:

- As conseqüências prováveis sobre o trabalho destas ou daquelas decisões técnicas ou organizacionais.
- Os métodos pertinentes para atingir certos objetivos (a melhoria da eficácia ou da qualidade, a diminuição das dificuldades vividas pelos trabalhadores etc.), que, para ele, só podem ser abordados por meio da consideração do trabalho.

O ergonomista pode também manifestar a possibilidade de atingir determinados objetivos, descartados *a priori* por serem considerados inatingíveis, dentro do estado atual dos conhecimentos ou dos métodos.

A contribuição do ergonomista na orientação do processo de decisão necessita evidenciar as relações que existem entre dimensões do projeto que são habitualmente separadas: definição da gama de produtos, desenho dos meios de produção, reflexão sobre a população futura, definição organizacional, política industrial (relação com fornecedores), programas de formação. O ergonomista sabe que o que está separado no projeto será, de qualquer maneira, reunido *in fine* na atividade de trabalho. Por meio do "ponto de vista do trabalho" que carrega, ele pode ajudar os atores da empresa a anteciparem como o conjunto de relações poderá tecer-se na atividade futura, bem como preverem suas possíveis conseqüências.

Considerar o caráter integrador do trabalho (Guérin *et al.*, 2001) na definição da vontade relativa ao futuro, obriga ultrapassar a divisão do trabalho no processo de projeto e necessita criar condições para a confrontação das várias lógicas parciais.

O ergonomista pode contribuir no debate social no interior da empresa, provocando uma confrontação entre os fatos revelados pela análise da situação existente e as interpretações que propõe. Portanto, a intervenção sobre o futuro suporá também uma dupla construção técnica e social:

- Construção técnica: métodos de análise do existente e de avaliação das conseqüências previsíveis sobre o trabalho futuro desta ou daquela decisão.
- Construção social: construção do espaço que permite a confrontação das diferentes lógicas em torno da abordagem do trabalho futuro e a negociação de compromissos — políticos — entre essas lógicas.

OS CONHECIMENTOS EM ERGONOMIA

Essa descrição do modo de ação do ergonomista nas situações existentes e no projeto permite distinguir os tipos de conhecimento em ergonomia relacionados à questão que se apresenta sobre sua cientificidade. Deixaremos de lado, voluntariamente, a utilização por parte do ergonomista dos conhecimentos originados em outras disciplinas. Ele sabe buscar e utilizar conhecimentos diversos sobre o funcionamento do olho e dos ritmos biológicos, sobre as propriedades da memória humana ou da anatomia do punho. Não pode pretender que tais conhecimentos tenham sido produzidos pela ergonomia, mesmo se, em certas situações, as constatações do campo podem levá-lo a sugerir a necessidade de novas investigações para os especialistas das disciplinas associadas.

A questão da cientificidade dos conhecimentos em ergonomia apresenta-se, então, ao que parece, por dois tipos de conhecimentos que resultam do trabalho dos próprios ergonomistas:

1. O primeiro tipo de conhecimentos agrupa aqueles relativos à **interpretação da atividade** nas situações observadas e à **previsão da atividade** nas situações futuras. Além do recorte do homem e do trabalho segundo os objetos das disciplinas que os estudam, será que o conhecimento sobre a maneira, que a atividade de trabalho integra de modo original os diferentes determinantes contraditórios que a submetem, pode existir? Pode-se produzir e validar modelos da atividade, que permitiriam prever aspectos da atividade suscetível de se desenrolar em uma situação futura?

2) O segundo tipo de conhecimentos comporta aqueles relativos à própria ação do ergonomista. Será que os modelos dos efeitos previsíveis da ação do ergonomista podem ser produzidos e validados?

As questões acima são, antes de serem epistemológicas, questões concretas que são lançadas para todos os ergonomistas. É importante constatar que, concretamente, os ergonomistas constroem modelos da atividade, que servem para prever as conseqüências dessa ou daquela escolha arquitetural ou relativa a um sistema de informação. Do mesmo modo, os professores de ergonomia podem dizer aos seus estudantes: "Se vocês agirem dessa forma, tal coisa poderá acontecer". Isso pressupõe um modelo da ação do ergonomista, que contém um valor preditivo.

Por outro lado, a questão concreta a respeito da existência de atividades de pesquisa visando produzir tais modelos não é fundamental. Professores de ergonomia autores de várias obras (por exemplo, Guérin *et al.*, 2001) realizam uma atividade de produção de modelos da atividade e de modelos de intervenção.

Mas, ao contrário, a questão fundamental, não diz respeito nem à existência ou não de atividades de pesquisa nesses campos, nem se seriam próprias à ergonomia, porém, diz respeito à sua qualificação como sendo **científicas** (ver o texto de Curie nesta obra).

É POSSÍVEL PREVER CIENTIFICAMENTE A ATIVIDADE?

A primeira das duas questões é: podem ser construídos modelos científicos da atividade de trabalho, que permitiriam prevê-la? Para esta questão, a resposta é negativa. Daí a razão que nos conduziu (Daniellou, 1992) a substituir a noção de "atividade futura provável" pela noção de "atividade futura possível". A atividade de trabalho, construção original de um indivíduo particular em dada situação, não é previsível em sua singularidade.

Mas essa dificuldade epistemológica não é própria à ergonomia. Ela envolve todas as disciplinas que se dedicam a produzir conhecimentos sobre a ação humana e que se encontram face à questão da liberdade. Desafio preciso que levou, na passagem do século XIX ao XX, alguns cientistas a defenderem a noção de "ciências humanas" (ou "ciências do espírito" ou "ciências morais"); para Diltley, a especificidade das "ciências do espírito" decorre do fato que elas se interessam por um domínio "onde nós vemos, em mais de um ponto, manifestar a liberdade" (Diltley, citado por Mesure, 1990). A impossibilidade de prever as condutas humanas não proíbe o esforço de lucidez: a previsão não visa às condutas propriamente ditas, mas visa às margens de manobra, no interior das quais condutas originais poderão emergir.

A abordagem da atividade futura possível não é uma tentativa de previsão da atividade, mas da previsão das margens de manobra, do espaço no interior do qual a atividade poderá ser realizada. A previsão desse espaço permite verificar que se determinadas funções humanas forem solicitadas de forma excessiva ou inapropriada, algumas estratégias serão impossíveis, comportamentos esperados serão improváveis ou, ainda, que os compromissos prováveis serão custosos para a saúde dos trabalhadores.

A questão torna-se, então: "podem ser construídos modelos científicos da atividade de trabalho que permitiriam prever as conseqüências das escolhas de projeto, relativos aos domínios da eficácia e da saúde dos operadores?" Nesse caso, tudo reside no uso do artigo ou em sua omissão: prever "as conseqüências" ou prever conseqüências. Se ninguém pode pretender prever todas as conseqüências de uma série de escolhas, existe, entre essas duas formulações, espaço para a definição de um programa de pesquisas, que teria como objetivo melhorar o conhecimento das conseqüências previsíveis de tais escolhas sobre a atividade de trabalho.

A questão da cientificidade de uma tal pesquisa não é muito diferente da que se apresenta a respeito de qualquer pesquisa sobre o comportamento humano, caso se aceite, de modo provisório, que a "atividade de trabalho" é um objeto de natureza semelhante aos "comportamentos eleitorais", "à expressão dos indivíduos nos grupos" ou "ao sistema de atividades".

É POSSÍVEL PREVER CIENTIFICAMENTE O EFEITO DA AÇÃO DO ERGONOMISTA?

A segunda questão apresentada foi: "Podem ser construídos modelos científicos que permitem prever os efeitos da ação do ergonomista?"

Quando, como é nosso caso, a ação do ergonomista baseia-se na possibilidade de orientar as escolhas de projeto a partir da abordagem da atividade futura possível, a resposta a essa questão passa, evidentemente, por uma resposta à questão anterior. Pode-se também tentar prever os efeitos da ação de um ergonomista que utilizaria outra metodologia.

Nossa segunda questão é, no plano epistemológico, muito diferente da anterior. Procurar, de fato, prever a ação do ergonomista, nos conduz imediatamente ao terreno da modelagem da ação, o que nos obriga a considerar a questão dos valores.

Prever o espaço da atividade futura que terá um operador não nos coloca no terreno dos valores: ele terá que levantar, dez vezes por hora, uma carga de quinze quilogramas, trabalhando em dado ambiente térmico, sozinho, e memorizar uma série de parâmetros. A melhor previsão possível desses pontos definidos que estruturarão sua atividade não comporta uma dimensão axiológica. Em contrapartida, de imediato, surge outra questão: "o espaço previsto para a atividade é aceitável?"

O ergonomista, consultor, não é apenas um técnico da modelagem da atividade. Ele possui critérios, valores relativos à saúde dos trabalhadores e à eficácia do sistema de produção, que lhe permitiram estabelecer um contrato com seus interlocutores (Daniellou, 1995b). Ele constrói, com eles, uma prática que é mobilizada por sua pessoa e seus valores, face a outras pessoas que têm outros valores. Ele delibera, freqüentemente, sob valores contraditórios para reorientar sua ação.

A modelagem de sua atividade tem sido objeto atualmente de vários textos (por exemplo, Falzon, 1993), assim como, de modo geral, a modelagem da atividade dos profissionais liberais (Schön, 1983). Schön mostra a impossibilidade de modelar sua atividade como simples aplicação de conhecimentos, e evidencia a atividade de construção de problemas realizada por todo profissional, as dimensões contraditórias das questões que precisa tratar — o que elimina qualquer possibilidade de otimização — e os processos de "decisão na ação" que ocorrem. Ele propõe, a respeito da produção de conhecimentos sobre a prática, uma posição reflexiva, que convida a uma abordagem epistemológica específica, que vai de encontro ao dilema do "rigor" e da pertinência" (Argyris, 1980; Argyris e Schön, 1974). Segundo Schön, quatro domínios de pesquisa se abrem para essa abordagem (Schon, 1991, p. 309):

- A análise da maneira por meio da qual os profissionais vão construir os termos do problema a partir da realidade, considerada um todo complexo.
- A análise dos processos de acumulação de exemplos que estruturam o raciocínio em nova situação ("o repertório").
- A análise das teorias espontâneas e dos paradigmas implícitos que guiam a abordagem profissional[99].
- A análise dos processos de tomada de decisão na ação.

Balint (1988 [1957]) e Devereux (1980 [1967]) propõem, por sua parte, o interesse de se voltar:

- ao papel da pessoa do profissional na ação,
- e aos métodos que permitem controlar parcialmente os efeitos de idiossincrasia. (A importância de sua contribuição para a modelagem da ação do ergonomista é discutida em outro texto [Daniellou, 1992, p. 59]).

Se não se pretende modelar totalmente os efeitos da prática da ergonomia, a modelagem de sua prática é, no entanto, necessária para melhorar a previsão de seus efeitos e guiar a ação. Essa modelagem, que parece ser possível, só pode ser produzida a partir de uma posição reflexiva sobre a prática. Se a cientificidade dos conhecimentos produzidos por esse tipo de abordagem ainda é questionável, ela não é exclusiva à ergonomia.

FORMAS DE LEGITIMIDADE DA REDUÇÃO OPERADA PELA MODELAGEM

As questões epistemológicas sobre a ergonomia são apontadas, como para outras disciplinas, em torno dos testes aos quais os modelos produzidos pelos cientistas devem ser submetidos.

Como lembra Stengers (1993), todo debate epistemológico deveria ser impregnado de um tom de humor, pois os modelos científicos constituem-se de ficções, cujos autores batem-se para defender sua legitimidade em relação a outras ficções. A questão — "Quem pode ser reconhecido como legitimo pretendente?" — é valida tanto para aquele que pretende falar em nome de mais uma pessoa[100], quanto para uma teoria que pretende representar os fatos" (Stengers, 1993, p.74).

A história das ciências modernas é fundamentada pela construção de regras e testes para arbitrar a pretensão dos modelos em representar o mundo. Essa idéia de se submeter a testes constitui a postura científica: "Trata-se sempre ... de submeter

[99] Ver as observações de *de Terssac* sobre as teorias expontâneas da mudança social, incorporadas pelos ergonomistas.

[100] Homem político.

as razões que nós inventamos aos outros, que são suscetíveis de fragilizá-las...teríamos que sempre inventar práticas que deixam nossas opiniões vulneráveis em relação a alguma coisa de irredutível a uma outra opinião"[101] (Stengers, 1993, p. 151).

O laboratório é o símbolo, o paragão[102] dessa "qualquer coisa irredutível a outra opinião". Ora, o laboratório não é o mundo, mas a produção de um mundo particular, onde os fenômenos descritos pelos modelos são filtrados de dimensões, que perturbam, e que impedem o reconhecimento da legitimidade de um dado modelo. O cientista no laboratório pode criar um mundo sem fricções e mostrar a supremacia de seu modelo sobre os outros, nesse mundo por ele concebido.

Todavia, seu modelo não está destinado a considerar os fenômenos que acontecem somente em seu laboratório, mas aqueles que acontecem no mundo. A legitimidade do modelo deveria, portanto, ser objeto de uma dupla avaliação:

- A avaliação da legitimidade do modelo para representar fenômenos artificiais, filtrados de modo homogêneo com a teoria (como se passa na maior parte dos processos efetivos de avaliação científica).
- A validade do modelo, além dos limites do laboratório, para considerar o mundo real.

Os desafios da primeira avaliação estruturam o mundo da pesquisa científica, os processos de publicação, da gestão das carreiras científicas etc.

Os problemas da segunda avaliação não são objeto de muitos debates no seio da comunidade científica, devido, provavelmente, a uma razão essencial: eles não podem ser exclusivos dos cientistas.

Quando um modelo "sai" dos limites do laboratório, e passa a circular no mundo, seus efeitos extrapolam os desafios do conhecimento, produzindo, também, representações sociais, decisões políticas, políticas industriais etc.

Para ilustrar esse ponto, nós utilizaremos o exemplo, bem conhecido dos ergonomistas, do trabalho em turnos. É possível, em laboratório, produzir conhecimentos relativos aos efeitos dos diferentes tipos de escala horária sobre o sono. Mas se o especialista do sono utiliza a autoridade da qualidade de sua experiência científica para fornecer recomendações sobre o melhor tipo de escala horária ele pode, "em nome da ciência", influenciar as negociações sociais, as práticas legislativas. Exclui-se, assim, o fato que a melhoria das condições do trabalho em turno não se restringe à busca da melhor qualidade de sono (Queinnec *et al.*, 1992).

A discussão da qualidade do dispositivo experimental, dos protocolos estatísticos etc., pode acontecer entre cientistas em um mundo livre de fatores perturbadores. A circulação de modelos produzidos dessa forma vai influenciar, diretamente,

---

[101] Para Stengers os conhecimentos científicos devem ser construidos para serem questionados, não como um opinião que se opõe a outra, mas por outra coisa diferente de opiniões, por uma confrontação com as realidades. Entretanto, certas práticas científicas muito reducionistas, impedem que os seus enunciados possam ser confrontados com as realidades, uma vez que elas são construídas no mundo encantado dos laboratórios que constróem a sua própria realidade.

[102] N.T.: Paragão é sinônimo de modelo (Houaiss, 2001).

um grande número de cidadãos. Graças a esse "efeito de teoria" (as conseqüências concretas que resultarão de um sistema complexo a partir da predominância de uma teoria fortemente redutora), a discussão epistemológica sobre a legitimidade de uma teoria não pode ser confiada unicamente aos cientistas.

Esse ponto de vista é desenvolvido em várias abordagens de vários autores. Latour (1991) e Stengers (1993) evocam o "Parlamento das Coisas" que regrupam cientistas e representantes dos cidadãos para debater a legitimidade de uma teoria científica, a partir do momento que ela pretende explicar o mundo real e não laboratório. Não se trata de votar a cientificidade de uma proposição, mas de provocar sua confrontação com a complexidade das situações reais. " Todo novo representante, que **se adiciona aos outros**, complica o problema, mesmo se quer simplificá-lo" (Stengers, 1993; p. 173; em negrito por Stengers). Nesta obra, Dejours descreve as diferentes formas de validação as quais o processo de produção de conhecimentos em ergonomia deve ser submetido. Schwartz, por sua vez, desenvolve a idéia de um "processo socrático de dois sentidos" em um dispositivo de três pólos.

Todos manifestam que a discussão sobre a legitimidade dos conhecimentos científicos, para descrever e contribuir com a transformação do mundo, não pode restringir-se ao campo fechado dos cientistas profissionais.

DESAFIOS EPISTEMOLÓGICOS E A COMUNIDADE CIENTÍFICA DA ERGONOMIA

A interrogação sobre a possibilidade de produzir conhecimentos científicos em ergonomia vai ao encontro de grandes questões, vivas em várias disciplinas:

- O conjunto de questões relativas à interpretação do sentido da ação de outrém (Dosse, 1991).
- O conjunto de questões epistemológicas sobre a previsão do comportamento humano e da liberdade, próprias a qualquer ciência humana.
- O conjunto de questões epistemológicas relativas à abordagem reflexiva da prática.
- O conjunto de questões sobre o "efeito de teoria" e as conseqüências sociais da circulação de teorias, por natureza parciais e redutoras, que pretendem guiar a ação no mundo.

Uma posição epistemológica que buscaria afastar definitivamente toda pretensão da ergonomia em produzir modelos científicos (sobre a atividade de trabalho e sobre a ação do ergonomista) encontraria, em seu caminho, muitas outras disciplinas "científicas", que deveriam ser reunidas sob a mesma acusação.

Além disso, duas objeções são mais sérias e precisam ser analisadas:

1. O ergonomista não é ao mesmo tempo consultor profissional e pesquisador.

Defendemos a idéia que o ergonomista não pode ocupar ao mesmo tempo uma posição de interventor e pesquisador. A intervenção e a pesquisa são "mundos", "províncias limitadas de significação" (Schultz, 1987 [1940-1962]), em cujo interior regras e sistemas de pertinência são diferentes e que convocam estilos cognitivos particulares. Mover-se de um para o outro supõe uma passagem, acompanhada freqüentemente de um "choque", "modificação radical da tensão de nossa consciência" (Schultz, 1987). "Entra-se em intervenção" ou "entra-se em pesquisa" como um ator entra em cena ou um terapeuta em consulta.

Sob o plano epistemológico, o que está em jogo é a natureza das idas e vindas da pessoa do ergonomista (a mesma pessoa) entre essas diferentes províncias limitadas de significação e a elucidação das regras de passagem. Nesta obra, Curie abre a possibilidade, na mesma vida de homem ou de mulher, de ser em certos períodos consultor e em outros, pesquisador. Defendemos a compatibilidade na mesma fase da vida. Assim, permanecendo-se o mesmo homem ou a mesma mulher, a passagem de um "mundo limitado de significação" para outro, de consultor passando a fazer pesquisa ou do pesquisador entrando em intervenção, exige uma disciplina, comum na vida cotidiana. Tomemos alguns exemplos:

- Um médico no lar escuta sua esposa não como médico, mas como esposo e saberá voltar a ser médico em caso de urgência.
- Um diretor de uma equipe de pesquisa é um "pesquisador comum" ao participar de uma discussão científica, mas em seu laboratório saberá voltar a ser diretor para assegurar a sobrevivência de seu laboratório.
- Um sindicalista, ao participar de um grupo de trabalho, sabe separar suas competências profissionais de suas competências de sindicalista.

Esses exemplos ilustram uma competência humana fundamental: a de permanecer o mesmo ou a mesma, sabendo construir sua participação em sistemas sociais de ação em que as regras são diferentes.

2. Não há atualmente pesquisa científica em ergonomia.

A questão de saber se os conhecimentos atualmente produzidos pela ergonomia podem ter estatuto de científicos está diretamente ligada a outra questão: será que a comunidade da pesquisa em ergonomia está estruturada enquanto comunidade científica, capaz de discutir as teorias e os paradigmas vigentes?

Atualmente, a pesquisa em ergonomia não está unificada. Sua riqueza potencial, assim como suas dificuldades, provêm de uma série de diversidades:

- Diversidade de inscrições disciplinares (fisiologia, psicologia, engenharia, gestão etc.).
- Diversidade de objetivos (produção de conhecimentos sobre o homem no trabalho ou produção de metodologias de pesquisa ou de intervenção).
- Diversidade de campos (projeto de objetos técnicos, de sistemas sociais de produção).
- Diversidade de modelos do homem que guiam as pesquisas (papel das dimensões biológica, cognitiva psíquica ou social).

- Diversidade de paradigmas (aplicação de conhecimentos científicos sobre o funcionamento do homem, produção de conhecimentos sobre os compromissos multi-dimensionais feitos pelos trabalhadores, etc.).

Devido à sua fraqueza institucional, a comunidade da pesquisa em ergonomia assume freqüentemente uma posição consensual e tácita de abstenção epistemológica, agrupando pesquisadores que se reconhecem mutuamente como cientistas sérios. A discussão dos paradigmas é, em geral, evitada cuidadosamente, com raras exceções (Theureau, por exemplo, no posfácio de Pinsky, 1992).

Nesse quadro reside, provavelmente, o principal obstáculo para a emergência de conhecimentos científicos em ergonomia. A construção de posições epistemológicas mais explicitas, a aceitação da diversidade de posições, a estruturação de pólos de pesquisa compartilhando e defendendo paradigmas claramente constituídos e a organização de debates entre essas posições favoreceriam a emergência de um contexto de discussão científica.

A aceitação, pelos pesquisadores em ergonomia, da necessidade de submeter os conhecimentos produzidos para a validação, não apenas pela comunidade científica, mas também, por meio de formas que deverão ser elaboradas pelos protagonistas da realidade social é a segunda condição de legitimidade dos modelos da atividade do homem no trabalho ou da transformação do trabalho, que poderão ser produzidos pela ergonomia.

Somente respeitando essa dupla condição que a pesquisa em ergonomia poderá progressivamente produzir **conhecimentos científicos** em ergonomia.

O objetivo desta obra é contribuir para esse movimento. A disposição manifestada por todos os autores mostra que este objetivo não pretende somente suprir uma necessidade, mas também, e talvez, contribui para a realização de desejos.

Bibliografia

ARGYRIS C. Inner contradictions of rigorous research. New York, Academic Press, 1980.

ARGYRIS C., SCHON DA Theory in Practice. San Francisco, Jossey-Bass, 1974.

BALINT M. Le médecin, son malade et la maladie. Paris, Payot, 1988 [1957].

DANIELLOU F. Le statut de la pratique et des connaissances dans l'intervention ergonomique de conception. Habilitation à diriger des recherches. Toulouse, Université Le Mirail, 1992.

DANIELLOU F. L'ergonome et les acteurs de la conception. Conférence introductive au Congrès de la SELF, Paris. In Ergonomie et Ingénierie, Actes du Congrès de la SELF, vol.1, Paris, Eyrolles, p. 27-32, 1994.

DANIELLOU F. La construction sociale de et par l'analyse du travail. Performances Humaines et Techniques, n° spécial Septembre, p. 25-29, 1995a.

DANIELLOU F. L'ergonome et les compromis. In V. CHAPAT (s/d), Actes des journées de Bordeaux sur la Pratique de l'Ergonomie, Bordeaux, Université Bordeaux 2, p. 9-21, 1995b.

DEVEREUX G. De l'angoisse à la méthode dans les sciences du comportement. Nouvelle Bibliothèque scientifique, Paris, Flammarion, 1980 [1967].

DOSSE F., L'empire du sens : l'humanisation des sciences humaines. Paris, La Découverte, 1995.

FALZON P. Médecin, pompier, concepteur : l'activité cognitive de l'ergonome. Performances Humaines et Techniques, sept.-M. 1993, 66, 35-45, 1993.

FREYSSENET M. "L'invention du travail", et " les énigmes du travail, quelques pistes nouvelles de conceptualisatiori'. In Actes du Colloque interdisciplinaire Travail, recherche et prospective, Décembre, Paris, PIRTTEM-CNRS, 1992.

GUERIN F., LAVILLE A., DANIELLOU F., DURAFFOURG J., KERGUELEN A. *Comprendre le travail pour le transformer, la pratique de l'ergonomie.* Lyon, ANACT, 1991.

GUERIN F., LAVIILE A., DANIELLOU F., DURAFFOURG J., KERGUELEN A. *Compreender o trabalho para transformá-lo. A prática da Ergonomia.* São Paulo, Edgard Blücher, 2001

LATOUR B. Nous n'avons jamais été modernes. Paris, La Découverte, 1991.

MESURE S. Dilthey et la fondation des sciences historiques. Paris, PUF, Coll. Sociologies, 1990.

PINSKY L. Concevoir pour l'action et la communication, essais d'ergonomie cognitive. Neufchâtel, Peter Lang, 1992.

PINSKY L., THEUREAU J. Conception des situations de travail et étude du cours d'action. Repris p. 29 sqq dares Pinsky (1992) op. cit., 1987.

QUEINNEC Y., TEIGER C., de TERSSAC, G. Repères pour négocier le travail posté. Toulouse, Octarès Éditions (2e éd.), 1992.

RUTH W. Work as drama - or : what has happened backstage at Volvo?, p. 485-488. In A. DE MORAES et S. MARINO, Proceedings 7th Brazilian Ergonomics Congress, Rio de janeiro, ABERGO, 1995.

SCHON D.A. The reflexive practitioner : how professionals think ire action. USA, Basic Books, 1983.

SCHOTZ A. Le chercheur et le quotidien. Paris, Méridiens-Klincksieck, Coll. Sociétés, 1987 [1940-1962].

STENGERS I. Invention des sciences modernes. Paris, La Découverte, 1993.

TEIGER C. L'approche ergonomique : du travail humain à l'activité des hommes et des femmes au travail. Éducation Permanente, 116, 71-96, 1993.

TERSSAC G. de Impact de l'analyse du travail sur les relations de travail, p. 27-41. In M. DADOY, C. HENRY, B. HILLAU, G. de TERSSAC, J.F. TROUSSIER et A. WEILL-FASSINA, Les analyses du travail, enjeux et formes. Collection des Études n° 54, Paris, CEREQ, 1990.

THEUREAU J. Le cours d'action : analyse sémiologique. Neufchâtel, Peter Lang, 1992.

WISNER A. Le diagnostic en ergonomie ou le choix des modèles opérants eu situation de travail. Rapport n° 28, Paris, Laboratoire d'Ergonomie du CNAM. (Reproduit ire A. WISNER, Réflexions sur l'ergonomie (1962-1995), Toulouse, Octarès Éditions, 1995, p. 79-102), 1972.

WISNER A., CARPENTIER J. L'aménagement des conditions de travail par équipes successives. Paris, ANACT, 1976.

EPISTEMOLOGIA CONCRETA E ERGONOMIA

CHRISTOPHE DEJOURS
Especialista em Psicodinâmica do Trabalho
Professor no Conservatório de Artes e Ofícios - CNAM

Tradução de
BEN-HUR DA CUNHA
Professor de Língua e Literatura Francesa
na Aliança Francesa, São Carlos

No capítulo que segue, não se procederá a uma análise crítica dos fundamentos epistemológicos da ergonomia, porque estes ainda não foram demasiadamente explicitados pela própria comunidade científica dos ergonomistas. Isso não surpreende, na medida em que essa disciplina é ainda nova. Será necessário quanto a isso evitar um engano — confundir a discussão epistemológica que concerne à ergonomia com aquela que se desenvolve atualmente dentro de uma disciplina próxima: a psicodinâmica do trabalho, com a qual nós estamos mais acostumados. Seria necessário entretanto conseguir formular algumas questões que vêm desta última disciplina, para especialistas que se esforçam, aqui, em estabelecer os fundamentos epistemológicos da ergonomia. Mas esta tarefa é uma aposta e nós não temos condições de responder ao desafio. Com efeito, é muito difícil permanecer constantemente no nível da discussão epistemológica e nós não conseguiremos evitar de ora cair na discussão teórica, ora deslizar em direção a questões da prática ordinária.

O QUE É A EPISTEMOLOGIA?

"É o estudo crítico das ciências, destinado a determinar sua origem lógica, seu valor e seu entendimento", diz o dicionário Robert. Não estamos em condições de nos afrontarmos com esta tarefa que ultrapassa de longe nossas competências e mostra-se própria da filosofia das ciências. Podemos, entretanto, admitir uma outra definição: "A epistemologia é uma disciplina cujo objetivo é elucidar a natureza e os modos da cognição, quer dizer, uma ação intelectual visando a produção de conhecimentos, e trazer à luz os princípios que enunciam a razão das práticas cognitivas efetivas, consideradas segundo toda sua variedade. Em um sentido mais restrito, a epistemologia é identificada com a reflexão sobre uma prática cognitiva particular, a prática científica. Um dos problemas que apresenta esta reflexão é determinar aquilo que faz a cientificidade de um discurso, e, correlativamente, saber se há um modelo único ou, ao contrário, formas múltiplas da cientificidade" (Ladrière, 1991, p. 107-108).

Esta definição é, ao mesmo tempo, um programa, ao qual tentaremos nos referir nas linhas que seguem. Não procuraremos, entretanto, ocupar o lugar do filósofo. Nós nos colocaremos em uma posição mais modesta: aquela que consiste em se apoiar em conceitos forjados pelos filósofos das ciências, sem pretender questioná-los, e examinar o que implica, para a ergonomia, fazer referência a estes conceitos na pesquisa dos fundamentos epistemológicos da disciplina. As proposições que seguem permanecem no plano estrito daquilo que acaba de ser especificado. Elas salientam o que é próprio de uma pesquisa "de epistemologia concreta", quer dizer, de uma análise dos requisitos aos quais deveria idealmente satisfazer a ergonomia para que seu esforço de produção de conhecimento confira a esses últimos o estatuto de conhecimentos científicos.

Para poder abordar um tal programa de discussão, seria necessário antes de tudo um acordo sobre a definição da ergonomia. Mas todos sabem que nenhuma definição é unânime. Isso porque formular uma definição suporia ter primeiro pautado as questões epistemológicas, que contribuem de forma decisiva para determinar, em contrapartida, os limites do campo de investigação possível da ergonomia. Na falta desta definição, que facilitaria muito nossa tarefa, admitiremos, com a maioria dos autores, que a ergonomia é sustentada por duas intenções fundamentais: de uma parte, produzir conhecimentos sobre o trabalho, sobre as condições e sobre a relação do homem com o trabalho; de outra, forjar conhecimentos, instrumentos e princípios suscetíveis de orientar racionalmente a ação de transformação das condições de trabalho, tendo em vista melhorar a relação homem-trabalho. Produção de conhecimento e racionalidade da ação são, então, a essência da pesquisa ergonômica.

DUALIDADE DA ERGONOMIA

Esta dualidade de intenção cria uma tensão epistemológica irredutível. Os critérios de validade do conhecimento e os critérios de validade da ação não são os mesmos.

"No que concerne aos procedimentos de validação pelos quais colocamos à prova nossas conjecturas acredito, como Hirsch, que eles se aproximam mais de uma lógica da probabilidade do que de uma lógica da verificação empírica. Sustentar que uma interpretação é mais provável que outra é diferente de demonstrar que uma conclusão é verdadeira. Nesse sentido, validação não equivale à verificação. A validação é uma disciplina argumentativa comparável aos procedimentos jurídicos de interpretação legal. É uma lógica da incerteza e da probabilidade qualitativa"[103] (Ricoeur, 1986, p. 201-202).

Nesta passagem, Ricoeur opõe dois tipos de prova de validade (ou de verdade) de uma proposição: a verificação empírica e a validação qualitativa. A primeira sendo exercida no domínio dos estados das coisas e das ciências da natureza, a segunda no domínio da ação e das ciências humanas.

Mesmo se, em outro lugar, nesta obra, Ricouer defende a reunificação do explicar (ciências da natureza) e do compreender (ciências humanas) sob o primado das ciências da linguagem (p. 151), não quer dizer que os dois procedimentos de investigação e de argumentação não sejam os mesmos. Assim a unidade epistemológica da ergonomia parece, no estado atual dos conhecimentos, inacessível.

CIENTIFICIDADE DA ERGONOMIA

A ergonomia é uma ciência? A esta questão somos obrigados a dar uma resposta prudente. A ergonomia é, segundo os termos de Wisner (nesta obra): "primeiro uma arte, uma prática profissional e, em um grau menos elevado, um campo científico". Posição matizada, se podemos dizer que possui a vantagem incontestável da modéstia, mas que não facilita nossa tarefa.

---

[103] HIRSCH (1967-1969), *Validity in Interpretation*, New Heaven (Conn) & Yale university Press.

A primeira questão que surge após a constatação da heterogeneidade da ergonomia é a seguinte: a intenção de produzir conhecimentos e a intenção de transformar o trabalho, a qual das duas damos prioridade? A resposta a esta questão é primordial no plano epistemológico.

Se damos prioridade à produção de conhecimentos (sobre o trabalho e sobre o homem), a ação torna-se secundária, e a ergonomia é então inscrita no paradigma das ciências aplicadas, segundo o qual é a partir dos conhecimentos adquiridos pela observação do trabalho (análise ergonômica da atividade) e do homem (fisiologia, psicologia, sociologia) que se organiza a ação ergonômica. A análise da situação de trabalho é guiada, *a priori*, por conhecimentos sobre o trabalho e sobre o homem, construídos à distância do campo. Esta análise permite, por vezes, trazer à luz contradições entre o homem e a tarefa, com o objetivo de dar conta das disfunções, que a ação de transformação se esforça em seguida, para reduzir.

Na segunda abordagem, é a ação de transformação que vem em primeiro lugar. É necessário, então, deixar em suspenso os conhecimentos científicos relativos ao trabalho e ao homem; é o tempo da ação sobre a situação. E é da análise, no momento seguinte, da ação, de seus efeitos, de suas conseqüências sobre a situação, que se extrai conhecimentos sobre o trabalho e sobre o homem. Conhecimentos que podem ser muito diferentes daqueles que se constrói a partir da observação instantânea de uma situação, subtraída da ação, e supostamente reproduzível. Conforme esta segunda abordagem, a ergonomia situa-se no paradigma epistemológico das "ciências de campo".

Vamos repetir, não se trata de duas abordagens que se distinguem somente por seus procedimentos, mas de uma questão de precedência no registro da ontologia das relações entre conhecimento e ação. No primeiro caso, o conhecimento precede a ação, no segundo a ação precede o conhecimento. Certamente, em um caso como no outro, o ciclo é fechado e em seguida, a alternância se estabelece entre os dois tempos do conhecimento e da ação. Mas, ontologicamente, a precedência de um dos termos sobre o outro se traduz pela escolha de uma "razão em última instância": a validade depende do tribunal da racionalidade do conhecimento ou do tribunal da racionalidade da ação? Conforme a resposta que se dá a esta questão, a natureza dos conhecimentos produzidos não é a mesma.

A fórmula de Wisner, citada anteriormente, sugere um privilégio em conformidade com a segunda abordagem: a ergonomia dependeria da epistemologia das ciências do campo. Para justificar a escolha de Wisner, o melhor é se reportar ao conteúdo de seu capítulo na presente obra. Para justificar nossa própria adesão a esta escolha, seria necessário invocar outros argumentos que não procedem da ergonomia, mas nos vêm da psicodinâmica do trabalho. Esses argumentos forneceriam, sozinhos, matéria para um capítulo que estaria em grande parte fora do assunto deste livro. Nós os encontraremos reunidos em duas publicações (Dejours, 1995b, e 1996).

Por agora, assinalaremos somente que uma parte dos argumentos em questão é comum àqueles apresentados por Wisner no presente volume e por Daniellou

(1992), por uma razão simples: a psicodinâmica do trabalho é uma teoria resultante de uma confrontação originária entre psicopatologia e ergonomia, que surgiu no laboratório de ergonomia de Wisner a partir de 1975. Este argumento é de ordem histórico-sociológica e ele não dispensa uma discussão aprofundada da justificação das escolhas epistemológicas. Com efeito, se a posição de Wisner estivesse errada, a psicodinâmica do trabalho, por sua vez, sofreria das mesmas fraquezas. Por isso é necessário retornar às fontes e estudar a argumentação oposta, defendida por Curie no presente volume.

Nós nos engajaremos, então, na direção epistemológica sugerida pela referência à posição sustentada por Wisner. A tarefa a cumprir, mesmo se ela é reduzida com relação ao que implicaria a discussão epistemológica sobre os dois frontes, não é tão fácil. Dentro deste procedimento surgem numerosas dificuldades que vamos tentar ressaltar e delimitar.

A NOÇÃO DE MELHORIA

Após a questão da heterogeneidade epistemológica da ergonomia, apresenta-se aquela do estatuto em conformidade com a noção de melhoria, na definição da intervenção. O que se entende por "melhoria da relação homem-trabalho"? Não podemos nos satisfazer com a intenção de transformação, inerente à ação ergonômica. Porque podemos transformar a situação sem melhorá-la, podemos também agravá-la; podemos, enfim, torná-la melhor. A ação ergonômica, como toda ação no mundo humano, não pode ser concebida independentemente de sua orientação normativa: boa ou má, justa ou injusta. Mas o que designa aqui, como bem ou como mal, o julgamento normativo sobre a intervenção? A ação por si própria, ou seu resultado? Não é a mesma coisa. No primeiro caso o julgamento visa o agente da ação, quer dizer, o ergonomista: o ergonomista agiu bem ou mal? No segundo caso é o resultado da ação que é visado pelo julgamento: a ação teve bons ou maus efeitos sobre a situação a transformar?

Nós veremos que é impossível ater-se à segunda acepção porque isso conduziria a impasses e, logo, ao absurdo. O julgamento moral deve concernir também ao agente, ou o sujeito da ação, tanto quanto à própria ação. Mas se, por exemplo, a melhoria da situação transformada pela ação não foi determinada por uma vontade mas, pelo acaso, ela não terá valor.

Assim, por trás da noção de melhoria da relação homem-trabalho, há essencialmente o agente; neste caso, o ergonomista. Por isso, a noção de melhoria supõe interrogar o ergonomista ou a comunidade de ergonomistas sobre aquilo que eles consideram como melhoria desejável da relação homem-trabalho. A discussão então logo se complica, porque devemos admitir que não há unanimidade sobre o conteúdo assinalado dessa melhoria entre os ergonomistas e os pesquisadores: para alguns, a melhoria da relação homem-trabalho se aprecia medindo a eficácia do sistema homem-trabalho, em face do trabalho a produzir. Para outros, a melhoria se julga medindo a condição dada ao homem, na relação homem-trabalho (reprovamos aqui a simplificação, segundo a qual o ideal de toda melhoria da relação homem-trabalho consistiria na supressão da relação com o trabalho, ou passaria pela exclusão do homem de sua situação. De fato, o trabalho não é sempre nocivo à condição humana daqueles que trabalham: certos sujeitos beneficiam-se das condições de trabalho, graças às quais sua saúde mental e física fica melhor quando eles trabalham do que quando eles não têm trabalho. O trabalho pode assim se revelar como um potente mediador da construção da saúde. De maneira que a melhor relação homem-trabalho não é sua supressão, mas uma relação que se qualifica de "relação-estruturante").

Aqueles que, entre os ergonomistas, defendem a primazia dos critérios de eficácia na avaliação da melhoria, são de fato os que privilegiam as relações com os engenheiros, os organizadores do trabalho, os projetistas, os gestores e os chefes de empresa, ao redor do tema dos objetivos da produção.

Aqueles que, ao contrário, defendem mais os critérios de saúde, são aqueles que privilegiam as relações com os trabalhadores (seja este pessoal pertencente à categoria superior de salários, gerência, ou aos níveis operacionais – "executivos ou executantes"). Estes últimos seriam os destinatários preferenciais da ação. Disto deriva o fato que seu papel na avaliação seria primordial.

Os dois reducionismos possíveis na avaliação da melhoria são insustentáveis: se forem considerados apenas os critérios de eficácia na avaliação da melhoria, há o risco de sacrificar a saúde, a segurança, e até a vida do homem no culto da produtividade. Ao contrário, se se leva em consideração somente os critérios humanos de melhoria da situação, podemos chegar a desastres econômicos, o que não seria também racional.

É necessário então manter em conjunto os critérios de avaliação de melhoria relativos à eficácia e à saúde. Não somente estes critérios não são os mesmos, mas a melhoria da eficácia e a melhoria da condição humana no trabalho podem ser contraditórias. Existem, de qualquer modo, situações onde as duas preocupações estão juntas, quando a melhoria da qualidade passa por uma melhoria da segurança e do respeito às regras de trabalho, por exemplo uma ilustração disso é dada pela análise do saber-fazer de prudência na construção civil e das regras de trabalho (Cru, 1988).

AVALIAÇÃO E VALIDAÇÃO

Resulta dessas contradições que a ação ergonômica não pode ser avaliada diretamente pelo próprio ergonomista. A avaliação passa necessariamente pela mediação do julgamento dos destinatários da ação, porque a melhoria subjetiva escapa à observação direta e é acessível somente por meio da palavra dos agentes. É necessário, em um primeiro momento, suspender a avaliação para proceder primeiro à validação.

Validação de quê? A validação refere-se, essencialmente àquilo que convém considerar como as interpretações do ergonomista: essas interpretações dizem respeito a três pontos que constituem, respectivamente, as três etapas cronológicas da ação: o diagnóstico da situação a transformar, as conjecturas que ele faz em seguida sobre a ação que ele propõe conduzir, pilotar ou acompanhar; a avaliação que ele faz, enfim, dos resultados da intervenção. Notemos que nesse domínio, não é uma questão de verificação, porque nenhuma outra equipe de pesquisadores pode proceder à mesma "experiência" que aquela que acabou de ser realizada. Reencontramos, aqui, a distinção feita por Ricoeur, no excerto citado anteriormente, entre validação e verificação.

Para simplificar, nos manteremos na questão apresentada pela validação da interpretação feita pelo ergonomista relativa aos resultados de sua ação, no momento subseqüente, porque é, no plano epistemológico, a mais importante das três etapas (mas talvez não seja a mais importante no plano prático). A validação dos seus resultados feita pelo próprio ergonomista, passa, obrigatoriamente, pela confrontação de suas interpretações com os pontos de vista daqueles que participaram da ação e que são concretamente confrontados com a situação de trabalho que foi transformada. Como confrontar esses pontos de vista? Seguramente, é preciso passar as conclusões do ergonomista por uma discussão, no seio das coletividades de trabalhadores. Esta confrontação supõe condições convenientes de inter-compreensão entre as partes (do que é possível). É preciso ir até a vivência dos trabalhadores para poder dizer alguma coisa da melhoria (ou da deterioração) da condição que lhes é dada na relação homem-trabalho. A passagem por questionários deve ocorrer somente na pior das hipóteses. As respostas aos questionários são demasiadamente dominadas pelos preconceitos do ergonomista que refletem seu ponto de vista e não preparam suficientemente um espaço para a expressão autêntica e específica dos pontos de vista forjados pelos trabalhadores.

Em outros termos, uma validação conveniente passa por um processo intersubjetivo mediado pela palavra entre ergonomista e trabalhadores. Esta validação da interpretação dos resultados da ação, com relação ao conforto ou bem-estar dos trabalhadores, constituiria somente uma das duas vertentes do projeto deste procedimento, porque não podemos abandonar, durante o processo, os critérios relativos à eficácia no campo da produtividade ou da qualidade do trabalho.

A segunda etapa seria, então, constituída pela confrontação dos resultados, segundo o ponto de vista do ergonomista, à avaliação feita segundo o ponto de vista dos gestores e do pessoal técnico, apoiada em dados, sobre o estado da situação antes e depois da ação. No melhor dos casos, se chegaria assim a uma validação consensual dos resultados da ação por todas as partes envolvidas: o ergonomista, os trabalhadores e os gestores. Esta validação consensual de interpretação dos resultados não pode, entretanto, ser tomada por uma prova de validade desses resultados, no registro de verdade objetiva, objetivo inacessível uma vez que nenhuma verificação experimental é possível. Chegaria-se, em contrapartida, a uma avaliação consensual dos resultados da ação, em que a validade não encontra sua verdade no mundo objetivo, mas sim na racionalidade de sua construção. Racionalidade fundada em critérios de autenticidade das contribuições à discussão dos resultados.

Reencontramos aqui os elementos constitutivos da teoria da racionalidade, segundo Habermas (1981). Há contradições entre exigência com relação à racionalidade relacionada à eficácia (racionalidade teleológica), exigência com relação à saúde (racionalidade pática) e exigência com relação às normas e aos valores (racionalidade axiológica). Nenhuma ação pode ser simultaneamente racional nos três registros tomados separadamente. O compromisso é, então, a regra. Este compromisso, por sua vez, pode ser submetido a uma racionalidade específica: a racionalidade comunicacional, sobre a qual repousa a possibilidade de construir um consenso sobre o melhor compromisso (ou o menos mau).

Constata-se que a validação dos resultados e a ação ergonômica repousam sobre os mesmos princípios de racionalidade. Quanto a isso não há nada de surpreendente, na medida em que a validação dos resultados é também uma ação: se um consenso é obtido sobre a validação dos resultados, a situação não é mais a mesma que antes da dita validação, porque a situação não é mais pensada da mesma maneira que antes (mudança da representação dos agentes, das referências etc.).

Limites da validação consensual

Esse procedimento de validação encontra várias limitações:

- a primeira é material: é um procedimento muito pesado. Contudo, existem hoje experiências mostrando que ele é possível.
- a segunda é prática: não se consegue sempre construir um tal consenso e certas ações acabam em um conflito entre as partes com relação à interpretação dos resultados. Ressaltamos que, de qualquer maneira, várias avaliações contrastadas não são a mesma coisa que a ausência de avaliação. No médio prazo, os acontecimentos que seguirão à intervenção, talvez permitirão, de modo retrospectivo, a separação entre as interpretações concorrentes.
- a terceira é "idiopática": a racionalidade comunicacional não é uma realidade empírica, mas um ideal. Em outros termos, as condições de intercompreensão nunca estão perfeitamente reunidas e a comunicação é sempre deformada pelo que se descreve sob o nome de "distorção da comunicação" (podendo ir até à "patologia da comunicação").

AS DISTORÇÕES DA COMUNICAÇÃO NO DOMÍNIO DO TRABALHO

Lembraremos brevemente os principais obstáculos à comunicação no registro do conhecimento do trabalho.

O atraso da consciência

Para poder comunicar convenientemente seus pontos de vista sobre a relação homem-trabalho (mundo vivido), seria preciso que os trabalhadores possuíssem um conhecimento claro de sua atividade real. Ora, a experiência dos ergonomistas mostra que a inteligência dos trabalhadores está freqüentemente à frente da consciência que eles têm de sua engenhosidade. Daí resultam as grandes dificuldades que eles encontram para falar das suas condições e de seu trabalho.

O déficit semiótico

Há obstáculos à comunicação que advém da própria estrutura da linguagem. Sabe-se que o trabalho é conhecido sob uma certa descrição, na qual é utilizado um léxico que não é neutro. Este léxico é amplamente dominado pelas produções lingüísticas e conceituais formuladas pelos engenheiros, os especialistas, os projetistas, os cientistas, os pesquisadores. De modo que o trabalho é descrito por termos que são fortemente marcados por preconceitos, por pressupostos e pré-julgamentos dos engenheiros, que não são os mesmos que aqueles dos operários, dos empregados, dos técnicos ou da hierarquia intermediária. Os termos forjados na base dificilmente aparecem na discussão, e há provavelmente um *déficit* semiótico para descrever a experiência do trabalho dos trabalhadores. Estes chegam à estabilização de "formulações lingüísticas" sobre o trabalho, marcadas pelo domínio simbólico da hierarquia, que faz obstáculo à emergência de uma palavra precisa e de uma descrição do trabalho por aqueles que estão na base. Disso resulta um desequilíbrio comunicacional que joga a favor do ponto de vista da hierarquia em detrimento daquele dos subordinados, e do ponto de vista dos homens com relação ao das mulheres.

As estratégias defensivas

A relação com o trabalho não é somente cognitivo e instrumental. Ela é também pática, isso quer dizer que é vivida afetivamente, que está na origem das vivências muito variadas de prazer e de sofrimento. O prazer no trabalho catalisa indiscutivelmente a expressão e a verbalização daquilo que é vivido no trabalho. Em contrapartida, o sofrimento faz surgir estratégias defensivas contra ele próprio. Quando estas estratégias funcionam eficazmente, elas agem como uma anestesia. Elas diminuem o sofrimento. De uma forma geral, as estratégias defensivas passam por um processo de "eufemização" da percepção do sofrimento. Isto constitui um obstáculo maior à verbalização e à comunicação da relação subjetiva no trabalho, obstáculo importante no caminho da racionalidade comunicacional e da qualidade da validação.

Os desafios estratégicos

Além do desconhecimento que atinge a consciência da inteligência e a percepção do sofrimento, além dos *déficits* semióticos, pode-se ter uma consciência de um conhecimento claro de certos aspectos da relação com o trabalho, mas desejar também mantê-los secretos, por razões estratégicas, em particular quando sua revelação pode fazer perder ao ator uma vantagem na negociação de sua "autonomia"

(Crozier et Friedberg, 1977) ou de sua "notoridade" (Dodier, 1995), com relação a seus colegas ou a seus superiores hierárquicos.

Essas fontes de distorção da comunicação estão quase constantemente em evidência nas dificuldades práticas encontradas pelo ergonomista, quando este último procura ter acesso "à experiência" daqueles que trabalham, no sentido que Schwartz dá a esta noção (1988).

O que se passa, agora, do lado da discussão contraditória sobre a avaliação da ação ergonômica ao olhar da eficácia (e não da condição dada aos homens pela situação da relação homem-trabalho)? Tem-se a tendência a acreditar que, neste domínio, discute-se sobre fatos e dados objetivos e quantitativos menos sujeitos à caução que a linguagem subjetiva da vivência. Não é nada disso. Gerentes, contadores, controladores da qualidade, engenheiros de segurança etc., trabalham sobre dados que não estão jamais "à disposição". Estes últimos não são acessíveis pela observação direta. É preciso construir esses dados e esta construção passa também por múltiplos elos intermediários, que implicam o viés da experiência humana, por informações provenientes de fontes esparsas na empresa e por uma cooperação de numerosos atores.

Em outras palavras, os dados "objetivos" são também o resultado de um trabalho humano e são também distorcidos por inúmeras dificuldades: erro, dissimulação, segredo, trapaça, fraude, desconhecimento, truque, esquecimento, inadequação dos instrumentos de compilação ou de contabilização etc., das quais é muito difícil estimar a amplitude em certas situações. De modo que os dados quantitativos sobre a eficácia são também submetidos à complexidade social da racionalidade comunicacional.

Por outro lado, o pessoal técnico, os gerentes e os chefes de empresas, na sua participação na discussão contraditória dos resultados de uma ação ergonômica, levam em conta também as considerações relativas ao impacto da ação sobre o comando, o exercício da autoridade, a coordenação, o domínio dos homens e do processo de trabalho. As suas "atividades", no sentido ergonômico do termo, fazem do "gerente" um trabalhador como os outros trabalhadores. Essas responsabilidades, e as dificuldades que elas ocasionam, são por sua vez fonte de sofrimento (ou de prazer), e todas as fontes de distorção da comunicação são encontradas no seu nível hierárquico como o são no caso da análise da relação homem-tarefa.

De maneira que, no fim das contas, mesmo quando um protocolo de validação contraditória (dos resultados apresentados pelo ergonomista sobre sua ação) foi conduzido corretamente, ele não está acima de qualquer suspeita, mesmo quando o consenso foi construído. A validação, mesmo a mais sedutora, pode ser o resultado de uma construção errônea, pela somatória das distorções da comunicação oriundas de diversas proveniências. Esta conclusão, bastante morosa, não anula entretanto o interesse de fazer referência à racionalidade comunicacional para dar conta do protocolo de validação. Ela permanece insubstituível, tanto quanto o ideal de inteligibilidade sem o qual nenhuma pesquisa científica seria possível. Isso compõe o ideal da racionalidade comunicacional, bem como o ideal de justiça, na democracia. Todo mundo admite que a justiça é inacessível, mas sem um ideal de justiça claramente formulado, é impossível fazer funcionar uma instituição judiciária. Os resultados da pesquisa ergonômica, mesmo não sendo objetivos, não são, entretanto, arbitrários, se eles satisfazem às provas de validação indicadas.

De qualquer forma, convém chamar a atenção para as avaliações "positivas" que repousam sobre um consenso. Elas podem ser particularmente enganosas no sentido que correm o risco de não resistir ao tempo. Algumas semanas após a avaliação, o consenso explode, e os piores rumores circulam sobre a ação, da qual, há pouco, fez-se o elogio. A decepção toma lugar da insatisfação, a dúvida apaga a confiança nas conquistas. Enfim, a avaliação consensual não pode nascer de uma dificuldade específica do campo da validade dos resultados submetidos à validação. É difícil determinar os limites temporais e espaciais de uma ação ergonômica. Esta última pode ter incidência tardia sobre a situação de trabalho, por vezes com longas demoras, de vários anos. Ela pode também afetar o setor da empresa sobre o qual ela esteve inicialmente centrada, mas também ter efeitos por ricochete sobre outros setores, e até sobre a empresa inteira, e ainda sobre filiais bem distantes, como no caso das multinacionais.

Todos esses limites aos quais se defronta o processo de validação não anulam a potência no olhar da produção de conhecimentos, mas sublinham as dificuldades inevitáveis que ele encontra, a necessidade de prudência que convém ter diante das avaliações, e comentários que se faça a torto e a direito e, sobretudo, com relação ao interesse de poder voltar ao final do processo à avaliação ergonômica *stricto sensu* da intervenção (Teiger et Laville, 1989).

A VALIDAÇÃO ERGONÔMICA *STRICTO SENSU*

Considerando-se as reservas formuladas sobre a validação consensual, parece útil confrontar os resultados da ação a uma validação ergonômica. Trata-se de uma última prova que consiste, após a validação consensual, em confrontar a análise feita pelo ergonomista ao julgamento dos outros ergonomistas. Esta última etapa é necessária para poder remontar até à questão epistemológica propriamente dita, que concerne ao valor científico dos conhecimentos produzidos pela ergonomia. Esta confrontação leva especificamente a três pontos:

- a referência às regras do ofício (e às regras da arte);
- a coerência conceitual e reflexiva;
- a produção de conhecimentos.

A referência às regras do ofício e às regras da arte

Esta confrontação visa constatar que a ação respeitou os princípios admitidos pela comunidade científica dos ergonomistas em matéria de investigação, de ação e de validação. No entanto, pode ocorrer que a validação consensual tida como necessária tenha conduzido a conclusões idealizadas, incitando a considerá-la suficiente. É preciso, para que essa validação consensual seja convincente, que os resultados, mesmo positivos, não tenham sido adquiridos por demagogia, por obra do acaso ou por um erro ou uma somatória de erros dentro do processo de ação. Em outros termos, trata-se de determinar se os resultados obtidos o foram com as "regras de ofício" adotadas pela comunidade dos ergonomistas, de maneira a descartar o risco de uma prática demasiadamente singularizada, demasiadamente original, e até marginal, tendo ficado muito à deriva com relação às exigências do ofício. Esta confrontação, que passa pela conformidade com as regras de ofício é, na verdade, uma prova metodológica.

Supondo que esta prova seja superada com sucesso, os resultados da ação conquistam um novo estatuto, devido ao qual eles podem ser discutidos enquanto tais, como uma realidade em si, ou pelo menos como uma realidade altamente provável [no sentido que Ricoeur (1986) o entende: "probabilidade qualitativa"].

A coerência conceitual e reflexiva

A validação metodológica que acabou de ser examinada pode deixar passar simplificações abusivas. A principal consiste em fazer com que se leve à confrontação somente sobre a concordância dos princípios e das regras que envolvem a intervenção, quer dizer, em fazer com que ela seja desenvolvida somente sobre o seu quadro geral. Ou, para dizê-lo de modo diferente, sobre aquilo que advém da "organização prescrita do trabalho" da intervenção a que se propôs o ergonomista. O risco é, então, fazer validar somente a definição formal da intervenção, a tarefa, os princípios iniciais, as orientações que escolheu o ergonomista, no início de sua intervenção, sem colocar em discussão a "cozinha", quer dizer, a sua atividade real. Cada intervenção borbulha situações inéditas, nas quais não se sabe antecipadamente qual procedimento convém utilizar, e então é preciso pôr em discussão a maneira pela qual o ergonomista negociou as dificuldades inéditas encontradas no caminho.

Em outros termos, é preciso, para que a validação tenha algum valor, que ela considere não somente os princípios e as intenções iniciais do ergonomista-interventor, mas também a maneira pela qual, concretamente, ele geriu a diferença entre a organização prescrita e a atividade real, em seu próprio trabalho. Isto de algum modo volta a confrontar a prática do ergonomista com a mesma análise a qual foi utilizada para os trabalhadores que se encontram em situação de trabalho. A homogeneidade reflexiva do procedimento de validação metodológica pela comunidade de ergonomistas com o procedimento de validação consensual pelos destinatários da intervenção é uma necessidade, na medida em que se deseja estabelecer o valor científico das conclusões da intervenção.

A produção de conhecimentos

Quando os resultados de uma intervenção superaram sucessivamente todas as etapas da validação, somente então eles se tornam exploráveis, no nível propriamente científico. Trata-se de proceder ao trabalho inverso da validação: os conceitos da ergonomia resistem corretamente à prova do campo que constitui a intervenção validada? O que se aprendeu relativamente ao homem, ao trabalho, à relação homem-trabalho, à ação, por ocasião desta intervenção ou desta pesquisa ação? O modelo do homem adotado em ergonomia é coerente com aquele que revela a intervenção? A análise do trabalho à qual conduziu o estudo é coerente com o conceito de trabalho admitido em ergonomia? A racionalidade da *praxis* da intervenção é coerente com as regras da arte ergonômica?

A análise de coerência conceitual e teórica constitui o momento propriamente científico, e o critério de coerência é uma prova epistemológica insubstituível. Aqui não se trata tanto de verificar a coerência conceitual, quanto de considerar as incoerências, susceptíveis de aparecer no decurso da análise, as novas questões científicas a estudar, a aprofundar, e até mesmo novos programas de pesquisa. Ou para dizê-lo de outra forma: a formalização teórica que se pode propor a partir da análise da intervenção questiona os modelos da relação homem-trabalho admitidos em ergonomia? É dos resultados desta discussão que podem ser extraídos conhecimentos cumuláveis, susceptíveis de fazer evoluir a teoria científica da ergonomia.

De qualquer maneira, para que essa progressão cumulativa seja possível, é preciso ainda que haja antes de tudo um *corpus* de conhecimento substancial, coerente, estabilizado, utilizável, a título de referência para o conjunto da comunidade científica.

Este corpus existe atualmente? Dispõe-se hoje de uma teoria unificada da relação homem-trabalho em ergonomia? Evidentemente, isso não é para ser julgado por um pesquisador estranho à disciplina. Primeiramente, só um pesquisador em ergonomia pode fazê-lo; num segundo momento, caberia ao filósofo e, mais especificamente, ao especialista em epistemologia, apreciar os avanços da teoria ergonômica. Pode-se, entretanto, sem risco de presunção, adiantar a idéia de que esse *corpus* deveria repousar sobre noções rigorosamente definidas em pelo menos quatro registros:

- O que é o trabalho? Seria uma noção que remete primeiro à forma do contrato: salarial ou outra — ou que remete antes à atividade, à ação etc.?
- O que é a técnica? Seria uma noção que qualifica os objetos, as ferramentas, as instalações, as máquinas; é uma noção próxima da noção americana de *tecnology*? ou é um conceito que define uma relação humana, como o sugere a antropologia biológica (Leroi-Gourham, 1943-1945) ou a antropologia social (Haudricourt, 1987; Sigaut, 1990)?
- O que é o homem? Seria um corpo biológico, um funcionamento fisiológico, cognitivo ou afetivo, um referencial geral ou é necessário distinguir o homem da mulher? É um conceito solipsista ou intersubjetivo?

- O que seria a relação homem-trabalho? Uma relação social, uma relação técnica, uma relação psíquica, uma relação biológica?

Para as questões que incitam a definição e o sentido dessas noções, as respostas devem ser primeiramente construídas pelos ergonomistas, a partir da *praxis* da ergonomia, e conduzir em seguida ao estabelecimento de seu estatuto de conceito. Mas, em um segundo momento, é inevitável confrontar os conceitos assim construídos a aquilo que as outras disciplinas trazem como conhecimentos sobre o trabalho, a técnica e o homem. Em outros termos, é necessário confrontar os conhecimentos produzidos pela ergonomia, como ciência, com os conhecimentos produzidos pela biologia, a psicologia, a antropologia, a sociologia e a lingüística, que constituem as disciplinas mais próximas da ergonomia (Dejours, 1995b).

Essa confrontação é o momento que, especificamente, constitui o tribunal da racionalidade teórica e epistemológica dos conhecimentos resultantes da ergonomia.

Essa concepção da relação entre conhecimentos ergonômicos e conhecimentos produzidos por outras ciências, constitui uma resposta muito particular à questão, constantemente apresentada pelos pesquisadores em ergonomia: "Há muito tempo, as relações entre a ergonomia e os conhecimentos científicos produzem, o objeto de um debate:

- parece que todo mundo está de acordo sobre o fato de que a ergonomia utiliza conhecimentos da fisiologia, da psicologia;
- parece existir um consenso amplo sobre o fato que essa utilização não é uma simples aplicação, mas que, por seu caráter integrador, a ergonomia é levada a transformar esses conhecimentos;
- enfim, existe um certo reconhecimento que a ergonomia é estímulo para as outras disciplinas, pois as convida a produzir conhecimentos nas zonas onde a prática revela as lacunas destas. As contribuições da ergonomia deslocam relações estabelecidas e propõem estudar as novas relações que surgem (Daniellou, 1992)".

A posição defendida neste capítulo não está em desacordo com as proposições de Daniellou, mas situa essa relação entre ergonomia e conhecimentos produzidos pelas outras ciências, não segundo uma relação de integração dos conhecimentos pelo ergonomista, mas como uma relação de confrontação, situada no fim da cadeia no processo de produção de conhecimentos, e não na sua origem. A diferença é importante. Ela constitui também um discurso de defesa para a emancipação radical da ergonomia, como ciência de campo, de todas as outras disciplinas, possuindo uma legitimidade inalienável para produzir seus próprios modelos, seus próprios conceitos, suas próprias teorias. Esta emancipação é certamente desejada por um número grande de pesquisadores, mas ela encontra dificuldades em se impor. Por quê?

Em nossa opinião, isto ocorre porque a unificação dos conceitos anteriormente evocados (trabalho, técnica, homem, ação etc.) não está consolidada na comunidade científica dos ergonomistas. Existem divergências importantes que talvez não poderão jamais ser resolvidas. Neste caso, o risco essencial seria a impossibilidade de estabelecer os fundamentos epistemológicos da disciplina. Pode-se, entretanto, esperar que essas divergências se atenuem no futuro? Por múltiplas razões que não poderemos desenvolver aqui, somos inclinados a pensar que as divergências surgirão sempre. Seria o caso de se supor que os conhecimentos produzidos pela ergonomia não poderiam jamais ascender ao estatuto de conhecimentos científicos?

Alicerces epistemológicos e constituição de escolas

Permanece, contudo, uma possibilidade de solução favorável. Ela consiste em cumprir um trabalho — temível, é verdade — de esclarecimento, de análise e de tipologização das divergências teóricas. Este trabalho permitiria, então, identificar as escolas de ergonomia que se distinguem por seus postulados sobre o trabalho, a técnica e o homem; ou melhor ainda, por suas doutrinas (para a distinção entre teoria e doutrina ver: Dejours, 1995a).

Os critérios de coerência evocados a propósito da construção teórica em ergonomia deveriam ser revistos várias vezes no interior de uma escola, devidamente identificada, defendida previamente por um ergonomista teórico.

Sem pretender antecipar a divisão entre correntes, que se definirá provavelmente nos decênios que estão por vir, pode-se fazer desde já uma idéia do que poderia ser um protocolo regrado de produções teóricas interno a uma corrente[104] (que convém diferenciar de uma escola).

Vejamos três exemplos disso:

- Daniellou propôs, há muitos anos, princípios e regras para enquadrar a intervenção ergonômica, em vista da concepção de novos processos de trabalho. Esses princípios metodológicos são estreitamente articulados com conceitos (como aquele da "atividade futura provável"). Pode-se imaginar como os pesquisadores em ergonomia, agindo no domínio da concepção, poderiam partir deste modelo proposto por Daniellou, para engajar a intervenção, e em seguida voltar no momento da prova de coerência teórica, na etapa final do processo de validação dos resultados. Recentemente foi trazido um exemplo de intervenção de concepção de uma situação de trabalho com o propósito de reduzir a incidência da síndrome do canal carpiano (Richez, 1995). Desta

[104] As escolas se distinguem por suas doutrinas. Estas últimas constituem um *corpus* de crenças (quer dizer, de enunciados não demonstrados, mas que ocupam um lugar de destaque no nível dos alicerces do edifício disciplinar) compartilhado por profissionais e pesquisadores que se declaram desta escola. No interior de uma escola podem se revelar correntes que, por suas elaborações teóricas e científicas, desviam a significação, e até a formulação da doutrina. Atualmente se pode considerar que a ergonomia dita de língua francesa constitui uma escola, na qual a doutrina das relações entre o homem, a saúde, a técnica, o trabalho e os valores se distinguem muito explicitamente da doutrina dos "*human factors*" e da ergonomia dos países onde se fala o inglês.

ação de transformação, seria possível obter conhecimentos e em seguida seria necessário confrontá-los com a teoria de Daniellou e, talvez acrescentar ingredientes para fazê-la progredir.

- Feita por Wisner, a elaboração dos princípios e das regras para as transferências de tecnologia, e a teoria que ele propõe em antropotecnologia, constituem uma referência apropriável para outros pesquisadores. Nelas também é desencadeado um processo cumulativo de produção de conhecimentos que poderia desenvolver uma trajetória inteiramente original (Geslin, 1993).
- Os trabalhos de Schwartz e a metodologia que ele propõe para a intervenção e a avaliação, com a ajuda de um dispositivo preciso passando por uma "comunidade científica ampliada" (Schwartz, nesta obra), constituem ainda um exemplo das possibilidades oferecidas para a constituição de correntes.

Por que falar aqui em correntes? Poderia-se pensar que cada uma dessas vias abertas corresponde a campos de ação diferentes: concepção, transferência de tecnologia etc., e que as distinções entre elas correspondem somente a uma divisão de campo de ação ou de intervenção entre os autores. Isso não é exato. Se cada uma das vias foi aberta a partir de um campo de investigação distinto das outras, cada um dos autores, por conta própria, é conduzido a propor princípios metodológicos, conceitos e elaborações teóricas que podem ser reinvestidos para conduzir pesquisas e ações em domínios diferentes do domínio inicial, e até em domínios que serviram de ponto de partida para a construção de uma corrente distinta e devidamente identificada. De tal forma que não se trata aqui de uma simples divisão de tarefas entre sub-especialidades da ergonomia, mas muito antes de correntes, as quais não deveriam ser identificadas a partir de sua área de intervenção privilegiada, mas a partir de sua especificação teórica. Desde já, a existência dessas correntes sugere que não há ergonomia unificada, mesmo no interior da ergonomia de língua francesa (em que ainda seria fácil de caracterizar outras correntes; *a fortiori* se levarmos em conta a comunidade científica internacional).

Dessas considerações, é necessário concluir que o campo científico da ergonomia está, desde o presente, ocupado por diferentes correntes prático-teóricas. Ninguém pode ignorar isso. Em contrapartida, essa geografia da paisagem ergonômica implica que as ações ordinárias conduzidas por profissionais ergonomistas - se queremos que elas possam trazer uma contribuição à produção de conhecimentos científicos — deveriam, antes de iniciar, tornar precisos os postulados teóricos sobre os quais eles se apoiam e a corrente na qual se inspiram. Eles deveriam também se esforçar em evitar o sincretismo teórico nas relações de investigação, de estudos e de ações, o que não é muito fácil.

Ainda convém salientar que a cartografia das correntes teóricas atuais, supondo que ela possa ser traçada, seria provisória. Parece prematuro fazer conjecturas sobre os agrupamentos ou as novas distinções que surgirão no futuro, porque a disciplina é ainda jovem. Parece, porém, que, sem voluntariamente levar em consideração a construção das escolas ergonômicas, o risco é de dispersão e de uma heterogeneidade em perpétuo movimento, o que não causará dano necessariamente à prática da ergonomia ordinária, mas o que seguramente arruinará os esforços desdobrados pelos pesquisadores para estabelecer os fundamentos epistemológicos dos conhecimentos produzidos pela comunidade científica dos ergonomistas.

Ficaremos talvez surpresos que este capítulo, consagrado inicialmente à discussão epistemológica, encerre-se com considerações relativas à sociologia da comunidade científica dos ergonomistas. A contradição é só aparente: a epistemologia é somente uma sábia preocupação. Como sugerem muitos pesquisadores, a começar por Habermas, a epistemologia é o lugar específico no qual se reúnem teoria do conhecimento e teoria da sociedade. A produção de conhecimentos pela ergonomia não saberia escapar desta discussão, desde que essa disciplina aspire estabelecer fundamentos que lhe permitam reivindicar o estatuto de ciência.

Bibliografia

CLOT Y. *Les histoires de la psychologie du travail. Approche pluri-disciplinaire.* Toulouse, Octarès Éditions, 1996.

CROZIER M., FRIEDBERG E. *L'acteur et le système.* Paris, Éditions du Seuil, 1977.

CRU D., Savoir-faire de prudence dans le BTP et des règles de travail. In AOCIP, *Plaisir et souffrance dans le travail.* Paris, CNRS, 1988.

DANIELLOU F. *Le statut de la pratique et des connaissances dans l'intervention ergonomique de conception. Texte d'habilitation à diriger des recherches.* Université Toulouse Le Mirail, 1992.

DEJOURS C. Doctrine et théorie en psychosomatique. *Revue Française de Psychosomatique*, 7, 59-80, 1995a.

DEJOURS C. *Le facteur humain.* Paris, PUF. Coll «Que sais je?», 1995b.

DEJOURS C. Psychologie du travail et tradition compréhensive. In Y. CLOT (s/d), *Les histoire de la psychologie du travail.* Approche pluri-disciplinaire. Toulouse, Octarès Éditions, 1996.

DODIER N. *Les hommes et les machines. La conscience collective dans les sociétés technicisées.* Paris, Éditions Métailié, 1995.

GESLIN P. Ergonomie : une approche anthropotechnologique dans la conception des systèmes de travail. *Techniques et culture*, 22, 175-181, 1993.

HABERMAS J. Theorie des «kommunikativen Handels». Traduction française : *«Théorie de l'agir communicationnel».* Paris, Fayard, (1987), 1981.

HAUDRICOURT A. G. *La technologie science humaine.* (Recherches d'histoire et d'éthnologie des techniques). Paris, Éditions de la Maison des Sciences de l'Homme, 1987.

LADRIERE J. Herméneutique et épistémologie. In J. GREISCH et R. KEARNEY, *Paul Ricoeur : les métamorphoses de la raison herméneutique.* Paris, Édition du Cerf, p. 107-126, 1991.

LEROI-GOURHAN A. *Évolution et techniques.* Paris, Albin Michel, 1943-1945.

RICHEZ J.P. SEB : la prévention du syndrome du canal carpien, *Janus*, 19, 19-20, 1995.

RICOEUR P. *Du texte à l'action*. Paris, Éditions du Seuil, p. 201-202, 1986.

SCHWARTZ Y. *Expérience et connaissance du travail*. Paris, Éditions Messidor, 1988.

SIGAUT F. Folie, réel et technologie. *Techniques et culture*, 15, 167-179, 1990.

TEIGER C., LAVILLE A. *Expression des travailleurs sur leurs conditions de travail*. Rapport N° 100. Paris, Laboratoire d'ergonomie du Conservatoire National des Arts et Métiers, 1989.

QUESTÕES EPISTEMOLÓGICAS SOBRE A ERGONOMIA ALGUMAS REFLEXÕES DO PONTO DE VISTA QUE QUEM A PRATICA

JACQUES CHRISTOL
Ergonomista
Presidente de um Escritório de Concultores

com a colaboração de
MICHEL MAZEAU

Tradução de
FAUSTO LEOPOLDO MASCIA
Engenheiro Mecânico
Mestre em Engenharia de Produção UFSC
Doutor em Ergonomia École Pratique dês Hautes Études, Paris
Professor do Departamento de Engenharia de Produção Poli/USP

O ERGONOMISTA, ATOR DA TRANSFORMAÇÃO DO TRABALHO

A missão de quem pratica a ergonomia é construir ou contribuir para a construção de situações de trabalho adaptadas ao maior número possível de operadores, aos objetivos que estes devem atingir, ao contexto no qual eles atuam e nas diversas etapas do trabalho com as quais eles se defrontam.

Paralelamente às demandas álibi, existem demandas que exigem resultados efetivos. Aqueles que as formulam mostram-se, às vezes, perplexos quando observam uma grande diversidade de respostas; manifestam o sentimento, fundamentado ou não, de se relacionarem com uma "profissão" de fronteiras incertas e com resultados contrastantes. Para uma mesma demanda, uma mesma licitação, os profissionais da ergonomia propõem contribuições cuja extensão varia, para um mesmo propósito, de alguns dias a várias centenas de dias. Da mesma forma como são bastante distintas as metodologias e os encaminhamentos. Como conseqüência negativa, resta um questionamento sobre a seriedade do ofício e, para aqueles que o exercem, sobre os fundamentos da sua prática.

Apresentar–se como um "ergonomista" provoca risos em alguns engenheiros; muitos daqueles que teriam a necessidade da cooperação do ergonomista a consideram inútil, salvo quando as considerações de regulação social justificam a sua presença. Isto se dá mais por razões estratégicas que técnicas. Os ergonomistas que se preocupam com a evolução do ofício, que consideram importante para as empresas e para as pessoas que nelas trabalham, buscam permanentemente demonstrar a sua utilidade, graças ao rigor de suas contribuições e à operacionalidade dos resultados que elas produzem. Esse objetivo não é fácil de ser alcançado, pois impõe a mudança da representação de vários atores com relação à existência de uma "boa solução". Esta representação é construída em função dos constrangimentos aos quais está sujeito, de sua história, e de seu papel na empresa. Tal objetivo exige, sobretudo, a mudança de representação que os diferentes atores têm da ergonomia, do ergonomista e de suas contribuições.

Entretanto, torna-se cada vez mais freqüente que os interlocutores dos ergonomistas nas empresas demandem especificações precisas, resultados que podem efetivamente ser utilizados pelos projetistas ou operadores. O ergonomista não pode mais se limitar a formular um diagnóstico e apresentá-lo em um relatório cuja utilização será deixada para atores que têm formações diversas, margens de liberdade e vontade de agir incertas. O ergonomista é julgado cada vez mais por sua capacidade de criar equipamentos e, de uma maneira mais abrangente, situações de trabalho, assegurando o máximo de eficiência, de conforto e de segurança. O insucesso para o ergonomista, e para sua profissão, é de não consegui-lo, seja por falta de competências, seja por falta de tempo, seja pelo fato dele ser usado, sem que ele saiba ou que ele venha a saber, como álibi e não como "técnico" detentor de uma competência reconhecida para a concepção de meios de trabalho, materiais ou imateriais. O ergonomista deve esclarecer a demanda que lhe é feita; negociar o grau de liberdade, os tempos que lhe são concedidos, e o seu papel no projeto. Deve, também, responsabilizar-se pela validade e pertinência de suas contribuições, assim como por sua aplicação.

O ergonomista deve chegar a resultados operacionais em cooperação com especialistas de outras áreas. A relevância deste fato é ainda maior quando o objetivo é alcançar, de maneira efetiva, meios de trabalho adaptados aos operadores e às tarefas que eles têm a realizar. Evidentemente, existe um risco duplo: não levar suficientemente em conta as demandas concretas de produção e limitar-se a um relatório de diagnóstico ou não fornecer soluções suficientemente detalhadas. Se o ergonomista tem uma obrigação jurídica relativa aos meios, ele tem uma obrigação ética relativa aos resultados. Talvez seja o caso de se questionar a necessidade de definir, para a profissão, "boas práticas de fabricação", as "BPF", no sentido utilizado no meio industrial. As reflexões sobre as questões epistemológicas deste livro podem constituir uma contribuição útil para essa definição. Duas condições devem ser necessariamente consideradas: ter uma sólida formação (o bom senso não é suficiente, nem o trabalho em grupo sem a produção de conhecimentos, o é) e uma missão cuja duração esteja em sintonia com o conteúdo dos objetivos fixados após uma análise aprofundada da demanda inicial.

Estas duas condições, mesmo sendo insufucientes, deveriam ser consideradas para definir estas "boas práticas de fabricação", na medida em que estas forem consideradas úteis. Isto pode permitir aos clientes potenciais diferenciar o que é uma contribuição do ergonomista e o que não o é. Infelizmente, a tendência dominante vai, ao menos no que se refere à duração, no sentido oposto (Montmollin, 1995).

Assim, cada vez mais o ergonomista deve formular contribuições concretas cuja validade seja reconhecida pelos resultados obtidos ou pelos efeitos observados. Para atingi-las, ele dispõe de conhecimentos oriundos de disciplinas científicas relativas ao homem, evocadas em função do projeto, e sobre conhecimentos, extraídos do campo, da situação a ser transformada, ou de uma situação que apresente grande semelhança com a situação projetada, dita de referência, com todo o rigor dos cientistas na sua coleta de dados e sua interpretação. Assim, um controle metodológico e relacional de sua ação parece ser necessário, como ocorre em situações nas quais um ator tem decisões a tomar junto com outros atores, cujos interesses possam ser divergentes, em contextos caracterizados por sua complexidade, dado que ele se encontra submetido à pressão de tempo e a pressões econômicas, sociais e humanas, por vezes, muito fortes. Nesses casos, torna-se útil a constituição de uma equipe e a distribuição dos papéis entre seus membros para conduzir a ação ergonômica, para se organizar junto ao cliente (duplas engenheiros-ergonomistas, estrutura da equipe equivalente à estrutura da equipe de projeto ...).

O ergonomista só será eficaz se ele dispuser de conhecimentos, de ferramentas, de métodos e de uma abordagem fundamentados nas epistemologias próprias às disciplinas originais. Todas essas disciplinas são úteis mesmo se algumas delas pareçam mais particularmente necessárias para um dado projeto. No entanto, elas devem ser articuladas ao longo da abordagem em que todas as fases contribuem para a integração, da análise da demanda à elaboração de soluções, do acompanhamento das realizações e da partida da nova instalação, passando pela análise ergonômica do trabalho.

Disciplinas	PROJETO				
	Concepção de uma sala de supervisão de processo ou rede	Concepção de um programa de computador para planejamento	Melhoria de uma unidade de laminação	Melhoria de um serviço de recepção ao público	Concepção de um aplicativo para gestão
• Fisiologia visibilidade da tela, vigilância, ...					
• Psicologia cognitiva raciocínios, processo de decisão					
• Psicologia social representações sociais do trabalho					
• Sociologia do trabalho, relações sociais					
• Gestão					
• Acústica					
...					

O ergonomista deve estar atento para não formular proposições contraditórias com os conhecimentos fornecidos por essas disciplinas, nem com outras proposições que ele possa ser levado a fazer ou feitas simultaneamente por outros atores. Ao considerar um operador isolado, ele deve tomar o cuidado para não mascarar a existência de um coletivo que cooperando, freqüentemente de maneira informal, para chegar a um resultado comum, desenvolve uma competência coletiva.

A dificuldade surge da necessidade de se considerar um número cada vez maior de áreas da ciência, visto que as análises mostram a importância de fatores que vão além da situação clássica do posto de trabalho no tempo (histórico da formação e aprendizado prévio, trajetórias profissionais formais e informais) e no espaço (dependência dos postos de trabalho à montante e à juzante, interdependência entre departamentos da empresa, proximidade ou distanciamento das fontes de informação e de abastecimento ..., terceirização de certas funções, instabilidade do pessoal relacionada a novas regulamentações, polivalência, autonomia, ...). Na elaboração das soluções, a dificuldade torna-se maior com a necessidade de considerar as consequências de fatores que obrigam o ergonomista a expandir o campo de informações coletadas para identificar sua existência e sua influência, antecipar suas consequências sobre a atividade individual e coletiva, procurar soluções técnicas ou organizacionais que não seriam consideradas em outras circunstâncias.

Em certos casos, a formalização dos conhecimentos disponíveis permite formular especificações sem fazer uma análise ergonômica do trabalho. Essas especificações mínimas constituem a base de um prognóstico mínimo (os resultados desejados não serão alcançados se elas não forem respeitadas, por outro lado não se sabe se esses resultados serão alcançados se forem consideradas). O seu campo de aplicação é vasto : memorial descritivo para a compra ou locação de material técnico especificando a implantação de comandos, o ambiente físico, memoriais concebidos para auxiliar o trabalho dos projetistas de produtos (programas de informática, veículos, ...), situações de trabalho (projeto de postos e organização do trabalho para evitar gestos, que possam originar patologias do tipo LER / DORT, nível de ruído para evitar um efeito de máscara, equilíbrio das luminâncias para facilitar a tomada de informações...).

Se o objetivo do ergonomista é prever as consequências das escolhas feitas, essas especificações terão utilidade, desde que seus limites sejam bem definidos. Elas não podem garantir a total adequação das escolhas pois não consideram, individual ou coletivamente, as características particulares dos operadores envolvidos, as condições específicas da situação de trabalho às quais os operadores são confrontados, a tarefa a ser realizada e seu contexto... mas podem servir como um precioso salva-guarda para evitar riscos de erro ou de acidente. O perigo consiste na sua generalização e sua transformação em norma voltada para um elemento isolado de seu contexto, aplicada sem antecipar suas consequências para a atividade individual ou coletiva, sobre os fatores que a influenciam.

Assim, para obter uma melhor adequação da tarefa aos operadores que vão efetuá-la, o ergonomista baseia-se não apenas nos conhecimentos oriundos das disciplinas citadas, mas também em conhecimentos extraídos, com todo o rigor de um cientista, da situação a ser transformada ou de uma situação apresentando uma grande proximidade com a situação projetada (situação de referência); ele baseia-se, também, em conhecimentos resultantes de sua própria experiência.

O ergonomista encontra-se numa situação comparável à do médico que utiliza conhecimentos de várias disciplinas e informações tomadas junto ao enfermo e seu ambiente, por meio de meios clínicos e paraclínicos, para formular um diagnóstico, elaborar um prognóstico, escolher uma terapia, acompanhar seus efeitos sobre o enfermo e, eventualmente, ajustar o seu tratamento, às vezes rever seu diagnóstico e modificar seu prognóstico no curto, médio e longo prazos e fazer escolhas às quais ele acompanha a aplicação, os efeitos previstos e, algumas vezes, imprevistos. Da mesma forma, o engenheiro, o arquiteto,... integram na sua prática conhecimentos gerais de diversas disciplinas básicas para aplicá-los em situações concretas e particulares. De igual maneira que a prática de tais profissionais, a prática do ergonomista é uma arte: ele confronta-se a situações contingentes, ao mesmo tempo próximas (tratam-se de situações de produção em que busca-se a eficiência, a confiabilidade, a saúde, o desenvolvimento de competências, ...) e sempre diferentes, na natureza das tarefas, nas características dos operadores envolvidos, na dinâmica da organização e da interação com aqueles que o contrataram...

A tarefa do ergonomista é uma tarefa de concepção, à semelhança das situações dos outros profissionais mencionados. Nesses casos, os dados iniciais são incompletos, mal definidos; o objetivo deve ser construído, de maneira iterativa; os procedimentos e etapas dependem de resultados intermediários, das margens de manobras disponíveis, ou que aparecem — ou desaparecem — ao longo de toda a ação. Como os outros profissionais, o ergonomista desenvolve uma competência, formada por um saber–fazer ("a experiência" de situações vistas anteriormente) e também de um corpo de conhecimentos próprios que, por meio da integração e apropriação dos diversos conhecimentos citados, diferencia-se, pouco a pouco, da simples soma de conhecimentos pertencentes às disciplinas de base. Além das especificações mínimas que ele eventualmente coloca à disposição daqueles que o contrataram, a análise ergonômica do trabalho lhe permite compreender para agir. Ela permite também essa integração-apropriação de conhecimentos dispersos, na realidade bastante heterogêneos, e lhe permite desenvolver a capacidade de mobilizar os conhecimentos adequados face à uma situação particular.

O ergonomista é sempre levado a considerar um coletivo e a determinação de um conjunto pertinente é uma das tarefas mais importantes. Como o arquiteto ou o engenheiro, o ergonomista exerce sua atividade junto a uma rede de atores e, desta forma, tem que administrar suas relações com aqueles que solicitaram sua presença, os engenheiros projetistas, os responsáveis de recursos humanos, os operadores... que estarão envolvidos com suas contribuições.

Para o ergonomista, os conhecimentos oriundos de disciplinas relativas ao homem e aqueles acumulados em suas ações ergonômicas anteriores não servem apenas para formular especificações. Eles servem, também, para identificar fatos que teriam todas as chances de passar desapercebidos e para dar sentido aos fenômenos observados. Complementados em cada ação ergonômica por conhecimentos próprios aos especialistas de áreas cujo objeto envolve decisões técnicas, organizacionais, humanas e sociais, eles permitem alcançar uma compreensão do funcionamento do sistema analisado, seja para uma situação a ser modificada, seja de uma situação de referência.

Dessa forma, passa a ter sentido a fase de preparação, durante a qual o ergonomista identifica as pessoas envolvidas no projeto, procura compreender o papel de cada uma delas, o que está em jogo, os diferentes modos de raciocínio e tenta identificar a fábrica "ideal" ou a organização "ideal", visualizada individualmente. Com esses atores, o ergonomista pode explorar os documentos que eles detêm: vestígios escritos do trabalho, características do pessoal e da tarefa, resultados e efeitos sobre os operadores. Tais informações constituem a base das hipóteses que guiarão, uma vez familiarizados com o ergonomista e esclarecidas as eventuais dúvidas, a coleta de dados nos locais de trabalho e durante o seu desenrolar, por meio de observações simples ou instrumentalizadas, complementadas pelo registro de verbalizações espontâneas ou provocadas, e por eventuais medições.

A análise dos dados coletados fundamenta novas hipóteses substitutivas e/ou complementares e justifica novas investigações com outros métodos, exigindo ou-

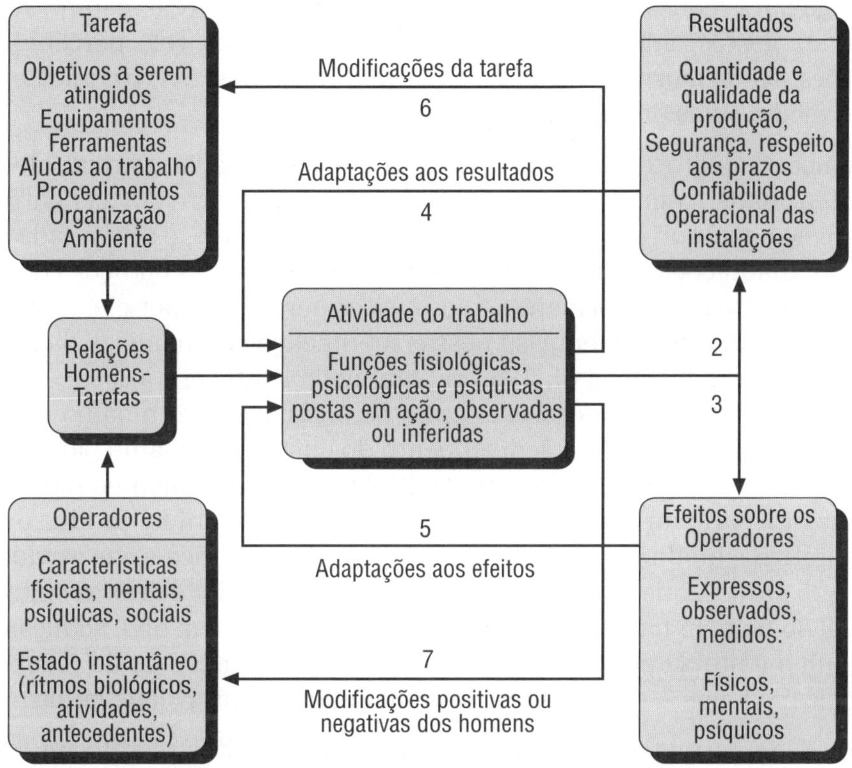

Quadro: segundo Christol e Terssac (adaptado de Leplat e Cuny, 1977).

tras cooperações. A complexidade do homem e dos grupos, assim como a riqueza e a variabilidade das situações de trabalho, são de tal ordem que podemos sempre encontrar o que procuramos: disfunções técnicas e organizacionais, insuficiência de competências... Somente com a diversidade dos meios de investigação, das ferramentas de análise e das planilhas de leitura, utilizadas em um quadro metodológico rigoroso, articulados com uma abordagem reflexiva, que o ergonomista pode evitar o erro de "procurar a pepita de ouro sob o lampadário, pois é ali que está mais claro".

Dentro dessa perspectiva, a análise ergonômica do trabalho toma todo o seu sentido. Ela sempre é rica em ensinamentos para antecipar a atividade futura dos operadores, o seu comportamento na nova situação. O quadro de análise esquematizado ilustra a diferença entre a tarefa, definida classicamente como o conjunto de metas, de equipamentos, de instruções, de auxílio ao trabalho e do contexto (organizacional, físico, ...) e a atividade, comportamento do operador e funções associadas a esse comportamento, observadas, medidas e inferidas, resultado da relação do homem com a tarefa.

Esse quadro de análise mostra a posição central da atividade e todas as regulações que a modificam. Ele permite classificar os dados coletados e dar-lhes um primeiro significado. A atividade de um operador (1) é o conjunto das funções que ele emprega para realizar a sua tarefa: funções fisiológicas (ele respira, seu coração bate, ele faz gestos, adota posturas,...), psicofisiológicas (ele percebe, seleciona informações, as memoriza, ...), cognitivas (ele raciocina, ...), psíquicas (ele sente prazer ou medo, ou os dois simultaneamente, ...) etc.

O comportamento observado é sempre uma adequação parcial, de maior ou menor intensidade, com o projeto que o suscitou. As discrepâncias entre a tarefa admitida pelo operador, projeto de comportamento para ele, e a atividade realizada, provêm das adaptações-regulações face aos imprevistos, às condições de execução, ao estado da pessoa, à performance e aos efeitos percebidos por ele. A análise ergonômica do trabalho fundamenta-se nessas modificações dinâmicas da atividade. O esquema situa as regulações (4, 5, 6, 7) para melhor interpretá-las e encontrar soluções as mais apropriadas possíveis: uma "boa" situação de trabalho permite, sem deterioração do desempenho e sem aumento do custo do trabalho para aqueles que o realizam, regulações adaptadas aos múltiplos constrangimentos presentes, num dado momento, para um dado operador. A atividade do operador produz um resultado, quantitativo e qualitativo que, integrado por ele, modifica a sua atividade (2/4). Essa área do gráfico, que representa a relação entre a atividade e os resultados, mostra o papel do homem na obtenção da confiabilidade, homem que, ao mesmo tempo, constitui uma fonte de erros e uma instância de antecipação ou de recuperação de falha técnica; o homem é um agente de confiabilidade passível de falhas.

A atividade gera efeitos sobre a pessoa e esses efeitos modificam a sua atividade (3/5) : efeitos mensuráveis (frequência cardíaca), observáveis (mudanças de posturas), expressos (satisfação, penosidade, ...). Os circuitos 1/6 e 1/7 mostram as consequências da atividade sobre a tarefa e sobre os operadores; numerosas modificações da tarefa (1/6) são ligadas à prática (adaptação de ferramentas, bricolagem de uma proteção contra uma fonte de risco, mas também neutralização de um dispositivo de segurança para acelerar a operação, eliminação de uma etapa dos procedimentos para ganhar tempo ou para garantir qualidade do produto).

A atividade modifica o operador, individual ou coletivamente (1/7): a prática de um ofício, de uma função, de um papel, permite adquirir uma experiência, habilidades, algumas vezes uma competência, e pode também conduzir, à realização da pessoa por meio do aumento de sua capacidade a dominar de maneira cada vez mais fácil, situações profissionais cada vez mais complexas. Ao mesmo tempo, sofrer um desgaste de funções excessivamente solicitadas (surdez profissional, patologia de hipersolicitação) ou ter problemas devido a funções muito pouco solicitadas (déficits cognitivos e ou psíquicos das pessoas em postos particularmente desprovidos de conteúdo,...).

O ergonomista descreve a atividade em termos de funções empregadas (que fator desencadeou tal comportamento?). Trata-se, efetivamente, de uma tentativa de reconstituir a tarefa admitida pelo operador (diferente da tarefa que lhe é prescrita, da tarefa que ele compreendeu e da tarefa que dele se espera), e as dificuldades para sua realização, as quais algumas se traduzem (mas nem todas) por discrepâncias em relação aos objetivos a serem alcançados.

O ergonomista procura melhorar as relações dos Homens com as Tarefas privilegiando os elementos contituintes da tarefa, os equipamentos e o ambiente, os aspectos técnicos do trabalho e também a apresentação dos procedimentos para que eles sirvam de auxílio ao trabalho... considerando as metas estabelecidas e suas variações, o contexto e suas variações etc.

É raro que as demandas feitas ao ergonomista estejam relacionadas, desde o início, com o conjunto de fatores; o motivo desencadeador é a construção ou a melhoria do desempenho do sistema em relação aos sistemas existentes (2/4) em razão de exigências de qualidade ou de competitividade do ambiente, clientes e concorrentes etc.; redução dos efeitos negativos sobre os homens (3/5) limitando os riscos ligados a posturas desconfortáveis (operadores de pórticos na siderurgia), gestos que originam uma patologia de hipersolicitação (operadoras em linha de montagem de aparelhos eletrodomésticos), espera entre duas ações (embalagem de materiais perigosos), deslocamentos desnecessários (hospitais), do trabalho noturno (escolha das escalas e dos horários); obter resultados previstos com uma dada população (cosmonautas, pilotos, antigos operadores de forja na instalação de uma nova forja automatizada, trabalhadores da eletrônica, operadores de equipamentos na indústria química, ...) ou em função de um projeto político de organização (polivalência, autonomia, ...). Trata-se de evitar que a atividade desenvolvida conduza a modificações não previstas na tarefa (adoção de modos operatórios mais rápidos e perigosos) quando as questões de segurança são importantes (indústria química, indústria aeronáutica,...) antecipando as consequências da tarefa sobre a atividade, ferramentas e procedimentos de trabalho, de tal sorte que a atividade contribua à aquisição e ao desenvolvimento de competências individuais e coletivas.

Certas condições se impõem ao ergonomista para que ele conduza adequadamente sua ação. É preciso tempo para chegar a uma compreensão do que se passa nas múltiplas classes de situações identificadas durante a coleta de vestígios escritos e materiais do trabalho, por meio das verbalizações dos operadores, espontâneas ou provocadas, pelas observações e medições... O ergonomista necessita de um papel no projeto que lhe permita interagir com os outros atores detentores de informações ou que tenham influência positiva ou negativa sobre a construção ou aceitação das decisões. Sem tais condições, há um risco significativo para o ergonomista de apenas compreender um único nível de sintaxe de trocas entre o operador e o sistema técnico (como no caso da informática: o número de janelas na tela, a forma dos ícones, ...). A compreensão pode ser estimada como suficiente pelo ergonomista quando ele puder antecipar a ação dos operadores e suas chances de sucesso.

Para o ergonomista preocupado não apenas em compreender mas também em melhorar ou conceber, a questão é: como modificar a situação (ou seja as ferramentas, a organização, a formação) para evitar o desencadeamento de um comportamento arriscado, para reduzir a pena, reduzir defeitos... e para favorecer ações pertinentes, tais como a antecipação de incidentes, de ações corretivas, de gestos eficazes, a aquisição de competências individuais e coletivas, o desenvolvimento de habilidades?

A análise ergonômica do trabalho é o melhor meio para identificar as dificuldades encontradas em cada classe de situações que ela permite identificar, o que completa de uma maneira muito útil a análise funcional dos engenheiros e permite raciocinar, com eles, por categoria de situação para trazer, a cada uma delas, as funções úteis ao operador e evitar que este transite inutilmente de um local a outro ou de navegar inutilmente de uma tela a outra com todos os riscos de erro associados, a fim de facilitar a discriminação da classe particular da situação à qual ele se confronta.

<table>
<tr><th colspan="6">ANÁLISE FUNCIONAL</th></tr>
<tr><th rowspan="8">Análise operacional</th><th rowspan="2">Classes de situações</th><th colspan="4">Funções a satisfazer</th></tr>
<tr><th>F1</th><th>F2</th><th>F3</th><th>F4</th></tr>
<tr><td>Situação 1
(objetivos, meios técnicos, contexto, operadores)</td><td></td><td></td><td></td><td></td></tr>
<tr><td>Situação 2
(variação de pelo menos um dos elementos)</td><td></td><td></td><td></td><td></td></tr>
<tr><td>Situação 3</td><td></td><td></td><td></td><td></td></tr>
<tr><td>Situação 4</td><td></td><td></td><td></td><td></td></tr>
<tr><td>Situação 5</td><td></td><td></td><td></td><td></td></tr>
<tr><td>...</td><td></td><td></td><td></td><td></td></tr>
</table>

COMO CONCLUSÃO

A legitimidade da pesquisa consiste na produção de conhecimentos e sua difusão dentro da comunidade científica à qual pertence o pesquisador. A responsabilidade deste é a validade de suas produções.

A responsabilidade de quem pratica ergonomia é a de chegar a meios de trabalho, materiais e imateriais, adaptados às características dos homens, às missões que estes têm a realizar nas diversas etapas da situação de trabalho com as quais eles se confrontam, de obter, desta forma, o máximo de eficiência, de conforto e de segurança, de garantir finalmente a aquisição e o desenvolvimento de suas competências.

Trazer essa contribuição concreta é a justificativa de seu ofício. Essa contribuição ultrapassa a formulação de um diagnóstico e mesmo de um prognóstico. Ela exige cooperações. Cada vez que é possível, o ergonomista assegura a apropriação de todas as pessoas envolvidas dos conhecimentos e métodos que ele coloca em uso; mas se, para essa apropriação, ele corre o risco, notadamente por falta de tempo, de não transformar positivamente uma situação de trabalho, sua responsabilidade é de privilegiar esse último objetivo.

A primeira obrigação de quem pratica a ergonomia é de colocar à disposição dos trabalhadores "máquinas que sejam dignas deles" (Weil citado por Wisner, 1995).

Bibliografia

LEPLAT J., CUNY X. *Introduction à la psychologie du travail.* Paris, Presses Universitaires de France, Coll. le psychologue, 1977.

MONTMOLLIN M. de (s/d), *Vocabulaire de l'ergonomie.* Toulouse, Octarés Éditions, 1995.

WISNER A. *Réflexions sur l'ergonomie* (1962-1995). Toulouse, Octarés Éditions, 1995.

OS OBJETIVOS DA ERGONOMIA

PIERRE FALZON
Ergonomista
Professor no Conservatório Nacional de Artes e Ofícios - CNAM

Tradução de
ROBERTO GRÜN
Doutor em Ciências Sociais pela UNICAMP
Professor do Departamento de Engenharia de Produção UFSCar

A maior parte das definições de ergonomia sublinha dois objetivos fundamentais:

- De um lado, o conforto e a saúde dos utilizadores: trata-se de evitar os riscos (acidentes, doenças) e de minimizar a fadiga (ligada ao metabolismo, ao trabalho dos músculos e das articulações, ao tratamento da informação, à vigilância);
- De outro lado, a eficácia: a eficácia para a organização mede-se em diferentes dimensões (produtividade, qualidade, fiabilidade). Esta eficácia é dependente da eficácia humana: conseqüentemente, o ergonomista procura identificar as lógicas dos operadores e conceber sistemas adaptados.

A finalidade do texto que se segue é discutir a pertinência desses dois objetivos ou, mais exatamente, de ampliar o seu alcance. Num primeiro momento, consideraremos as relações entre saúde e trabalho, no segundo, a questão da eficácia no trabalho e, por último, as conseqüências desses pontos para a atividade do próprio ergonomista, considerado como um operador particular.

SAÚDE E TRABALHO

Uma visão dinâmica da saúde

No seu significado mais comum, a saúde é compreendida como um estado, definida normalmente, como notam Laville e Volkoff (1993), por ausências: "sem patologias, sem deficiências, sem restrições para a vida social, sem miséria econômica" (p. XXIX). Ora, cada vez mais a saúde é vista como o resultado de um processo de construção. Nesse sentido, podemos encontrar em Teiger (1995) uma história da evolução da noção de envelhecimento, assim como numerosas referências (ver também Dejours, 1995).

Nós nos basearemos aqui fundamentalmente no texto de Laville e Volkoff anteriormente citado. É verdade que as capacidades se modificam com o avanço da idade. Mas de um lado essa evolução é sensível às condições de vida e de trabalho: de acordo com elas, o envelhecimento é mais ou menos rápido e a esperança de vida mais ou menos longa. De outro lado, apoiadas na experiência adquirida no trabalho, desenvolve-se uma série de estratégias de compensação ou de adaptação. Se o processo biológico conduz inelutavelmente a uma degradação, as condições de trabalho e de vida podem influir positiva ou negativamente sobre este processo.

A ergonomia tende a adotar seja uma abordagem **paliativa**, que visa compensar as carências da pessoa, seja uma abordagem **preventiva**, que procura evitar a ocorrência de situações patogênicas, pensadas aqui essencialmente sob o prisma da fisiologia (Teiger e Villatte, 1983). A essas abordagens deveríamos associar uma outra **ativa**, querendo com isso dizer "uma ação que visa permitir a cada um construir a sua própria saúde e o seu próprio envelhecimento, nas melhores condições possíveis" (Laville et Volkoff p. XXIX).

O primeiro objetivo da ergonomia (conforto e saúde) deve, portanto, ser entendido como a pesquisa de condições que não somente evitem a degradação da saúde, mas que também favoreçam a sua construção. Essa perspectiva ativa é insuficientemente enfatizada pela disciplina, mormente focalizada numa visão momentânea do indivíduo.

Cognição e saúde

O que dizer dos aspectos cognitivos do trabalho? As definições da ergonomia estão marcadas pela visão do trabalho centrada na mobilização física do operador. Os aspectos cognitivos são freqüentemente considerados como fazendo parte exclusivamente do segundo objetivo, aquele da eficácia. O que então poderia significar a expressão "saúde cognitiva"? De Montmollin (1993) escreveu um dos raros textos sobre esse assunto, no qual ele examina os laços entre cognição e saúde e analisa as relações da saúde com as competências, a carga mental e o estresse.

Para o autor, a saúde cognitiva "é o ato de ser competente, querendo com isso dizer que o indivíduo dispõe de competências que lhe permitem ser selecionado, ter sucesso e progredir. As ignorâncias, os conhecimentos aproximados e justapostos podem conduzir a uma "miséria cognitiva", que por sua vez poderá ser fonte de miséria social" (pg. XXXIX). Deste ponto de vista, o objetivo do ergonomista é analisar os conhecimentos, melhorar as formações e definir as ajudas apropriadas. Trata-se de manter a dupla homem-sistema num equilíbrio não patológico. Podemos aqui enxergar a abordagem preventiva mencionada anteriormente, mas agora aplicada à esfera cognitiva.

O autor lembra que os estudos sobre carga mental são decepcionantes e critica um postulado subjacente a esses estudos, o da equivalência entre carga e sobrecarga e "o ideal de trabalhador que resulta daí: o trabalhador em repouso" (p. XL). Em acordo com o autor, nós pensamos que é necessário combater essa teoria implícita da "rede" (situação de repouso): qualquer atividade contém necessariamente alguma atividade mental (uma vez que não existe trabalho totalmente manual) e assim, uma certa carga mental. O objetivo é, portanto, de propor "uma organização do trabalho que permita aos operadores o máximo de eficácia, ou seja, o pleno desenvolvimento de suas competências" (p. XL).

O estresse (fisiológico ou cognitivo) apresenta dois lados. O lado negativo é provocado por um déficit de competências ou de exigências excessivas da tarefa. Mas ele apresenta também um lado positivo: o operador deve enfrentar as situações, desenvolver seus conhecimentos para suplantar as dificuldades da tarefa. Eu acrescentaria que, num certo número de profissões, as variações (notadamente as temporais) das exigências conduzem a fases — excitantes — de produção intensiva, que fazem parte do ofício e são normalmente valorizadas, apesar do fato de estarem associadas, carga de trabalho elevada e estresse[105].

---

[105] Encontra-se em DEJOURS (1980) um reflexão sobre esta questão.

Concluindo, a finalidade da ação ergonômica não pode ser a concepção de situações de trabalho tão simplificadas, a ponto de não exigirem mais nenhuma competência — tão "descarregadas" que acabariam tornando-se enfadonhas, tão edulcoradas que tornar-se-iam insípidas.

Vê-se assim, claramente, como uma visão cognitiva da saúde pode ser proposta. Entretanto, da mesma maneira como tratamos os aspectos fisiológicos, essa visão deve incluir uma perspectiva desenvolvimentista. A questão não pode ser simplesmente: "Como conceber um sistema de trabalho que permita o exercício frutuoso do raciocínio?". Ela é também: "Como conceber um sistema de trabalho que favoreça o desenvolvimento das competências?".

De fato, a inadaptação dos sistemas tem conseqüências que não se limitam a efeitos imediatos sobre o desempenho. Existem também efeitos de longo prazo que se exercem sobre desempenho futuro, sobre a capacidade de aprendizado dos indivíduos.

Os efeitos negativos de ambientes cognitivos não adaptados

Um primeiro exemplo vem do trabalho de Senach (1984) e trata da atividade dos controladores de tráfego de uma rede ferroviária, todos eles experientes, diante do tratamento de incidentes (imobilização de uma composição numa via). Esses operadores devem limitar as repercussões do incidente, minimizando o atraso do trem, a perturbação do tráfego, o atraso dos viajantes e o atraso do condutor.

Os objetos controlados são bidimensionais (par trem-condutor). Quando acontece um incidente, geram-se efeitos sobre os dois membros do par, tornando-se, assim, necessário perguntar-se sobre as missões futuras previstas para cada um deles. Se um dos membros do par estiver alocado numa atividade posterior, ele não estará em condições de realizá-la. Pode-se, desse modo, descrever o algoritmo teórico que permite a identificação da estrutura do par trem-condutor.

De fato, o raciocínio realmente utilizado negligencia um dos lados do algoritmo teórico — as repercussões do incidente ocorrido sobre as missões futuras do condutor estão mal integradas pelos operadores. Esse tratamento insuficiente provoca erros na análise do problema e a escolha de soluções inadequadas acarretam, por conseqüência, o aparecimento de um novo problema no futuro.

Esses resultados indicam que operadores, mesmo tendo vários anos de experiência e sendo considerados qualificados, poderiam não conseguir estruturar de maneira adequada os problemas que têm a resolver. Como isso é possível? Muitos fatores parecem contribuir para essa situação. De um lado, as condições nas quais se efetua a resolução do problema são delicadas: as informações são incertas e os problemas são tratados em situação de urgência, particularmente se o incidente ocorre em horários de pico. Do outro lado, os documentos que permitiriam antecipar as missões futuras dos condutores são dificilmente utilizáveis: trata-se de uma longa tira de papel na qual está registrado o conjunto dos movimentos dos trens do dia. Compreende-se que esse documento pouco manejável e de leitura desconfortável seja negligenciado quando acontece algum incidente.

Esse exemplo fica ainda mais forte quando o autor sublinha um fato adicional: o domínio da resolução desses incidentes pelos operadores mais antigos. Alguns desses controladores experientes mudam de função no final da carreira e assumem funções de planificação e de gestão. Entretanto, eles mantém-se em contato com os atuais controladores e, por vezes, eles vão às salas de controle quando ocorrem os incidentes. O autor constata então que, muito provavelmente por causa do seu novo trabalho, esses operadores adquiriram a consciência do conjunto das variáveis a serem levadas em conta para resolver os problemas que aparecem. Daí constata que são mesmo as condições de trabalho que constituem-se num entrave para a descoberta de soluções por parte dos agentes de tráfego em função do algoritmo de raciocínio.

Idade e aprendizagem

O segundo exemplo é retirado de uma série de estudos sobre as dificuldades encontradas por pilotos de avião de linha durante o seu aprendizado referente a um novo aparelho.

A constatação inicial é: há influência da idade no aprendizado da pilotagem de um novo aparelho, e isto ocorre não importando a natureza da tecnologia (Paumès e Pélegrin, 1993). A partir de 45 anos de idade, observa-se um aumento crescente na taxa de reprovação no exame final e um aumento do número de sessões suplementares necessárias à obtenção da qualificação.

A influência *idade* é diferenciada segundo a natureza das habilidades a adquirir. As dificuldades apresentadas pelos jovens estão ligadas mais aos elementos relacionados às provas de vôo propriamente ditas, ou seja, à habilidade de pilotagem; e menos em relação aos computadores de bordo e à preparação dos vôos. Os pilotos mais velhos têm dificuldades para aprender o manejo dos sistemas automatizados, mas são melhores no que diz respeito à manobra do aparelho e aos exercícios de aproximação.

Essas dificuldades dos pilotos mais antigos não parecem estar diretamente ligadas à idade, mas aos seus corolários usuais. Notadamente, os pilotos mais antigos são também aqueles que tem uma longa experiência com aviões de diferentes tecnologias. Essa experiência pode ter um lado negativo, ao frear seu acesso às novas tecnologias. Segundo Amalberti e Racca (1989), a influência da idade é maior quanto mais sofisticados forem os aparelhos.

Pélegrin e Amalberti (1993) trouxeram novos elementos sobre a reconversão dos pilotos em direção ao uso de aviões de tecnologia recente. Esses autores exploram os fatores que influenciam no sucesso da passagem a este tipo de aparelhos. Inicialmente, a influência da idade aparece de novo como um fator crucial no sucesso da formação. Nota-se, como no caso dos aparelhos de tecnologia clássica, um forte crescimento das dificuldades quando a formação começa a partir de 45 anos de idade[106]. Este desfavorecimento devido à idade poderia estar ligado primeiramente a dois fatores: o conhecimento de inglês e das tecnologias informáticas. Outros dois fatores influenciam na aprendizagem: a natureza do último aparelho pilotado e o tempo de pilotagem com este aparelho. Em suma, quanto mais um piloto voou num mesmo aparelho, mais ele terá dificuldades de aprendizagem; quanto mais o aparelho anterior é de tecnologia antiga, mais o piloto encontrará dificuldades para passar para o novo aparelho.

Vê-se, assim, que as condições usuais do trabalho influem sobre o desenvolvimento individual, no caso presente freando a aquisição de novas competências. Esse resultado é paradoxal, uma vez que os pilotos em questão são muito provavelmente os operadores mais experimentados e qualificados no uso dos aparelhos que eles pilotam. E é, entretanto, essa experiência que se transforma subitamente numa dificuldade.

EFICÁCIA E TRABALHO

A produção da eficácia

A ergonomia defende, já faz algum tempo, uma visão do operador como criador do seu próprio trabalho. É aí que se fundamenta a distinção entre tarefa e atividade[107]. A eficácia do trabalho depende da ação criativa do operador, da efetivação da tarefa. Mais recentemente, novas perspectivas somaram-se a essa visão clássica. Os objetivos de eficácia, qualidade etc. dependem também da contribuição dos próprios operadores (ou dos coletivos de operadores): estes constroem espontaneamente novos instrumentos ou conhecimentos que contribuem para a transformação do sistema de produção. Para dar conta desse fenômeno, nós propusemos o conceito de atividades meta-funcionais (Falzon, 1994; Falzon e Teiger, 1995; Falzon, Sauvagnac e Chatigny, 1996).

As atividades meta-funcionais são as atividades não diretamente orientadas para a produção imediata que permitem a construção de conhecimentos ou de instrumentos (materiais ou cognitivos) destinados a uma eventual utilização posterior e visam facilitar a execução da tarefa ou a melhorar o desempenho. Essas atividades, individuais ou coletivas, desenvolvem-se à margem do trabalho (elas costumam ser inseridas no tempo de trabalho, paralelamente à atividade funcional ou durante as

[106] Poderíamos então nos interrogar sobre as condições da formação em si. Propor a mesma formação para pilotos com níveis de experiência tão diversos (sem falarmos das grandes variações culturais, sejam elas ligadas à "cultura da empresa" ou à cultura no sentido amplo do termo) seria desejável, seria eficaz? Sem dúvida que não, como já foi evidenciado pela ergonomia há muito tempo (PACAUD, 1975), a experiência tranforma a conduta e o processo de aprendizagem profisional.

[1079] Encontramos em HATCHUEL (1994) uma interessante projeção histórica sobre esta questão do ponto de vista da organização do trabalho.

fases de carga reduzida) e acham sua fonte no trabalho: são fatos que se produzem no trabalho e que provocam a aparição de atividades meta-funcionais. Esses dois aspectos lhes conferem um caráter "parasitário" (parasitismo temporal e genético) em relação à atividade.

Essas atividades meta-funcionais são raramente formalizadas e reconhecidas. Normalmente, são espontâneas e ignoradas. Em certos casos, são clandestinas e combatidas pela organização. Entretanto, trata-se de atividades necessárias tanto do ponto de vista do desenvolvimento pessoal e do interesse do trabalho, quanto para a eficácia e a qualidade do trabalho[108]. A eficácia, a qualidade etc. são o resultado de uma co-produção (de um lado operador e a organização do trabalho, e o ambiente do outro). Essas atividades meta-funcionais devem, portanto, ser encorajadas e talvez ajudadas (pelo menos pela cessão de tempo para elas). Assistimos, hoje em dia, por meio das teorias do aprendizado organizacional ou da memória da empresa, a uma evolução das posições sobre essa questão (Argyris, 1995; Argyris e Schön, 1978). Mas o caminho apenas se inicia. Trata-se, antes de mais nada, de favorecer a emergência destes saberes e não enclausurá-los.

Sistemas adaptados e sistemas adaptáveis

Trata-se, portanto, de otimizar a organização e o ambiente de trabalho para encorajar a produção dos operadores. Essa perspectiva influi na ergonomia. Esta classicamente fixou como objetivo a concepção de sistemas *adaptados*. Agora tratase mais de conceber sistemas **adaptáveis**[109].

A idéia de sistema adaptado é contraditória com a abordagem proposta acima ou, mais precisamente, ela está ligada a uma abordagem "estática" do homem no trabalho. A concepção de um sistema adaptado supõe que se tenha uma situação imutável: depois da análise ergonômica, soluções são concebidas (somente pelo ergonomista ou em colaboração com os atores da empresa, o problema não se situa aí), pensadas como sendo a melhor resposta para o atual estado de coisas. É claro que é necessário chegar a proposições, mas estas não podem ser simplesmente adaptadas, elas também devem ser adaptáveis, isto é, permitirem a evolução dos sistemas técnicos e das pessoas. Essa perspectiva sensibiliza hoje em dia o mundo da técnica. Eu darei dois exemplos.

Inicialmente, vimos aparecer os conceitos de "concepção contínua" ou de "concepção no uso". Esses conceitos subverteram a maneira de pensar o processo

[108] É conveniente salientar que estas atividades são encontradas em todos os tipos de tarefa, não importando o nível de sofisticação (cf. TEIGER et BERNIER, 1987; FALZON et TEIGER, 1995).

[109] Mesmo que seja pertinente neste texto, a noção de sistemas **adaptativos** não será aqui desenvolvida. Compreendemos por sistemas adaptativos os dispositivos capazes de se adaptar a seu usuário, a partir de uma modelização deste. Um sistema adaptativo fornece um exemplo de uma ajuda adaptada no nível (inferido) de conhecimento do operador ou à sua experiência na área (CAHOUR et FALZON, 1991). Esa noção de sistema adaptativo não é estranha a nosso propósito, pois ela retoma a idéia de um operador mutante, variável, que está aprendendo.

de concepção. Uma perspectiva ergonômica clássica (evidentemente respeitável e útil) considera que para o ergonomista, o objetivo é o de fazer aparecer o uso na concepção. Por uma análise das práticas. O ergonomista "informa" o projetista, permitindo-lhe conceber sistemas **adaptados**. A concepção contínua adota a abordagem inversa. Ela parte da idéia que os operadores desenvolverão necessariamente usos que são difíceis de serem previstos[110]. Assim, a concepção não termina com a entrega do sistema: ela continua por meio do seu uso. Isso pode conduzir a práticas de concepção diferentes e a sistemas técnicos particulares. Encontraremos esse assunto mais desenvolvido e ilustrado no trabalho de Rabardel (1995).

Um segundo exemplo, complementar, é o dos sistemas de programação por demonstração. Seu objetivo é o de permitir aos utilizadores definir por eles mesmos, de maneira simplificada, as funções de que eles sentem necessidade. Se o projetista não pode adivinhar quais serão essas funções ele pode, entretanto, propor instrumentos que permitam programá-las facilmente. Este é o objeto da programação por demonstração: o utilizador realiza uma demonstração no sistema da função que ele deseja que exista e o sistema aprende por meio da generalização do exemplo (Yvon, 1996).

Os objetivos do ergonomista

O ergonomista é um operador. As idéias relativas aos operadores "em geral", desenvolvidas nas sessões precedentes aplicam-se também a ele. É assim legítimo perguntar-se sobre as condições de aquisição de sua competência e de seu desenvolvimento pessoal. Eu não tratarei aqui das questões relativas à saúde, tomada na sua acepção física, e isso essencialmente porque creio que não existem condições materiais de trabalho que se apliquem ao conjunto da população dos ergonomistas. Por outro lado, eu creio que as condições de construção das competências em ergonomia são muito mais gerais.

Num texto anterior (Falzon, 1993), eu já tive oportunidade de sustentar a idéia de que a atividade do ergonomista tem parentesco formal com as atividades de concepção. O próprio objeto da ação ergonômica é "definir" uma solução de um "problema", ele mesmo a ser definido. O diagnóstico inicial vê-se redefinido periodicamente durante a intervenção e, correlativamente, também os objetivos da intervenção. É somente no final da intervenção que se sabe o problema que foi tratado. No que diz respeito à "solução" (um termo, aliás, muito inadequado), não há a representação inicial de um estado normal ou de um estado desejado: a solução não precede (pré-

---

[110] Esta dificuldade de previsão é o fundamento para a mudança de terminologia proposto por DANIELLOU (1992), passando da idéia de atividade futura **provável** para a de atividade futura **possível**. Como o próprio autor escreve neste livro, o objetivo (para o ergonomista) não é o de prever a atividade, mas sim, as margens de manobra para o operador, "o espaço, no interior do qual ele poderá desenvolver a sua atividade". Em termos psicológicos, podemos antecipar o sistema de constrangimentos, mas não o modo como eles serão instanciados e propagados para um operador em particular, que traduz os compromissos que ele elaborou.

existe) a intervenção do ergonomista. Além disso, não existe **uma** boa solução a um problema, nem mesmo **um** bom diagnóstico: diferentes ergonomistas proporão "diagnósticos" diferentes (quer dizer: construirão "problemas" diferentes, registrarão estados iniciais diferentes). O problema apresentado não depende somente do demandante: ele é resultado também do ergonomista e de sua análise da demanda.

O conjunto dessas constatações nos conduz, portanto, a caracterizar a atividade do ergonomista como uma atividade de concepção. Intervir é definir, progressivamente e em interação com os atores da situação de trabalho, a natureza do problema tratado e a natureza da solução a ser buscada. A solução não deve, por conseguinte, ser compreendida como a busca, em termos absolutos, do bom diagnóstico, nem da boa solução; existem múltiplas respostas a uma situação de trabalho. Mas isso não significa que todas as respostas sejam boas! Significa sim, que várias boas respostas poderão ser encontradas.

Sabe-se que a construção da competência nas situações de concepção é mais difícil do que nas demais situações de trabalho. De fato, um dos fatores que concorre para a construção da competência é uma combinação de repetitividade e de variabilidade: a repetitividade permite-nos identificar os esquemas situacionais, a variabilidade, identificar as variáveis dos esquemas inferidos (Falzon e Teiger, 1995). Ora, as situações de concepção traduzem-se normalmente por uma fraca repetitividade e uma forte variabilidade. Esse é o caso das situações de ação encontradas pelos ergonomistas. Como então abstrair conhecimentos mais gerais?

Essa questão aproxima-nos daquela da capitalização da experiência dos projetistas. Para os engenheiros projetistas e arquitetos, o que se conserva da atividade são marcas no produto final: as especificações do objeto a ser fabricado, a planta do edifício a construir. Não se guardam as produções intermediárias, e muito raramente existe alguma reflexão para tentar transformar o tratamento de um caso novo num conhecimento mais geral. Essas lacunas foram identificadas na indústria, mas as tentativas de remediá-las são, ainda, incipientes (cf. Karsenty, 1996 para um exemplo recente nesse sentido; Moran e Carroll, 1996 para uma apresentação geral dos modelos e dos trabalhos realizados).

O ergonomista é um projetista e infelizmente não escapa dessa tendência geral. O que nós guardamos das situações de trabalho nas quais nós intervimos? Como nós exploramos a experiência acumulada durante uma intervenção? Quais instrumentos de reflexão nós podemos adotar? É desejável que as práticas de intervenção sejam acompanhadas de uma reflexão estruturada, visando explicitar os processos de decisão e a categorizar as situações encontradas. As atividades reflexivas não podem exercer-se unicamente depois das ações: elas transformam a própria prática.

O desenvolvimento dessas práticas enfrenta muitas dificuldades. A principal delas é a necessidade de se produzir um diálogo entre pesquisadores e profissionais em ergonomia. Parece-me difícil que esses profissionais consigam realizar, sozinhos, esse trabalho reflexivo. Essa reflexão precisa, de um lado, de um distanciamento, de um olhar exterior; e do outro lado, do acesso aos trabalhos científicos em relação aos quais os profissionais nem sempre dispõem da disposição necessária para consultar: a pressão econômica e temporal dificulta a sua própria vontade reflexiva. No sentido inverso, parece-me totalmente improvável que os pesquisadores possam realizar isoladamente esse trabalho: é necessário que ele seja alimentado por experiências de ação concreta nos contextos de intervenção reais, por questões que aí são apresentadas e pelas respostas que são construídas. Daí decorre que o problema é inventar formas de diálogo que rompam a oposição estéril entre pesquisa e prática em ergonomia.

Bibliografia

AMALBERTI R., RACCA E. Cosynus, the data base system for trainees. *Proceedings of the 1st Airbus Training Symposium.* Toulouse, octobre 1989.

ARGYRIS C. *Savoir pour agir. Surmonter les obstacles à l'apprentissage organisationnel.* Paris, Interéditions,1995.

ARGYRIS C., SCHÖN D.A. *Organizational learning. A theory of action perspective.* Reading, Addison-Wesley, 1978.

CAHOUR C., FALZON P. Assistance à l'utilisateur et modélisation de sa compétence. *Intellectica*, 2,12,159-186, 1991.

DANIELLOU F. *Le statut de la pratique et des connaissances en ergonomie.* These d'habilitation. Toulouse, Université le Mirail, 1992.

DEJOURS C. La charge psychique de travail. In Société Française de Psychologie (s/d), *Equilibre ou fatigue par le travail.* Paris, Entreprise Moderne d'Edition, 1980.

DEJOURS C.Comment formuler une problématique de la santé en ergonomie et en médecine du travail? *Le Travail Humain*, 58, 1,1-16, 1995.

FALZON P. Médecin, pompier, concepteur : l'activité cognitive de l'ergonome. *Performances Humaines et Techniques,* sept.-oct. 1993,66,35-45, 1993.

FALZON P. Les activités méta-fonctionnelles et leur assistance. *Le Travail Humain*, 57, 1, 1-23, 1994.

FALZON P., TEIGER C. Construire l'activité. *Performances Humaines et Techniques.* Numéro Spécial, septembre 1995, 1995.

FALZON P., SAUVAGNAC C., CHATIGNY C. Collective knowledge elaboration. *Proceedings of COOP'96,* Juan-les-Pins, 12-14, juin 1996.

HATCHUEL A. Apprentissages collectifs et activités de conception. *Revue Française de Gestion*, 109-120, juin-juillet 1994.

KARSENTY L. *An empirical evaluation of design rationale documents.* Research report R-95-001. Toulouse, EURISCO, 1996.

LAVILLE A., VOLKOFF S. Âge, santé, travail : le déclin et la construction. *Actes du XXVIIle congrès de la SELF,* Genève, 22-24 septembre 1993, 1993.

MONTMOLLIN M. de Compétences, charge mentale, stress : peut-on parler de santé «cognitive»? *Actes du XXVllle congrès de la SELF*, Genève, 22-24 septembre 1993, 1993.

MORAN T .P ., CARROLL J .M. *Design rationale : Concepts, techniques and use.* Mahwah, New Jersey, LEA, 1996.

PACAUD S. Le travailleur vieillissant : quelques réflexions sur ses difficultés, mais aussi ses facilités d'adaptation au travail. In A. LAVILLE, C. TEIGER et A. WISNER (s/d), *Âge et contraintes de travail.* Jouy-en-Josas, NEB Éditions Scientifiques, 1975.

PAUMÈS D., PÉLEGRIN C. Apprendre, est-ce une aptitude réservée aux jeunes? *Formation et Emploi*, 41,43-54, 1993.

PÉLEGRIN C., AMALBERTI R. Coordination des pilotes dans les glass-cockpits: quelques effets de l'expertise et de la culture. *Actes du colloque de l'OACI.* Washington, avril 1993.

RABARDEL P. *Les hommes et les technologies. Approche cognitive des instruments contemporains. Paris,* Armand Colin, 1995.

SENACH B. *Assistance automatisée à la résolution d'incident dans les systhèmes dynamiques. Réduction de l'espace problème et routines cognitives.* These de Psychologie. Paris, Université Paris 5, 1984.

TEIGER C. Penser les relations âge/travail au cours du temps. In J.C. MARQUIÉ, D. PAUMÈS et S. VOLKOFF (s/d), *Le travail au fil de l'âge.* Toulouse, Octares Éditions, 1995.

TEIGER C., BERNIER C. Informatique et qualifications : les compétences masquées. In D. TREMBLAY (s/d), *Diffusion des nouvelles technologies. Stratégies d'entreprises et évaluation sociale.* Montréal (Québec), Interventions économiques, Éditions Saint-Martin, 1987.

TEIGER C., VILLATTE R. Conditions de travail et vieillissement différentiel. *Travail et Emploi*, 16, 27-36, 1983.

YVON M. *La programmation par démonstration des services de télécommunication.* These d'Informatique. Université René Descartes -Paris 5, 1996.

POSFÁCIO À EDIÇÃO BRASILEIRA

LAERTE IDAL SZNELWAR
LEILA NADIM ZIDAN

A publicação, em português, do livro "A Ergonomia em busca de seus princípios — debates epistemológicos" tem muita importância para nós todos que lidamos com a questão do trabalho, do trabalhar, da saúde dos trabalhadores e com o desenvolvimento dos sistemas de produção. A realização desta edição é fruto do esforço de uma série de pessoas engajadas nesta questão, não as únicas evidentemente, mas pessoas que buscam expandir e aprofundar o debate sobre o tema, fundamental para a nossa sociedade e para o desenvolvimento tecnológico e econômico.

Localizar a ergonomia dentro do espectro da ciência é, para nós, um grande desafio. Procurar entender o que seria, do que ela trata e como se constrói uma ação transformadora, podem ser considerados como o fio condutor dos textos desta obra, os quais procuram tratar este desafio sob pontos de vista diversos. Este fio condutor poderia, com todas as nuanças presentes, ser o foco que os autores dão para a atividade humana no trabalho, a sua centralidade tanto para a vida das pessoas, para o resultado da produção, quanto para poder, de fato, compreender e transformar o trabalho.

Muitas vezes considerado como marginal nos sistemas de produção, o trabalho é o tema central da atuação profissional de quem lida com o tema desenvolvido pelos autores dos textos. Mas a questão principal não se situa apenas naquilo que é central para os trabalhadores que pesquisam ou praticam a ergonomia nas empresas, mas para todos os que produzem, que trabalham nos mais variados setores da economia. O trabalhar, conforme vários autores desenvolveram neste livro, está ligado à saúde — da sua promoção ou de sua perda — ao desenvolvimento pessoal e coletivo, à medida que se adquire e se consolida a competência, o saber-fazer, a profissão. O trabalhar está também ligado ao desenvolvimento econômico e social, à medida que o trabalho resulta em melhores produtos e em sistemas mais eficientes e eficazes de produção de bens e serviços.

Não pretendemos comentar os textos dos autores da obra, atividade já desenvolvida pelo seu organizador, François Daniellou, que apresentou os textos e mostrou a importância de cada um neste difícil debate. Entretanto, um dos aspectos instigantes da obra, que gostaríamos de ressaltar é o papel provocador da ergonomia. Área do conhecimento surgida de demandas sociais, mais ou menos explícitas, fruto de demandas colocadas a partir do sofrimento no trabalho, a partir de dificuldades operacionais, a partir da ineficiência e da ineficácia de sistemas de produção, ou ainda, das perdas devidas à inadequação de sistemas de produção; a ergonomia baseada na atividade trouxe ao espaço público o debate de aspectos do trabalho que antes eram vivenciados, mas ficavam invisíveis, distantes do conhecimento dos mais diferentes atores sociais. Este fato, verificável nos mais variados trabalhos baseados na ergonomia da atividade, nos permite dizer que nos mais diferentes sistemas de produção o trabalho existe, e que este pode ser considerado, sempre, como um dos pilares que garantem o seu funcionamento, em qualquer tipo de organização, principalmente se considerarmos a complexidade desses sistemas.

Ao desenvolver uma ação ergonômica, podemos colocar em evidência como a atividade de trabalho pode ser considerada como uma síntese, fruto de uma relação dialética das características das pessoas e de determinada organização, mediada pelas tarefas. Estamos, desta forma, trabalhando dentro de uma perspectiva situada, tanto histórica como geograficamente.

Quando evidenciamos esta relação entre "características", não estamos nos posicionando como se fossem frutos de um estado, de algo perene, estático. Ao contrário, uma das características fundamentais dos seres humanos, e também dos sistemas de produção por eles compostos, é a evolução constante, a dinâmica. A noção de transformação em ergonomia merece que nos detenhamos um pouco neste assunto. A própria dinâmica da vida de todos trabalhadores, assim como a evolução das organizações, pode ser considerada como uma eterna transformação. As pessoas mudam, os sistemas de produção sofrem constantes aprimoramentos ou deterioração. A noção de transformação em ergonomia é, para nós, uma transformação efetiva do trabalho, que passa num primeiro momento por uma transformação das representações empobrecidas, para que, de fato, o trabalho seja cada vez mais adaptado, ou ainda adaptável, às características dinâmicas dos seres humanos, permitindo o seu desenvolvimento profissional, promovendo a sua saúde e, conseqüentemente, aprimorando os resultados da produção.

Pressuposto similar é aquele que consideramos como norteador para o desenvolvimento de uma ação ergonômica. Esta é um processo dinâmico, que se desenrola em um determinado cenário e evolui no seu transcurso. As relações que são criadas, o confronto de pontos de vista diversos, a busca de soluções negociadas, o deslocamento de compromissos para favorecer o desenvolvimento das pessoas e dos processos de produção são aspectos importantes que diferenciam uma ação ergonômica de práticas de intervenção mais tradicionais. Salientamos que a ação ergonômica, longe de ser uma mera aplicação de conhecimentos científicos em um determinado contexto de produção, é um processo iterativo e integrativo que, se bem-sucedido, traz benefícios significativos para quem trabalha e para os sistemas de produção. Além disso, uma ação ergonômica se traduz, em muitas oportunidades, numa primeira aparição no "espaço público" daquilo que fazem as pessoas no seu dia-a-dia de trabalho.

Uma outra questão relevante, presente nos textos, é a contribuição da ergonomia para o questionamento do conhecimento científico existente e para a produção de novos conhecimentos. É notório que, ao desenvolver uma análise ergonômica do trabalho, nos depararmos com a falta de explicação para certos fenômenos observados e para as conseqüências das atividades desenvolvidas. Isto acontece, por exemplo, quando usamos determinados manuais, oriundos de disciplinas alicerces da ergonomia - como a fisiologia e a psicologia cognitiva. De fato, muitas vezes não há como designar uma determinada ação, pois ainda não existem palavras criadas para tal.

A prática de análise em situação pode trazer novas questões para diferentes áreas do conhecimento que servem de base para a ergonomia da atividade. Esta, no entanto, é questionada em seus limites, em seus conceitos e até mesmo em sua própria prática.

Um outro aspecto instigante de discussão presente no texto é o fato de que os autores que construíram a ergonomia da atividade, assim como aqueles que a praticam, muitas vezes comunicam, implicitamente, o quanto esta ergonomia não é "fechada". Esta constante busca, as críticas, o desenvolvimento de novos conceitos e de novas práticas, a coloca dentro de uma perspectiva epistemológica muito rica. Acreditamos que a ergonomia da atividade estabelece-se em um contexto científico aberto às teorias mais atuais. Nesta perspectiva, situamos a relação com a Teoria da Complexidade. A partir da análise ergonômica do trabalho, é possível destacar a complexidade de um sistema de produção, pois mesmo que, em determinado momento, nos focalizemos em uma dada tarefa e na atividade desenvolvida para realizá-la, é necessário percorrer todo um caminho para entender as relações existentes dentro da organização em foco, isto é, dentro do entendimento da relação do "todo" e das "partes".

Ainda sob a influência da complexidade, os resultados obtidos pelas pesquisas em ergonomia — no caso, por exemplo, da cognição situada — estão em consonância com o conceito de que o pensamento humano é fruto de uma rede de neurônios que são instigados a todo o momento, e que a memória é também resultado de um constante re-trabalho do patrimônio que temos. A noção da entropia dos sistemas e os conceitos da ordem e da desordem dentro de uma perspectiva organizacional também são tratados na teoria da complexidade e apresentam-se como úteis e próximos da perspectiva na qual situamos a ergonomia.

Com isso, não pretendemos aqui fazer toda uma digressão sobre a relação entre a ergonomia e a complexidade, mas sim pôr em evidência uma das relações da ergonomia com o debate epistemológico mais atual. Esta relação não trata, apenas, da utilização de conceitos, uma vez que consideramos que os conceitos da teoria da complexidade servem para explicar uma série de fenômenos existentes no mundo da produção. A Análise Ergonômica do Trabalho pode ser considerada como um método para entender a complexidade de um sistema (no caso, um sistema de produção).

Acreditamos que esta obra tem uma importância ímpar para o debate sobre o trabalho e sobre a ergonomia no Brasil, em Portugal, e em outros países de língua portuguesa, onde é notório o desenvolvimento da ergonomia. O termo é, hoje, palavra corrente, utilizada das maneiras mais diversas e portadora de significados muito distintos. Quando se fala em ergonomia, é importante que fique explícito sobre o que estamos falando, qual é o recorte epistemológico, uma vez que o conteúdo das várias maneiras de se fazer e de se falar sobre ela são tão díspares.

No caso da ergonomia que se refere à atividade humana no trabalho, os conceitos: de variabilidade humana e variabilidade na produção, das representações reduzidas sobre o trabalho, das limitações do modelo baseado nas tarefas, da importância da existência do sujeito enquanto trabalhador, da relação dialética entre aquilo que se deve fazer e aquilo que é feito, da inexistência do chamado "trabalho manual" (conceito ultrapassado próximo da visão preconceituosa de "mão-de-obra") e da importância da adaptabilidade dos meios de produção às características das populações fazem parte de tantas outras questões que a diferenciam e a tornam fundamental para o debate sobre o trabalho.

É evidente que a proposta desenvolvida para situar a ergonomia no campo das ciências mostra que este instrumento é importante para o desenvolvimento das pessoas e das nações, mas o seu campo de atuação é restrito. Portanto, é fundamental que haja a colaboração de outras áreas do conhecimento e de outros pontos de vista para que se atinja patamares superiores de desenvolvimento.

Gostaríamos ainda de agradecer a todos autores deste livro, em especial François Daniellou que organizou a obra e se empenhou para o êxito dessa tradução. Por último, queremos expressar a nossa mais calorosa homenagem ao Professor Alain Wisner, que nos deixou no início de 2004. Ele foi professor e orientador de muitos entre nós que trabalhamos com ergonomia no Brasil e um dos grandes instigadores da ergonomia, professor e colega de vários autores deste livro.

IMPRESSÃO E ACABAMENTO:
YANGRAF Fone/Fax: 2095-7722
e-mail:santana@yangraf.com.br